Huse
Kleine Kunstgeschichte Münchens

Norbert Huse

Kleine Kunstgeschichte Münchens

Verlag C.H. Beck München

Mit 79 Abbildungen im Text

3., durchgesehene Auflage 2004

Druck und Bindung: Pustet, Regensburg
Printed in Germany
ISBN 3-406-51950-4

www.beck.de

Inhalt

Bei der Vorbereitung dieses Buches habe ich vielfältige Unterstützung in Anspruch nehmen müssen. Mein erster Dank gilt allen Personen und Institutionen, die mir – unter für sie nicht selten sehr schwierigen Bedingungen – Abbildungsvorlagen zur Verfügung stellten. Unter den vielen, die mir sonst geholfen haben, schulde ich Christine Hoh-Slodczyk, Rosa Huber, Gerhard Weiß und Wolfgang Wolters sowie Karin Beth und Walter Kraus besonderen Dank.

München, am 30. 1. 1990 *Norbert Huse*

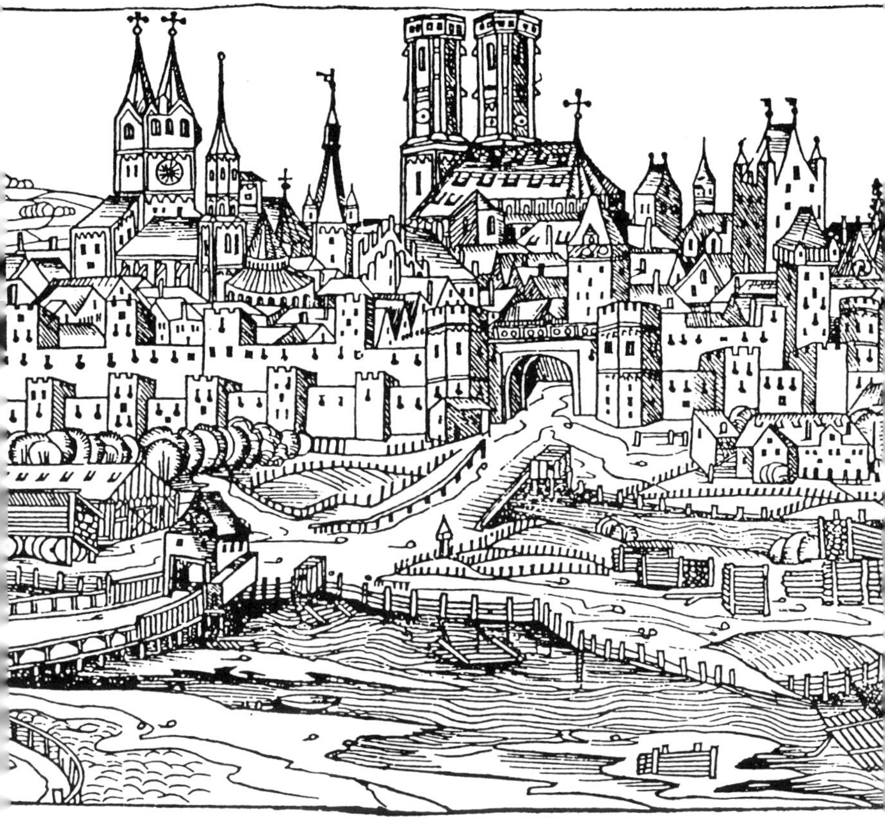

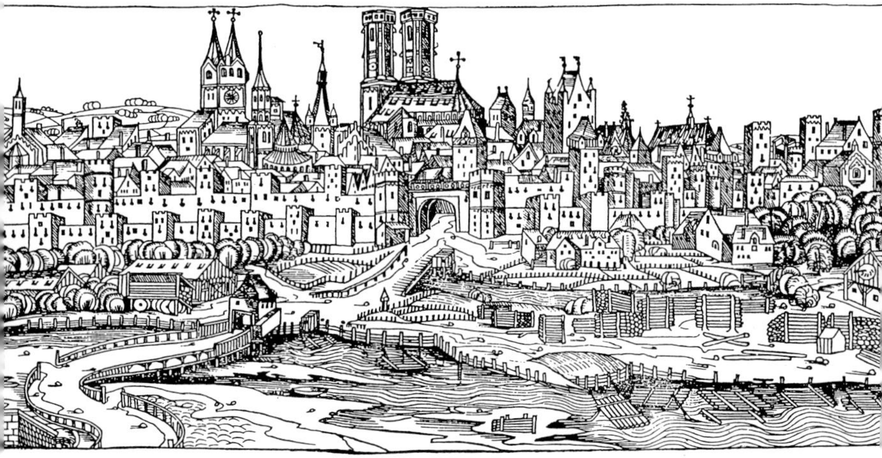

1. München von Osten, aus Hartmann Schedels ‹Weltchronik›, Holzschnitt, Nürnberg 1493, Ausschnitt

«Monachium»

Die früheste Ansicht der Stadt, die der Schedelschen ‹Weltchronik› von 1493, zeigt München von Osten (Abb. 1).[1] Die wichtigsten Kirchen sind prägnant herausgehoben, die Veste der Wittelsbacher hingegen ist rechts außen zwar zu erkennen, aber in keiner Weise dominant. In München (so erfuhr ein im Lesen solcher Stadtbilder erfahrener Zeitgenosse) war der Herzog nicht die stärkste Macht. Wichtiger, so erzählt der Holzschnitt der ‹Weltchronik›, war die breite Straße über den Fluß, die durch das weit geöffnete Isartor in die Stadt führte. Man begreift, warum das Verhältnis der Stadt zu ihrem Fluß nicht immer ein friedliches war. Die Hochwasser hielten die Stadt auf der Höhenkante fest, die heute noch zwischen Peterskirche und Viktualienmarkt zu erkennen ist, und zwangen ihr Abstand zu der Brücke auf, der sie ihre Existenz verdankte. Schließlich sieht man auch, daß der Gebirgsfluß, auf dem einige Jahre zuvor allein für den Dachstuhl der Frauenkirche 140 Flöße zu Tal gebracht worden waren, nicht nur Gefahren barg, sondern auch ein wichtiger Transportweg war.

1444 notierte der Stadtschreiber Hans Rosenbusch in einem Zinsbuch, München sei älter als dreihundert Jahre, wie man in Büchern und Papieren in Freising und Tegernsee nachlesen könne. Unter Kaiser Ludwig dem Bayern sei es «am meisten aufkommen», und unter ihm sei auch die Neustadt geplant worden, denn «er hat große lieb zu der stat gehabt».[2] Trotz dieser Erweiterung im 14. Jahrhundert blieb München bis zum Ausgang des Mittelalters eine Stadt von mittlerer Größe und mittlerer Bedeutung. Um 1500 zählte Augsburg knapp doppelt soviele Einwohner, 20000 etwa, und in europäischen Metropolen wie Paris, Venedig oder Neapel lebten zehnmal soviele Menschen wie in München. Als dessen Geschichte begann, hatten die Römerstädte Augsburg, Regensburg, Passau oder Salzburg, in denen die Bischöfe saßen, schon mehr als ein Jahrtausend hinter sich.

Die wichtigste Quelle für Struktur und Aussehen des alten München ist ein Holzmodell (Abb. 2), das der Straubinger Kastner Jacob Sandtner 1568 bis 1574 fertigte. Bestellt worden war es nicht von standesstolzen Bürgern, sondern von Herzog Albrecht V., der die bayerischen Residenzen – neben München waren dies Landshut, Ingolstadt, Straubing und Burghausen – im Abbild bei sich versammeln wollte.[3] Bereits 1598 befanden sich die Modelle in der herzoglichen Kunstkammer zu München, wo man sie noch bis ins 17. Jahrhundert aktualisiert hat, als Wittelsbacher-Bauten wie das Jesuitenkolleg und die Residenzerweiterung nachgetragen wurden, die es zu Sandtners Zeit noch gar nicht gab.

Für die Bürgerstadt werden derart eingreifende Ergänzungen kaum nötig gewesen sein, denn dort vollzogen sich Veränderungen in sehr viel längeren Zeiträumen. Der entscheidende planerische Zugriff war die Entschlossenheit, mit der im 14. Jahrhundert die Stadttore nach allen vier Richtungen um mehrere hundert Meter hinausgerückt worden waren, wodurch aus der Straßenkreuzung am Marienplatz ein Koordinatensystem wurde, das bis in die neueste Zeit prägend blieb.

Die alte Stadt war schon ihrer Mauern wegen gegen das Umland ungleich prägnanter abgegrenzt als die heutige und im Inneren ungleich differenzierter (vgl. Abb. 1, 2). Wer sie besuchte, ob zu Fuß, zu Pferd oder zu Wagen, näherte sich ihr allmählich. Lange stand ihm, immer deutlicher werdend, eine Gesamtform vor Augen, als Silhouette zuerst, dann immer stärker gegliedert. Nach dem Passieren der Tore entfaltete sich eine dichte Folge von Wegen, Räumen und Gebäuden. Enge Gassen wechselten mit weiten Plätzen, und die Häuser hatten im Rücken meist noch Höfe, am Stadtrand sogar Gärten. Fülle und Reichtum der Häuser zeigten eine blühende Stadt, was wiederum ein günstiges Licht auf den Landesherrn warf. Sandtner hat wohl deshalb die Straßen in

2. Jacob Sandtner, Modell von München, Ausschnitt mit St. Peter, Marienplatz, Frauenkirche, Kaufingerstraße, Schönem Turm (im 19. Jahrhundert zerstört), St. Michael mit Jesuitenkolleg und Neuhauser Tor, Bayerisches Nationalmuseum

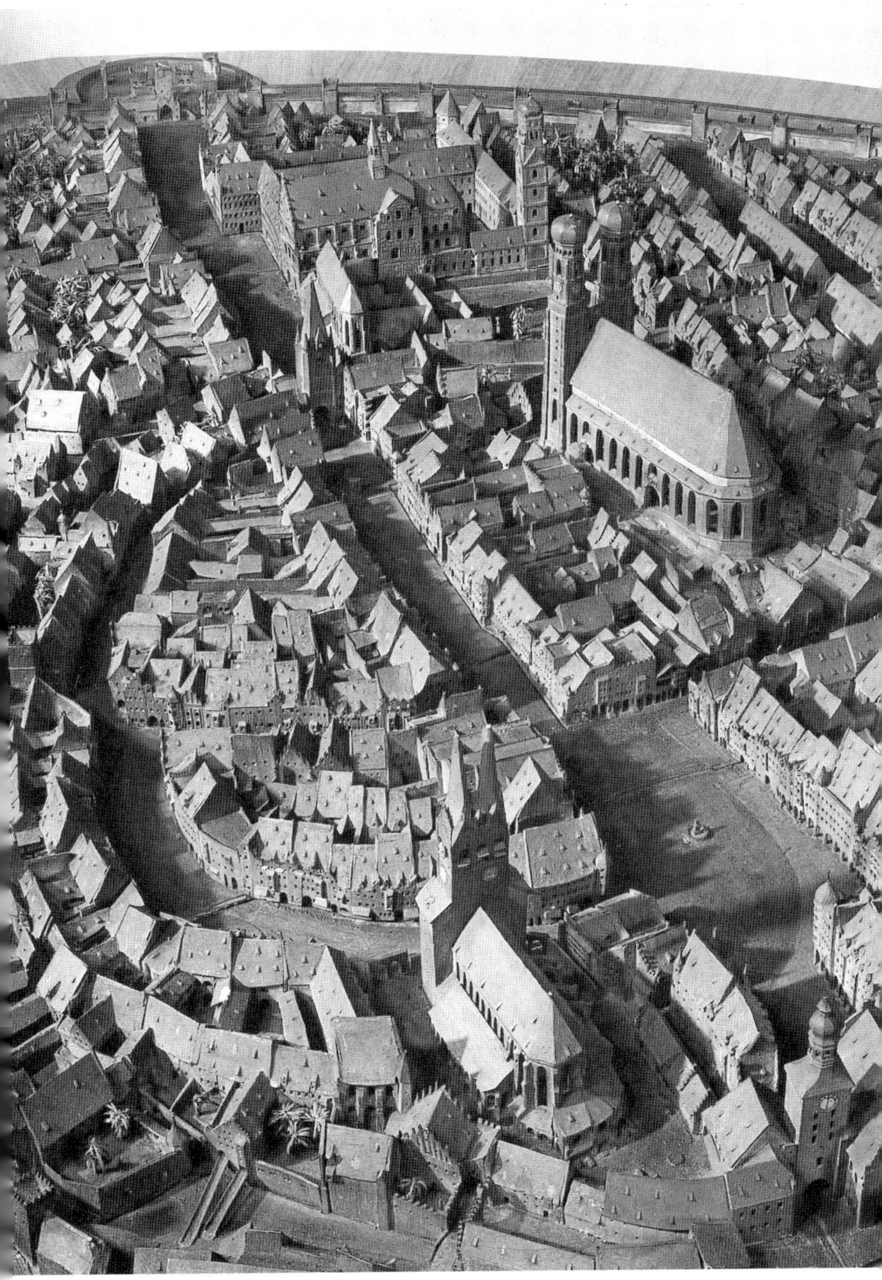

seinem Modell so verbreitert, daß der Herzog und sein Publikum davon auch Kenntnis nehmen konnten. Was der Kistler ihnen freilich nicht zeigen konnte, war die Fassadenmalerei, für die auch das alte München gerühmt wurde.

Das mittelalterliche München war eine Stadt aus Holz und Ziegeln.[4] Gestein, das sich geeignet hätte, stand in der Umgebung in ausreichendem Maße nicht an. Die Nagelfluh findet sich deshalb nur bei wichtigen Bauten, etwa am Sockel der Frauenkirche. Im Südosten gab es zwar Kalktuff, aber der konnte nur auf dem beschwerlichen Landwege herangeschafft werden. Die Leistungskraft der früheren Münchner Ziegeleien ist wahrscheinlich in hohem Maße von den Kirchenbauten absorbiert worden, die vielen Brände erzwangen jedoch auch beim Häuserbau auf längere Sicht den Wechsel von Holz zu Ziegel. Nach dem Brand von 1407 wurde sogar ein eigener Ziegelmeister bestellt. Als 1418 mit dem Rathaus und dem Spital ganze Häuserzeilen abbrannten und 1429 das Viertel zwischen Kreuzgasse und Neuhauser Tor folgte, wurde die Produktion der städtischen Ziegelfabrik nach Kräften gesteigert. Sie lieferte Mauersteine und Dachziegel zum Selbstkostenpreis. Der Vereinheitlichung des Stadtbildes durch die Materialien wirkte, besonders im alten Zentrum, die typologische Vielfalt entgegen. Am Marienplatz zeigt Sandtner giebelständige neben traufständigen Häusern, in der näheren Umgebung gibt es aber auch Grabendächer wie in den Städten an Inn und Salzach, und selbst «Bauernhäuser» mit offener Vorderseite sind zu sehen.

Es waren sehr unterschiedliche Faktoren, die das für spätere Augen so harmonische Bild des mittelalterlichen München prägten. Die Interessen der Bauherren waren divergent, die Bauzeiten für heutige Begriffe sehr lang, die bebauten Flächen hingegen klein. Kaiser Ludwig hatte die Stadtfläche vervielfacht, bebaut aber hat sie nicht der Monarch, sondern das städtische Bürgertum, das sich auch ein Baurecht gab. Allmählich, meist als Reaktion auf Brandkatastrophen und Rechtskonflikte, entstanden in der zweiten Hälfte des 14. und im Verlauf des 15. Jahrhunderts eine Reihe von Vorgaben und Vorschriften, die 1489 in den 44 Artikeln der «stat München – pau-sätz und -ordnung» zusammengefaßt wurden.[5] Im Zentrum standen der Brandschutz und das Nachbarschaftsrecht. Wichtigstes Instrument der Bauplanung war die Schnur, die an der Straßenseite aufgespannt wurde. Was hinter ihr blieb, konnte bleiben; was immer aber über sie hinausragte, ob Laube, Kellerhals oder Verkaufsstand, galt als ungesetzlich. Jeder Bauherr war nach altem deutschen Recht befugt, «auf seinem aigen grundt nach seiner notturft wol pawn», den Handwerkern aber war alles verboten, «das wider der stat recht sey». Sie mußten anzeigen und überprüfen lassen, was sie vorhatten, und die Genehmigung der «geschworenen Paumeister» einholen. Nicht nur für die Anlage der Kamine gab es Vorschriften, auch die Stärke der verschiedenen Mauern war festgelegt, und ein kompliziertes Traufrecht beeinflußte das Verhältnis zum Nachbarhaus. Unter den 22 Artikeln, um die man die Bauordnung 1556 ergänzte, verbot einer die in München beliebten hölzernen Lauben sogar für die Rückseiten der Häuser und für die Höfe.

Die vielleicht wichtigste unter den Permanenzen bei der Entwicklung der Stadt aber war der Zuschnitt der Grundstücke. Die Einzelhäuser[6] haben im Laufe ihrer Geschichte Unregelmäßigkeiten entwickelt, die dem modernen Auge zu malerischen Reizen werden, in den Parzellen aber war das München Ludwigs des Bayern noch bis ins späte 19. Jahrhundert gegenwärtig. Ausnahmen waren die Großbauten des Hofes, sonst aber wirkte die ursprüngliche Form der schmalen, tiefen Grundstücke auch da noch als städtebauliches Modul, wo zwei oder mehr Häuser zusammengelegt wurden. Erst die neue Altstadt der Gründerzeit und der Wiederaufbau, von denen noch die Rede sein wird, haben diese feinkörnige Struktur zerstört.

Im Selbstverständnis und Image von München spielt das Mittelalter kaum eine Rolle, obwohl die Frauenkirche sogar zum Wahrzeichen der Stadt geworden ist. Wichtige Bauten sind seit langem verloren.[7] So stand an der Stelle des Nationaltheaters vom späten 13. bis zum frühen 19. Jahrhundert das Kloster der Franziskaner, das zu den Zeiten Ludwigs des Bayern, als Wilhelm von Occam und Marsilius von Padua dem Kaiser die religions- und staatsphilosophischen Argumente gegen die

Kirche von Avignon erarbeiteten, eines der geistigen Zentren Europas war. Auch Bauwerke wie das Kloster der Klarissen oder die patrizischen Nonnenkonvente des Püttrich- und des Ridler-Regelhauses haben die Zeit der Säkularisation nicht überlebt. Mit St. Lorenz am Alten Hof, der Hofkirche Ludwigs des Bayern, verlor München 1815 einen mittelalterlichen Bau von großem künstlerischen Anspruch.

Die heutige Frauenkirche ist bereits der zweite Bau an dieser Stelle.[8] Nur wenige versprengte Ausstattungsstücke erinnern noch an die romanische Vorgängerin, die auf etwa zwei Dritteln der heutigen Grundfläche drei Schiffe mit romanischem Stützenwechsel und zwei Fassadentürme geboten haben soll. Im 13. Jahrhundert war ein langgestreckter gotischer Chor hinzugekommen, in dem nach 1323 Beatrix, die Gemahlin Kaiser Ludwigs des Bayern, in einem Hochgrab beigesetzt worden war. Die neue Frauenkirche, zu der am 9. Februar 1468 der Bischof von Freising und Sigismund, der Bruder des regierenden Herzogs, den Grundstein legten, gilt seit langem als architektonisches Symbol eines ebenso selbstsicheren wie erdverbundenen Stadtbürgertums. In Wirklichkeit aber ist sie auch ein Werk der Herzöge. Besonders die Wittelsbacher, die hier ihre Grablege besaßen, mußten Interesse daran haben, aus dem Schatten von St. Peter, der ersten Münchner Stadtpfarrkirche, herauszutreten, die seit 1329 einen imposanten Neubau bekommen hatte.

Von dem Baukörper, der sich auf einem von Stadtbächen umflossenen Friedhof so weit aus der Umgebung heraushob, daß sein Dach überhaupt erst oberhalb der Giebel der Bürgerhäuser begann, waren innerhalb der mittelalterlichen Stadt immer nur Teile zu sehen. Wer sich aber der Stadt von außen näherte, hatte die neue Kirche bei den Reisegeschwindigkeiten des 15. Jahrhunderts lange Zeit vor Augen. Er erkannte schnell, daß dieser Großbau im Blick auf die ganze Stadt dimensioniert worden war, und den Architekturkundigen unter den Reisenden wird beim Näherkommen auch die lapidare Form aufgefallen sein. Wer etwa Landshut kannte und an St. Martin und Hl. Geist nicht nur die Schönheit der Raumwirkungen, sondern auch die originellen Grundrisse oder die Brillanz der Gewölbe in Kapellen und Vorhallen bewundert hatte, mußte sich in München bescheiden. Technisches und organisatorisches Können sowie der Verzicht auf jegliche architektonische Eskapaden bei der Planung und Ausführung verhalfen dem Architekten von München jedoch zu einer im Mittelalter höchst seltenen Genugtuung: «Maister jörg von halspach», so nennt ihn die Inschrift seines Epitaphiums, «maurer dis Gotshauß unser Frave», habe «mit der hilff gotz und seiner hant den ersten, den mittlern und lostn stain [...] volfuert an diesem pau». Ein Jahr nach der Grundsteinlegung war Jörg von Halspach in Augsburg und Ulm gewesen, und auch später blieb der Horizont ein süddeutscher. 1473 und 1474 berieten führende Meister, unter ihnen Ulrich Ensinger aus Ulm und Konrad Roritzer aus Regensburg, in München über die Wölbung. 1477/78 errichtete der Zimmermeister Heinrich von Straubing den Dachstuhl, und 1488, im Todesjahr des Architekten, waren sogar die beiden Türme bis zum Glockengeschoß gediehen.

Unter den süddeutschen Städten war München eine der letzten, die eine neue Pfarrkirche in Angriff nahm. Daß es eine Halle (Abb. 3) werden sollte, wird kaum umstritten gewesen sein. Die künstlerischen Ziele des Architekten aber standen quer zur inneren Logik des Typus der Halle, die Offenheit und Verbindung verlangte. Ganghofer dagegen war auf Abgrenzung aus. Typus und persönlicher Stil strebten auseinander: Rigorose Scheidbögen trennten die Schiffe, und die Pfeiler schließen sich im Anblick zu dichten Staffeln. Diese Wirkung war auch der Anlaß zu der späteren Legende von einer Wette zwischen Architekt und Teufel. Dem Architekten, so der Teufel, werde es nicht gelingen, dem Eintretenden die Sicht auf die Seitenfenster zu verstellen. Der Baumeister obsiegte, und die Spur von des Teufels zornigem Aufstampfen wird noch heute in der Vorhalle der Frauenkirche gezeigt.

Turmpaare wie das Münchner waren im späten 15. Jahrhundert eigentlich aus der Mode. Eine Anregung gab vielleicht der heute verschwundene romanische Vorgängerbau. Möglicherweise war man aber auch ganz einfach der spätgotischen Raffinements überdrüssig und suchte den Fortschritt im Rekurs auf die Einfachheit altbayerischer Architektur. Denn modern wollte man damals auch in München sein. 1500 reisten ein Maurer und ein Zimmerer nach Landshut, wo St. Martin gerade fertig geworden war. Ein Vierteljahrhundert später fuhr ein Ratsherr «unser Frauenthurm halber» ins fuggerische Augsburg. Wenig später wurden die Hauben aufgesetzt, die heute als «Zwiebeltürme» volkstümlich sind, früher aber «welsche Hauben» hießen und vermutlich sogar als Antikenzitat verstanden werden konnten.

Welche Ausstattung die Festgemeinde bei der Weihe 1494 vor Augen hatte, ist schwer zu rekonstruieren. Einiges, darunter aber der Hochaltar, dazu einige Glasfenster und wohl auch eine Reihe von Figuren, stammte noch aus dem Vorgängerbau.[9] Vor allem aber war der Neubau ein Ansporn, Neues zu schaffen. Man bestellte ein neues Chorgestühl, das Kaisergrab bekam eine neue Tumba, auch Schmuckfenster für den Chor und Bildwerke für die Privatkapellen wurden neu in Auftrag gegeben. Im frühen 17. Jahrhundert gab es dann unter Maximilian I. eine erste durchgreifende Umgestaltung im Zeichen gegenreformatorischer Fürstenrepräsentation: ein riesiges Hochaltarbild von Peter Candid propagierte den umstrittenen Glaubenssatz von der Himmelfahrt Mariens, ein gewaltiger Triumphbogen am Eingang des Chores feierte den hl. Benno, und um das Grab von Kaiser Ludwig dem Bayern zogen Bronzewächter auf. In den siebziger Jahren des 18. Jahrhunderts kam wieder eine Phase umfassender Veränderungen. Ignaz Günther fertigte Türflügel für die Seitenportale und Reliefs für das Chorgestühl, Roman Anton Boos lieferte die neue Kanzel. Viel Mittelalterliches verschwand, wobei man allerdings wenigstens einige der Glasfenster einlagerte, so daß sie 1858 bis 1867 reaktiviert werden konnten, als die nächste Verschönerungskampagne über den Bau hinging. In dem Eifer, ihre Kirche im «Geiste der Erbauungszeit» wiederherzustellen und «alles Fremdartige, Störende und Baustylwidrige [zu] entfernen und so diesem ehrwürdigen Münster seine frühere schöne Gestalt wieder [zu] verschaffen», kannten die Neugotiker auch mit wirklicher Gotik kein Erbarmen, wenn sie sich den neuen Normen nicht fügte.[10] Glasfenster wurden grün überstrichen, damit sie mystischer leuchteten, alte Figu-

3. Frauenkirche mit neugotischer Ausstattung, Vorkriegszustand

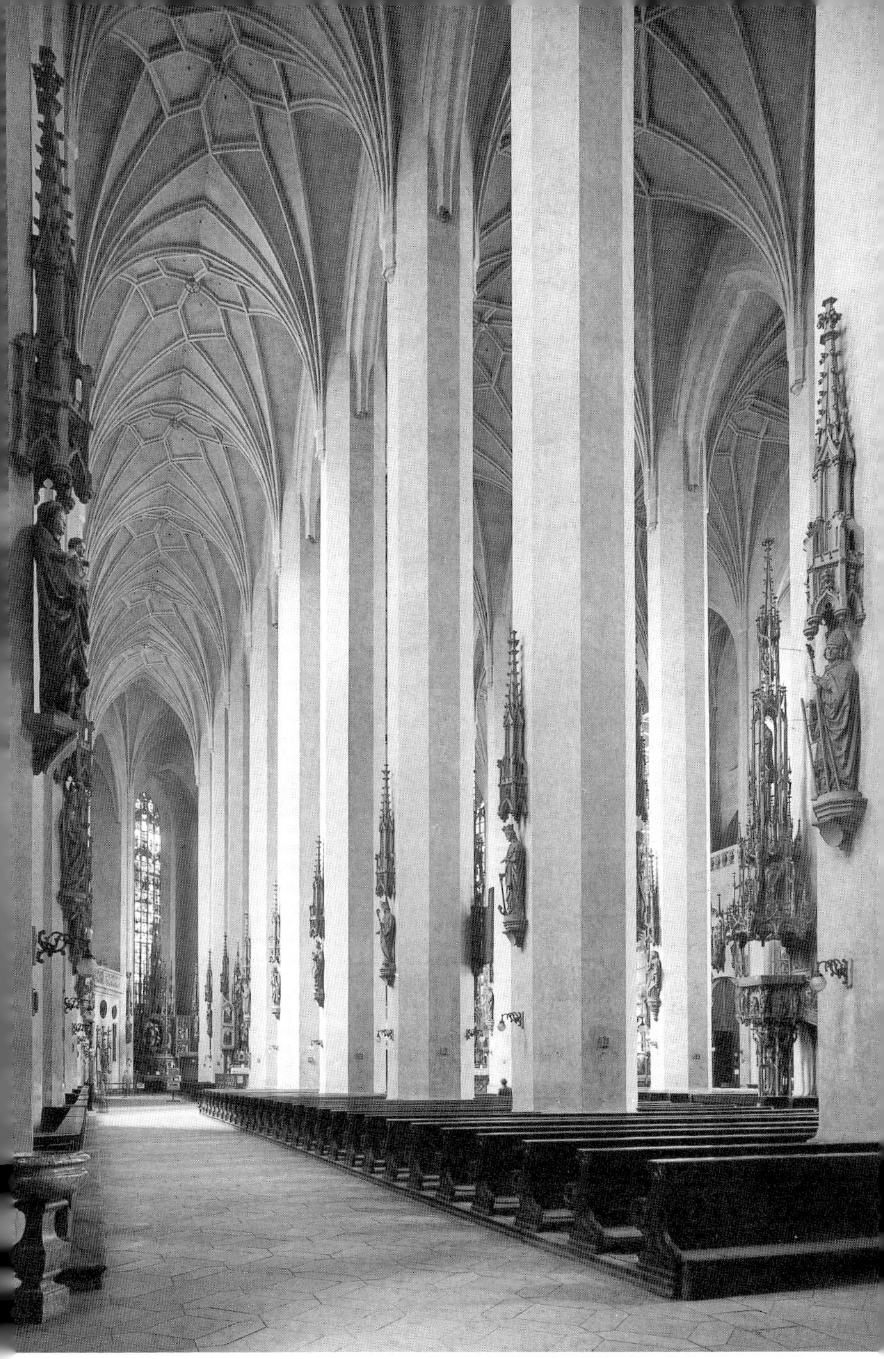

ren kamen auf den Kunstmarkt, um mit dem Erlös «mittelalterlichere» zu erwerben, andere, den Gläubigen wegen ihrer religiösen Bedeutung oft lieb und teuer, verrotteten unter offenem Himmel. Dafür gab es an den Pfeilern jetzt Statuen nach Kölner Vorbild und in den Kapellen einheitliche Altäre. Außen sollten sogar die welschen Hauben der Türme durch spitze ersetzt werden. Gelernt wurde aus all dem wenig, denn die Restauratoren der Nachkriegszeit waren nicht weniger rigoros als ihre neugotischen Vorväter. Noch einmal wurde der Tempel gereinigt. Im Gegenzug wird 1989 ernstlich diskutiert, den Hochaltar mehr als hundert Jahre nach seinem Verschwinden wieder zu rekonstruieren, so, als stünde dergleichen zu beliebiger Disposition.

Die Geschichte der Münchner Kunst im 14. und frühen 15. Jahrhundert harrt noch einer adäquaten Erforschung.[11] Ob die wenigen überkommenen Werke alle von den zahlreichen Malern und Schnitzern kamen, die in München Steuern zahlten, ist ungewiß, denn einiges scheint auch importiert worden zu sein. Die Kreuzigung aus der alten Augustinerkirche etwa, entstanden im späten 14. Jahrhundert, gilt vielen Gelehrten als ein böhmisches Werk. Umgekehrt haben die Münchner auch die Umgebung mit Bildern versorgt, und zwar nicht allein die Dorfkirchen, sondern auch die bedeutendsten Klöster, wie Polling, Benediktbeuern und Tegernsee.

Zur europäischen Avantgarde zählten die Münchner Maler des 15. Jahrhunderts nicht, aber sie waren auch keine Hinterwäldler.[12] Als Gabriel Angler 1434 beim Rat die Spesen für den Hochaltar der Frauenkirche abrechnete, stellte er unter anderem «varb und lasür, in Venedig gekauft», in Rechnung. Der Maler des ehemaligen Kreuzaltares der Frauenkirche zeigte sich um 1440 durchaus informiert über das, was es nördlich der Alpen an Neuem gab, und der Meister des Pollinger Hochaltars von 1444 war zwar keiner der großen Erfinder seiner Zeit, aber doch jemand, der gradlinig zu erzählen verstand und für seine Schauplätze unbefangene Blicke auf die Welt des Wirklichen warf.

Vom bedeutendsten der in München tätigen Maler scheint sich in den Kirchen der Stadt kein Bild erhalten zu haben.

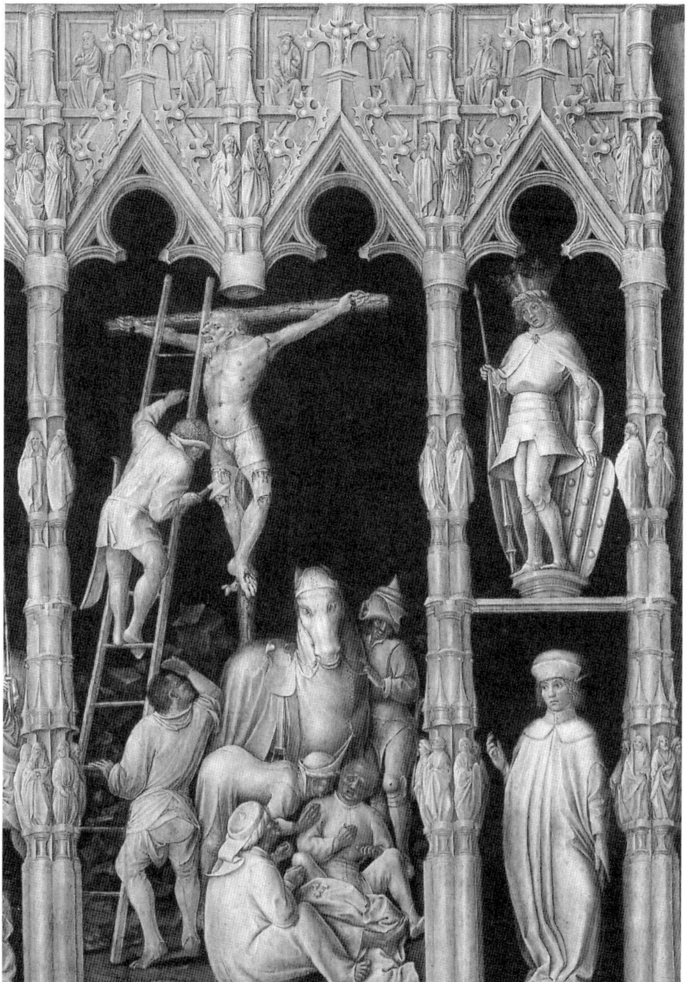

4. *Meister der Tegernseer «tabula magna», ehemaliger Kreuzalter aus Kloster Tegernsee, ca. 1430/40, Ausschnitt, Alte Pinakothek*

Dabei war Gabriel Anglers verlorener Hochaltar auch nach dem Ausgang der Gotik noch berühmt. Als 1568 in der Frauenkirche die Festdekoration für die Hochzeit des Kronprinzen anstand, blieb der Hochaltar sichtbar, sei er doch zu solcher «solemnitet vil herlicher und gewaltiger, dazue die tafel von schnizelerwerkh und gemöl so schön und khunstlich».[13] Anglers Hauptwerk, die «tabula magna» für Kloster Tegernsee, scheint sogar nie in München gewesen zu sein. Monatelang saß 1444 ein «Gabrihel maler» an der Tegernseer Klostertafel, wo er und seine Gesellen unter anderem mit Käslaiben, hunderten von Renken und zwei Maß Honig versorgt wurden.[14] Das Spektrum der Themen und Motive, das seine Tafeln bieten, ist groß: den Kapellenräumen, Stadttoren, Landschaften und Zelten der Außenseite folgen innen, auf der Feiertagsseite, figurenreiche Erzählungen der Passion, die ihren Mittel- und Höhepunkt in der Kreuzigung haben – heute im Germanischen Nationalmuseum Nürnberg. Vor allem die Steigerungen des Ausdrucks beeindrucken. Der Christus erinnert an gotische Kruzifixe, der Schächer rechts fast schon an Grünewald. Bei der Wahl seiner Vorbilder war der Meister ohne Voreingenommenheit: Die Reitergruppe rechts ist ein Echo oberitalienischer Kunst, die Frauengruppe unter dem Kreuz läßt an niederländische Malerei denken, und links steht eine «italienische» Rückenfigur unmittelbar neben einem Schuhbinder, der ebenso wie seine Landsknechtsfreunde rechts «deutscher» nicht sein könnte.[15]

Dem Meister der «tabula magna», und damit Gabriel Angler, wird heute auch die Tafel des früheren Kreuzaltars der Tegernseer Klosterkirche zugetraut (Abb. 4). Diese Zuschreibung setzt allerdings, gleich in welcher Richtung, eine sehr erhebliche künstlerische Entwicklung voraus, denn der Kreuzaltar ist ein Werk von weit größerer Komplexität als die «tabula magna» und ein Werk zudem, bei dem das Italienische nicht nur als ferner Widerhall gegenwärtig ist. Der Maler scheint sich in Oberitalien gründlich umgetan zu haben, und vor Paduaner Fresken könnte er sogar länger gestanden haben. Allerdings haben sich in Donaustauf auch auf bayerischem Gebiet Fresken von Malern aus dem paduanisch-veronesischen Kunstkreis erhalten.[16] Die Subtilitäten des Kalva-

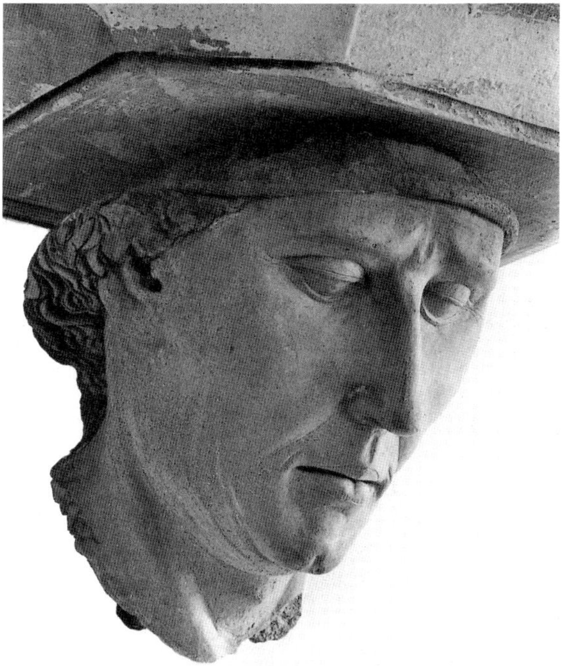

5. Porträt des Architekten der Frauenkirche, gest. 1488, Freising, Diözesanmuseum

rienbergs vom Tegernseer Kreuzaltar sind jedenfalls weit entfernt von dem sehr viel zupackenderen, auf kräftige Effekte ausgehenden erzählerischen Habitus des Kalvarienberges der «tabula magna», wo Spiele wie das mit dem Realitätsgrad der rahmenden Heiligen, die gleichzeitig sowohl Statuen als auch handlungsbezogene Personen darstellen, wohl kaum vorstellbar wären.

Bei den Bildhauern und den Schnitzern ergibt sich aus dem zufällig Erhaltenen ein noch diffuseres Bild als bei den Malern. Die herausragenden Werke stehen heute isoliert. Das bedeutendste, die tönerne Porträtbüste des Dombaumeisters Jörg von Halsbach, wurde erst vor wenigen Jahren aufgefunden (Abb. 5). Der Kopf war Teil eines Epitaphs und hat über

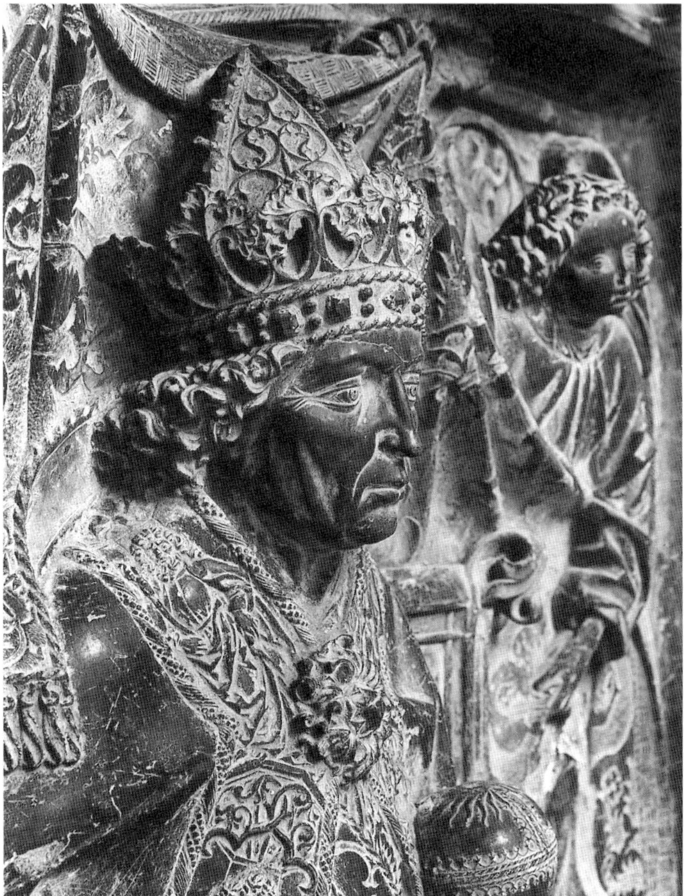

6. Grabmal König Ludwigs des Bayern, Frauenkirche, Ende 15. Jahrhundert, Ausschnitt

sich eine Konsole, auf der ein ebenfalls erhaltener tönerner Schmerzensmann stand, eine Figur von bescheidener künstlerischer Qualität. Der Kopf wurde ursprünglich von unten und meist wohl auch von vorn gesehen. Trotzdem hat der verantwortliche Meister – wie es bei Architektenbildnissen damals häufiger vorkommt – die Gelegenheit zu einem Bildnis von seltener Lebendigkeit des Ausdrucks und der plastischen Durchbildung genutzt, so, als handele es sich um ein von allen Seiten zu betrachtendes autonomes Kunstwerk.[17] Sein Charakterisierungsvermögen und seine Sicherheit bei den Volumina, bei den Umrissen oder bei der Feinmodellierung sind für München geradezu sensationell. Ob er nur kurz in der Stadt war oder sonst keine seinen Fähigkeiten angemessenen Aufträge bekam, können wir nicht wissen. Und so bleibt auch sein Verhältnis zu dem Bildhauer ungeklärt, der die Deckplatte für das Hochgrab Ludwigs des Bayern meißelte (Abb. 6), die von hoher Qualität ist, aber eine andere Handschrift zeigt. Anregungen kamen von Nicolaus Gerhaerts Wiener Grabmal für Kaiser Friedrich III.[18] Vielleicht hat man von außen einen Künstler geholt?

In München, damals kulturell und künstlerisch noch für Jahrzehnte von Landshut überstrahlt, war dergleichen nicht zu lernen. Allerdings hatte sich in den letzten Dekaden des 15. Jahrhunderts eine gewisse Stetigkeit eingestellt. Zwei Künstler dominierten, von denen der eine, Jan Polack, vermutlich aus Krakau zugewandert war, während der andere, Erasmus Grasser, aus der Oberpfalz kam.[19] Die Münchner Fachgenossen hätten Grasser freilich am liebsten nicht einmal das Gesellenstück machen lassen, sei er doch «ein unfriedlicher, verworrener und arglistiger Knecht». Beim Magistrat muß er aber Gönner gehabt haben, denn 1480 wurde er für seine Dekoration des Rathauses großzügig entlohnt, und später gehörte er zeitweise sogar dem Äußeren Rat an. Seine künstlerische Tätigkeit griff bald weit über die Stadtgrenzen hinaus und umfaßte neben dem Schnitzen auch architektonische Projekte und die Sanierung der Salinen von Reichenhall. Grassers nach Anspruch und Umfang bedeutendstes Werk, das Chorgestühl der Frauenkirche, ist nur fragmentarisch und nur in den figürlichen Teilen erhalten. Die architektonischen Teile, die den Büsten räumlich wie theologisch ihren Ort und Zusammenhang gegeben haben werden, wurden ein Opfer der Neugotik. Heute als gerettete Einzelwerke museal präsentiert, sind die Büsten in ihrer Wirkung ganz auf die künstlerische Qualität angewiesen, die, bei einem Auftrag, 28mal einen heiligen Mann darzustellen, naturgemäß höchst ungleich ausfallen mußte. Erfindung und Ausführung bleiben denn auch meist summarisch.

Bei den Morisken (Abb. 7), die Grasser vermutlich für die Frauenkirche empfohlen hatten, war das noch anders gewesen. Heute im musealen Exil, trieben sie ihr Wesen ursprünglich unter der Decke des Rathaussaales, hoch über den Köpfen der dort Versammelten.[20] Ihr «Lärmen» lockerte ein Bildprogramm mit höchst anspruchsvoller Ikonographie. Man

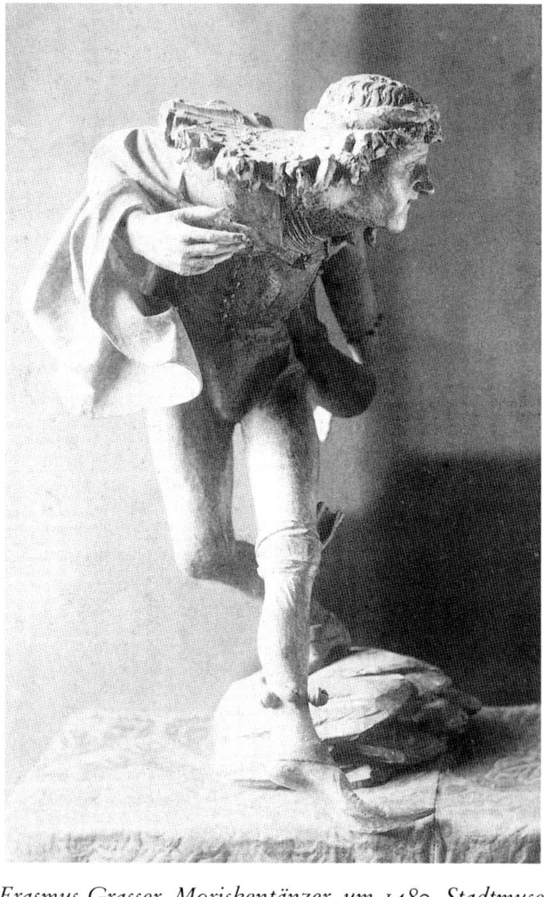

7. Erasmus Grasser, Moriskentänzer, um 1480, Stadtmuseum

fand die Reliefs von Sonne und Mond, das Kaiserwappen Ludwigs des Bayern, das Münchner Kindl, dazu die Wappenschilde befreundeter Städte und Geschlechter – zumindest heraldisch wurde München zum Zentrum der Weltordnung. Das Satyrspiel der Morisken nimmt darauf keinen direkten Bezug. Es untergräbt nicht, aber es relativiert. Direkte Verbindung hat es nur zu den Tanzveranstaltungen, die die führenden Bürger der Stadt und gelegentlich auch die Herzöge in diesem Saale abhielten. Während unten die gemessenen Abläufe der Repräsentationstänze vollzogen wurden, brachte Grasser an der Decke exaltierteste Bewegung. Eigentlich diente der Tanz der Morisken der Balz und dem Wettstreit um eine Jungfrau, die der Wildeste gewinnt. Obwohl man im Alten Rathaus alle Figuren nur von weitem sehen konnte, hat der junge Meister sie so ansichten- und bewegungsreich komponiert, als seien sie zu fachkundiger Betrachtung aus nächster Nähe bestimmt, aus der man die Vielfalt der Typen und Temperamente erst richtig hätte würdigen können, die Alten und die Jungen, die Bauern und die Beaus, die Tumben und die Gewitzten, die Trampel und die Äquilibristen.

Der gesellschaftliche Gegenpol zum Rathaus war das Jagdschloß Blutenburg an der Würm bei Menzing, in das Herzog Sigismund sich nach seiner Abdankung zurückgezogen hatte.[21] Sozial gehörte es zu der Welt der adligen Jagden, die sich, an München vorbei, von Dachau bis zum Alpenvorland erstreckten. Kompetente Maler gab es dort keine, und Sigismund wird mit dem Auftrag an den Münchner Stadtmaler nicht lange gezögert haben, als er gegen 1490 für seine neue Schloßkirche in Blutenburg auch Bilder brauchte. Vor dem städtischen Publikum der Franziskaner- oder der Peterskirche hatte Polack vor allem mit energischem Zugriff zu beeindrukken gesucht: Gestik und Mimik eher drastisch, der formale Habitus gelegentlich fast aggressiv, Vorder- und Hintergründe eng verzahnt, überall kräftige Formen, dicht gedrängt auf engem Raum, Maßstabssprünge und dazwischen immer wieder Enklaven dargestellter Alltagswelt, die ebenso ein Eigenleben entfalten können wie an anderer Stelle Gewänder oder physiognomische Etüden.

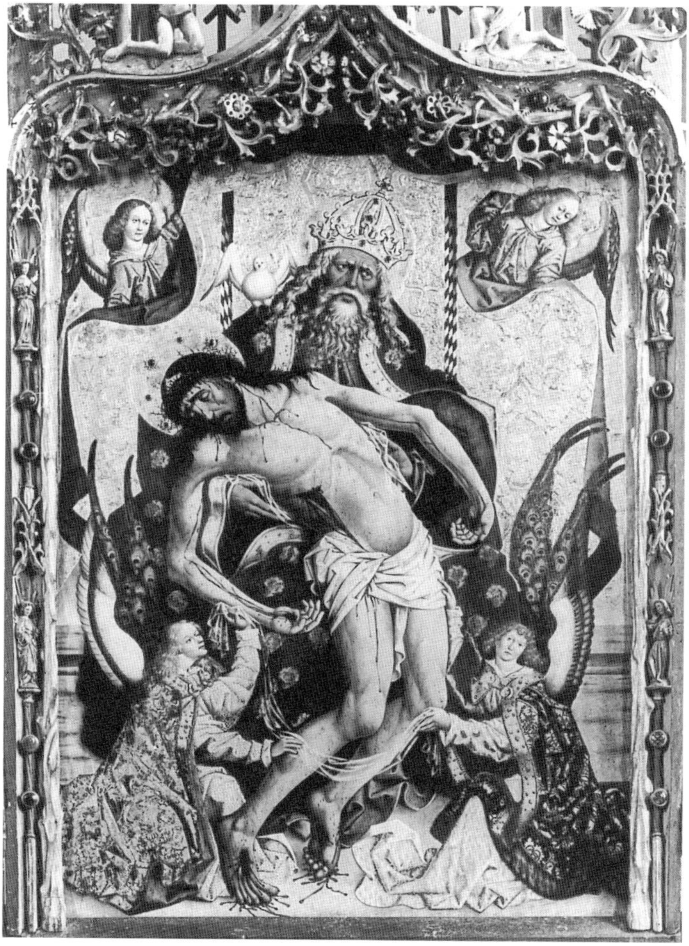

8. Jan Polack, Gnadenstuhl, 1491, Schloßkapelle Blutenburg

Als Jan Polack für Herzog Sigismund malte, hatte dieser schon lange die Regierung an seinen Bruder Albrecht abgetreten. Bei seinem Widerwillen, «mue und arbait zetragen», und seiner Neigung, sich ein geruhsames Leben ohne alle Bekümmernis zu machen, glaubte er sich zur Abdankung verpflichtet. Den Zwängen der Regentschaft entronnen, konnte er sich ganz den Freuden eines spätmittelalterlichen Ritterlebens ergeben. Eine zeitgenössische Chronik rühmt seine Großzügigkeit gegen jedermann und berichtet: «Ihm was wol mit schönen frauen und mit weissen tauben, pfahen [Pfauen], swein und vöglen und allen selcamen thierlein, auch mit singen und saytenspiel.» Auch gute Sänger soll er beschäftigt haben.[22] Besonders geliebt habe er sein Schloß in Menzing «und machet die Kirchen da gar köstlich und schön». Sigismunds Schloß wurde 1632 von den Schweden zerstört, die Kirche aber überlebte und konnte sogar fast die gesamte alte Ausstattung über die Zeiten retten. Architektur, Fenster, Freskenreste, Figuren und Altargemälde bilden das letzte spätgotische Innenraum-Ensemble, das sich in München erhalten hat. Zugleich sind sie das bedeutendste Denkmal ihres Erbauers. Daß Polack dessen persönlichen Neigungen entgegenkommen wollte, als er dem Herzog einen Altar malte, dessen formale Eleganz – immer nach Münchner Maßstäben – schon ans Preziöse streifte, liegt nahe. Leitmotive der Ausstattung der Kirche waren Eucharistie und Herrscherlob. In den Glasfenstern stehen Passionsszenen neben Wappen, und auch im Hochaltar sind beide Themen zusammengeführt: Auf der Werktagsseite sieht man den Stifter, kleiner als die Heiligen, aber von einem Wappen begleitet, das halb so groß ist wie er selbst. An Feiertagen zeigte sich in der Mitte des Altars statt des üblichen Schreins mit Schnitzfiguren ein gemalter «Gnadenstuhl» (Abb. 8), in dem sich religiöse Intensität und Formalismus auf eine heute befremdliche, für den «Herbst des Mittelalters» aber höchst kennzeichnende Weise verschränken: Ein Christuskörper, betont altertümlich in der Form, mit Wunden, die Verletzungen, nicht nur Symbole sind, eingefaßt von kostbarsten Stoffen, dazu Engelflügel, deren kapriziöses L'art pour l'art weniger für den meditierenden Büßer gemalt scheint als für den herzoglichen Liebhaber schöner Pfauen.

Wilhelm V. und Maximilian I.

Um die Mitte des 16. Jahrhunderts ging es in München nicht immer sehr katholisch zu. 1558 etwa gaben Dekan und Pfarrer der Frauenkirche zu Protokoll, in der Stadt existierten alle Arten von Sekten, und viele verzichteten überhaupt ganz auf Beichte und Kommunion. Protestantische Bücher fänden sich sogar im Buchhandel, und selbst Patrizier läsen jeden Sonntag ihrer Familie aus den ketzerischen Traktaten des Martin Luther vor. 1569 rügte Herzog Albrecht die vielen ungestraften «ergerlichen reden der Sektischen», die von Einheimischen und Ausländern in Wirtshäusern und auf Plätzen ohne Scheu geführt würden.[1]

Wilhelm V. mag deshalb auch an die Münchner Protestanten gedacht haben, als er sich 1582 entschloß, mitten in der Stadt ein Jesuitenkolleg mit einer Kirche unter dem Patrozinium des Erzengels Michael zu errichten. Kurz zuvor hatte Wilhelm als Feldherr in einem anfangs aussichtslos scheinenden Kampf der katholischen Partei das Erzbistum Köln zurückgewonnen. Geistliche Stärkung bei der Niederwerfung der Ketzer erfuhr er durch die Jesuiten, die bereits sein Vater 1559 nach München geholt hatte. Nun sollten Erziehung und Gottesdienst vollenden, was durch das Schwert begonnen worden war.

Als das Jesuitenkolleg (Abb. 9) in die Höhe zu wachsen begann, war es das größte einheitliche Bauwerk der Stadt, ungleich eindrucksvoller als die Residenz, die sich damals noch als ein Konglomerat locker verbundener Einzelkomplexe präsentierte. Ein Bau entstand, der nach Dimensionierung und Anspruch mindestens so sehr ein Werk des Fürsten wie des Ordens war. «Das Jesuiterische Collegium» habe, so ein Zeitgenosse, «eine überaus große Weite, das der Größe halber wol ein König darin Hof halten kundte, mit unterschiedlich großen Höfen und Gärten, groß und kleinen Zimmern in starker Anzahl, hübschen Refectoriis, Speißstuben, Schulen, Sälen

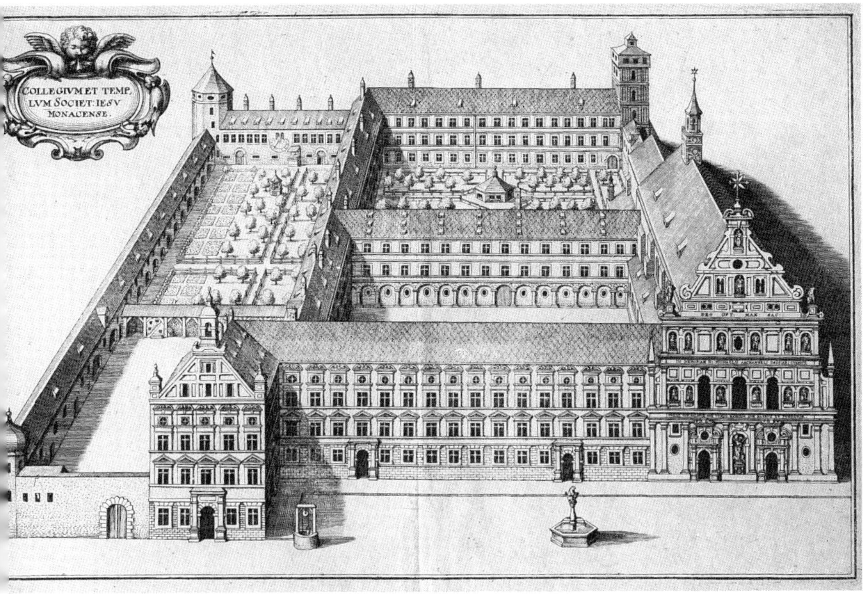

9. Matthäus Merian d. Ä., Jesuitenkolleg und Michaelskirche, 1644

und mit Tafeln geziert, darin die Jugend alle Tag Meß, bisweilen auch Predigt höret. Hat dieses Collegium 800 Kreuzfenster, und wie mir der Rector sagt, so ist dieses nach dem Escurial in Spagna das furnembste Collegium in ganz Europa, darumben diese Patres alle allein Ihrer Durchl. dem Herzog Wilhelm zu danken haben.»[2] Innerhalb des Ordens gab es aber auch Widerstand. So schrieb der P. Provinzial: «In einem Teil des neuen Kollegs zu München sind die meisten Räumlichkeiten zu prächtig und zu groß, wogegen weder früher P. Bader noch jetzt ich etwas ausrichten konnte. Den übrigen Teil des Kollegs, welcher besonders für die Wohnungen dienen wird, hoffe ich mit Erlaubnis des Herzogs der religiösen Einfachheit mehr anpassen zu können [...]. Der bereits gebaute Teil wird für die Bibliothek, als Speisesaal, Erholungssaal, für Gäste usw. dienen. Bei dem, was noch zu vollenden ist, wird alle Pracht vermieden und der Herzog dadurch nicht beleidigt werden.»[3]

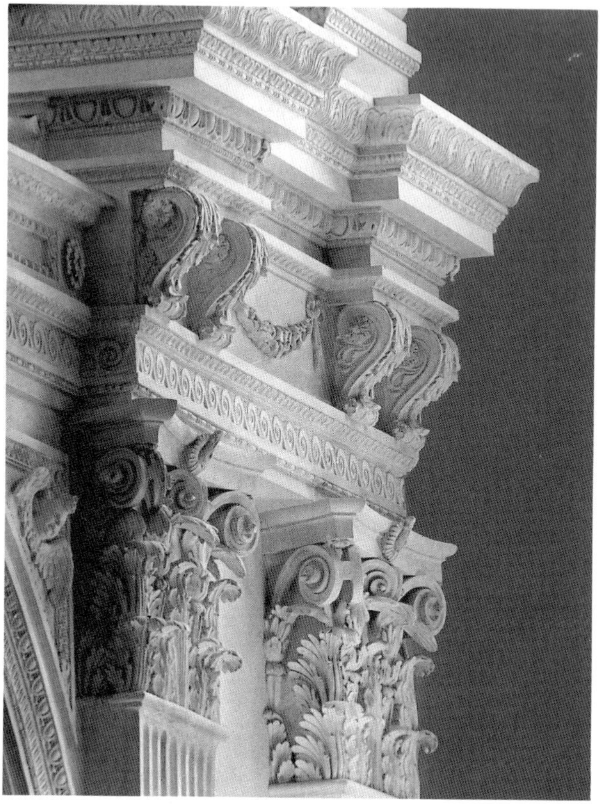

10. Michaelskirche, Detail der Stuckdekoration, Ende 16. Jahrhundert, Vorkriegszustand

Die Schauseite seiner Kirche hat Wilhelm V. intensiv beschäftigt. Eigenhändige Listen der aufzustellenden Figuren sind erhalten, und auch um die Inschriften kümmerte er sich selbst.[4] Die meisten Münchner werden von den Einzelheiten, die ihn dabei beschäftigten, nicht viel verstanden haben, denn selbst den wenigen, die die Inschriften lesen konnten, die ihnen in goldenen Lettern entgegenleuchteten, werden die historischen Kenntnisse gefehlt haben, um den fast hybriden Anspruch zu ermessen, mit dem hier Herzöge aus dem Hause Wittelsbach in eine Reihe traten mit Glaubensstreitern von so welthistorischer Bedeutung, wie Kaiser Karl der Große und Kaiser Karl V. es gewesen waren.

Baukünstlerische Belange mußten bei dieser Schaufront zurückstehen. Von der grandiosen Architektur des Inneren verrät sie nichts. Deutsche Besucher müssen sich nach Italien, ja in die Antike versetzt gefühlt haben, «all'Italiana gebawet» schien sie 1611 dem Augsburger Philipp Hainhofer, einem architekturkundigen Italiener dagegen werden die von allen südlichen Normen abweichenden Züge aufgefallen sein. Georg Dehio urteilte: «Alles ist darauf angelegt, die majestätische Einheitlichkeit und ruhige Macht der in reinem Halbkreis in einer Spannweite von etwas mehr als 20 Metern sich ausschwingenden Decke nicht zu stören. Soweit ein echter Renaissancegedanke. Hingegen in dem das Gewölbe tragenden Mantelbau ist viel latente Gotik. Ihr Konflikt mit dem antiken Scheinorganismus ist auch nicht ganz überwunden. Renaissancemäßig gedacht ist dabei doch die Unsichtbarmachung des wichtigsten Konstruktionsmittels, nämlich der den Schub der großen Tonne auffangenden Mauermassen, zwischen denen die Kapellen und Emporen liegen. Die Anlage der letzteren ist damit erkauft, daß das Hauptgesims tiefer liegt als der Gewölbeanfang. An dies Herauswachsen der Decke aus der Mauer war aber die nordische Empfindung gewöhnt. Sein Licht, und zwar ein durchaus genügendes, empfängt das Schiff allein durch die Emporen. Nicht am wenigsten diesem Umstand, d. i. der Zurückschiebung der Lichtöffnungen in eine dem unten im Schiff befindlichen Betrachter nicht sichtbar werdende Region, verdankt der Raumeindruck seine hohe Ruhe und Geschlossenheit, diesen Hauch antiken Geistes, wie er bis dahin in keinem einzigen Bau der ‹deutschen Renaissance› zu spüren gewesen war.»[5] Hinzu kam eine Stuckdekoration (Abb. 10), die für die gesamte Innenarchitektur Süddeutschlands Epoche machen sollte.[6]

So komplex wie die Erscheinung der Michaelskirche war auch ihre Entstehungsgeschichte.[7] Der Geburtshelfer waren viele, was aber im einzelnen die beteiligten Künstler vorschlugen, was der Orden wünschte und welcher Art die Forderungen des Herzogs waren, das wird wohl für immer ein Baustellengeheimnis bleiben. Den spärlichen Quellen zufolge hat die Planung jedoch mehrfach die Richtung gewechselt. Weder die baukünstlerische Originalität noch die städtebauliche Dominanz des fertigen Gebäudes waren abzusehen, als der erste bekannte Plan diskutiert wurde: eine Halle, parallel zur Straße, also in einer Linie mit den anderen Kirchen der Stadt. Erst als der Herzog den Einsturz eines Turmes als Warnung des Himmels verstand und wesentlich größer plante, änderte sich dies. Die Kirche wurde um neunzig Grad gedreht, so daß die Fassade an den wichtigsten Verkehrsweg der Stadt zu stehen kam, der hier besonders breit war und früher an dieser Stelle wie ein Platz wirkte, weil der erst im 19. Jahrhundert abgerissene Schöne Turm Neuhauser- und Kaufingerstraße trennte. Als im frühen 18. Jahrhundert ein Bauplatz für die Dreifaltigkeitskirche gesucht wurde und die Augustiner dafür den Bereich ihres neben St. Michael gelegenen Klosters anboten, intervenierten die Jesuiten, denn der geplante Neubau nehme St. Michael «freye Lufft und Prospect» und beeinträchtige auf diese Weise das von dem herzoglichen Stifter besonders beabsichtigte «frey Ansehen dises schönen Gepäus und Kürchen».[8]

Mit dem Jesuitenkonvent und der benachbarten Maxburg, die Wilhelm V. sich als Alterssitz errichtete – beiden zusammen fielen Bürgerhäuser zum Opfer –, faßte der Hof architektonisch und urbanistisch endgültig auch im Inneren der Stadt Fuß. Wilhelms Vater, Großvater und Urgroßvater hatten fürstliche Selbstdarstellung noch auf ihre Hofhaltung konzentriert. Von dem Lusthaus im Hofgarten, das sich Wilhelm IV. erbaute und in dem er 1530 Kaiser Karl V. empfing, werden die Münchner Bürger nur gerüchteweise gehört haben. Auch Werke wie die Historienbilder, die der Herzog sich – möglicherweise für dieses Lusthaus – malen ließ, waren ganz auf ein höfisches Publikum zugeschnitten. Es gab den Sieg Scipios über Hannibal zu sehen, den Kampf Caesars gegen Vercingetorix, die Abwehr des Porsenna durch Horatius Cocles, die Mutprobe des Mucius Scaevola und den Zweikampf des Titus M. Torquatus mit einem Gallier. Durch Wappen herausgehoben waren Alexander des Großen Sieg bei Issus und der Hannibals bei Cannae. Die «feminae» vertraten Kaiserin Helena, Lucretia, Susanna, Cloelia und Verginia. Außerdem sah man Esther vor Ahasver und die «hystori von der Königin von Saba, welche König Salomon mit allerlay Schanckhung [Geschenken] und gaben haimbgesucht».[9]

Die Maler holte sich der Herzog von auswärts. Hans Burgkmair war dabei, aber auch Barthel Beham, Jörg Breu d. J. und der Regensburger Stadtmaler und Ratsherr Albrecht Altdorfer, der seine Alexanderschlacht 1529 abschloß. Der Herzog und seine Berater müssen den Malern Auflagen gemacht haben. Die Historien, die Frauen zu Protagonisten hatten, wurden, querformatig, auf perspektivisch organisierten Bühnen angesiedelt, bei deren Dekor die Maler einander mit Verkürzungen, antikischen Details und illusionistischen Kunststücken zu übertrumpfen suchten. Die Taten der männlichen Helden hingegen, so gut wie alle kriegerischer Art, wurden, hochformatig, aus einer Gottvaterperspektive gezeigt, die nicht nur einen Überblick über das Schlachtgeschehen ermöglichte, sondern auch weite Landschafts- und Himmelspanoramen, was Albrecht Altdorfer dazu nutzte, den Sieg der Griechen über die Perser in der Licht- und Wolkenlandschaft seines Himmels metaphorisch zu einem Ereignis von kosmischer Bedeutung zu verklären.

Schon bald kamen die Bilder in das «Kunstkammergebäu», das sich Herzog Albrecht an der Stadtseite der Neuveste errichtete (1563–1567). Einigen galt der Herzog als «gottesfürchtiger, stattlicher und [...] vernünftiger Herr [...], der gelehrte und künstlerische Leute [...] lieb hatte und Bayern zieren wollte von innen und außen». Den Landständen und den herzoglichen Räten, welche die Kosten sahen, machte das schon 1557 größte Sorgen: «Was man Kostbares, Fremdes, Seltsames sieht, das muß man haben! Zwei oder drei Goldschmiede arbeiten ständig allein für den Fürsten: was sie in einem Jahr fertigen, wird im nächsten zerbrochen oder versetzt. Die Maler und Kontrafetter kommen fast das ganze Jahr nicht aus der Neuen Vest. Dazu die Bildschnitzer, Dreher, Steinmetzen, der außerordentliche Aufwand für Kleidung, Tapezerei, Mummereien, das schädliche Übermaß in Essen und Trinken, Banketten und Ladschaften.»[10]

Ein frühes Inventar mit 3467 Nummern gibt Einblicke in eine der reichsten Kunst- und Wunderkammern der Zeit, in der Kunst und Kuriositäten friedlich koexistierten. So befand sich ein Kalbskopf mit zwei Mäulern und vier Augen unter einem Tisch, auf dessen Platte ein «Coralliner Platz mit Bacchi triumph wagenn und umbhero [...] tanzenden Satyris» zu bewundern war.[11] Im Erdgeschoß hatte der herzogliche Marstall Platz gefunden, von dem Philipp Hainhofer fand, er sei «eine zimblich finstere stallung und gefallen mir die zu Stuttgart und zu Heidelberg viel besser».[12] Verglichen mit den Höfen der Münchner Wohnhäuser muß der des Kunstkammergebäudes schon durch seine Größe, seine Regelmäßigkeit und seine Säulen beeindruckt haben. Verglichen mit den Höfen der Fuggerhäuser in Augsburg oder dem Hof der Landshuter Stadtresidenz allerdings, alle bereits ein Menschenalter zuvor errichtet, erscheint der ungelenke Umgang mit Formen und Proportionen doch eher als Ausdruck einer lokalen Kunstübung, für die das Italienische Fremdsprache geblieben war.

Eine produktive Verbindung zwischen Altdeutschem und Antikem gelang erst einige Jahre später mit dem Antiquarium (Abb. 11). Es diente vor allem den Antiken, den «sacrae vetustatis monumenta», die Albrecht seit den späten sechziger Jahren zu sammeln begann. Die ersten erwarb er von den Fuggern, aber damit war seine Sammlerleidenschaft erst richtig entflammt. Seine Agenten kauften in Italien in großem Stil, und die Händler dort nutzten ihre Chancen und lieferten, was immer der wenig erfahrene Enthusiast in München begehrte. Der Venezianer Niccolò Stoppio war besonders unbekümmert. Hans Jacob Fugger, der den Herzog beriet, mußte ihn deshalb nach der zweiten Sendung in die Schranken weisen: «Ich sah Dinge [...], über die ich mich wunderte, besonders über das wenige Verständnis, das Ihr in diesen Sachen habt. Denn ich fand, daß die meisten und die größten Köpfe nicht aus natürlichem Stein, sondern alle aus pietra rotta (Stuckmasse) gemacht sind, um die Leute zu täuschen und es waren deren etwa 17. Die anderen fast alle modern von ungeschickten Meistern, so daß jedermann sie als solche erkennen kann, wie es auch der Herr Herzog tat und viele andere von gerin-

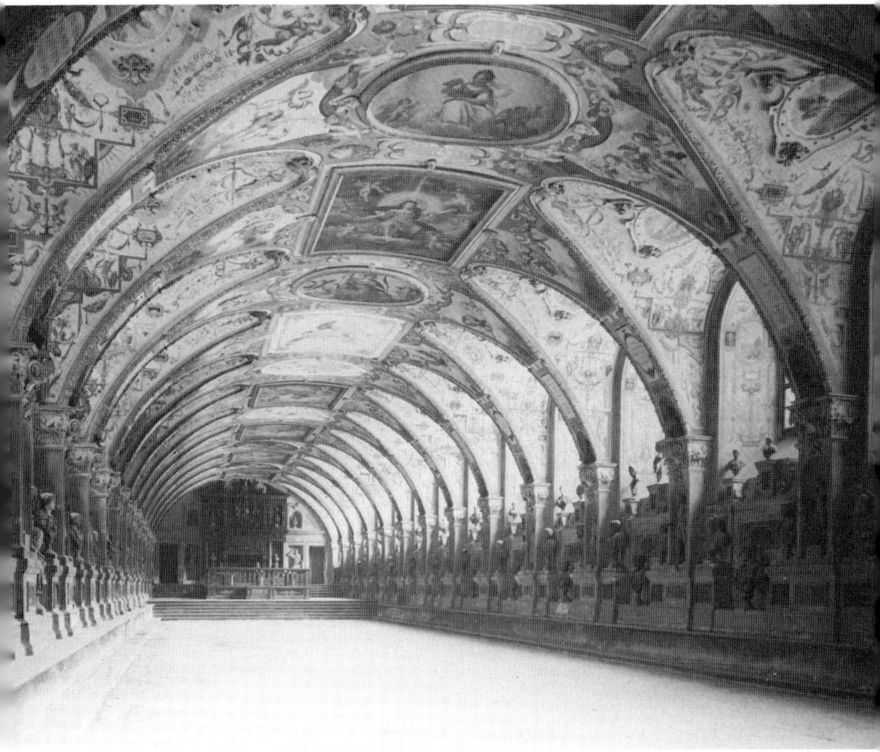

11. Antiquarium, Vorkriegszustand

gerem Verständnis für derartige Dinge können nichts anderes sagen. Es war ein Glück, daß Strada sie nicht sah, denn er würde genug gespottet und gelacht haben in jeder Hinsicht, zu unserer Beschämung, daß wir uns täuschen und so viel Geld abnehmen ließen.»[13]

Jacopo Strada, kaiserlicher Antiquarius in Wien, war der wichtigste Berater des Herzogs und wurde auch für die Architektur des Neubaus konsultiert. Der Vergleichshorizont war jetzt ein internationaler. Man studierte die Pläne der weltberühmten Antikensammlung der venezianischen Grimani, aber auch die des Palazzo Farnese in Rom. Dem Feuerschutz und der Beleuchtung zuliebe sollte das Antiquarium frei stehen, baukünstlerisch aber war es ganz als Innenraum konzipiert, «außwendig soll alles glatt sein». Ursprünglich war der Raum niedrig, spätgotischen Erdgeschoßhallen wie der Dürnitz der Landshuter Trausnitz ähnlicher als der Michaelskirche. Eine «schöne, weite lange und hohe volta» ist erst gegen 1600 entstanden, als Maximilian I. tiefer graben ließ als «es hertzog Wilhelm gebaut hatte, damit es desto höher und herrlicher aussehe».[14]

Die Antiken sind der wichtigste, aber nicht der einzige Schmuck des Raumes. In der Mittelachse des Gewölbes fordern Tugendallegorien Aufmerksamkeit, und in den Stichkappen erinnern Veduten der herzoglichen Städte daran, daß die Antiken nicht irgendwo stehen, sondern in der Wittelsbachischen Residenz. Der weltläufige Philipp Hainhofer beschreibt den Zusammenhang: Er fand auf beiden Seiten einen Gang von Marmelsteinen und auf jeder Seite 34 Fenster. «Zwischen iedem fenster stehn 6 Antichische Brustbilder fein gleich gesetzt» mit Inschriften auf schwarzem Stein darunter, bei denen aber nicht immer sicher sei, ob die Benennung des Dargestellten zuträfe. Über jedem Fenster gäbe es eine bayerische Stadt, daneben «zwey Schlösser oder Clöster mit Ihrer Gegend». Hainhofers Fazit: Er habe «so vil antiquiteten inn einem Zimmer beysammen nie gesehn, auch zue Rom und Florentz selbsten nit.»[15]

Herzog Maximilian I. war kaum an die Regierung gelangt, als er begann, aus den von den Vorgängern hinterlassenen Einzelbauten und Gebäudegruppen eine moderne Residenz zu formen, wie sie, so die unausgesprochene Botschaft, eigentlich einen Kurfürsten, wenn nicht gar einen Kaiser als Hausherrn verlangte. Georg Dehio hat sie charakterisiert: «Sie ist kein italienischer Palast, doch auch von allem, was bis dahin den Charakter der deutschen Renaissance ausgemacht hatte, sagt sie sich mit großer Bestimmtheit los. Mäßig hoch, enorm lang gestreckt, mit flachem Satteldach ohne Giebel, Erker und Türme, die einzigen Akzente zwei mäßig große Portale und die Madonnennische; also nichts Malerisches daran, alles bis zur Nüchternheit klar, einfach und sachlich. Nur die Portale sind in Stein. Die Entblößung des Äußeren von Türmen,

Erkern und Galerien hat zum Korrelat eine veränderte innere Einteilung: Anlage von Binnentreppen und Korridoren. Hier und da war dies anderswo schon früher versucht worden: Ein Treppenhaus von bedeutender und harmonischer Raumentwicklung gelang doch zum erstenmal in der Münchner Residenz. Dagegen fehlt der riesige Festsaal, den sich die deutschen Schlösser sonst nicht entgehen ließen. Die inneren Räume haben nur mäßige, auch die größten nicht sehr große Dimensionen. Fein und vornehm ist ihre Dekoration, die Wände in farbigem Stuckmarmor, die Decken mit kleinen Gemälden in zarter Stuckumrahmung. Sicher gab es diesseits der Alpen keinen zweiten Fürstensitz, der an Weiträumigkeit, rationeller Ordnung und maßvoller Pracht mit der Residenz des Baiernherzogs irgend verglichen werden konnte.»[16]

Der Festsaal, den Georg Dehio 1925 vermißte, ist seit 1985 wieder in Funktion. Zwar hatte Kurfürst Max IV. Joseph den Raum 1799, kurz nach der Französischen Revolution, offenbar für obsolet gehalten und durch Wohnräume für sich und seine Gemahlin ersetzt, knapp zweihundert Jahre später aber galten nicht diese als rekonstruierenswert, sondern der Kaisersaal Maximilians. Die Geschichte wurde revidiert, und mit der Architektur kehrte auch die frühabsolutistische Ikonographie zurück. Wie 1616, als der Saal zum ersten Mal fertig gewesen war, gibt es erneut ausgiebige allegorische Hinweise auf die Tugenden und Ruhmestaten des Hauses Wittelsbach, und erneut mahnt der Sturz des Ikarus im mittleren Deckenbild die Regierenden zur Mäßigung.

Auch die Kaisertreppe hat jetzt wieder ein Ziel. Besucher von Stand wären bei entsprechendem Anlaß früher wohl auch in Repräsentationsgemächer wie die Steinzimmer gelangt, wo marmorne Kamine und Türrahmen den Reichtum der bayerischen Lande demonstrierten und die von Peter Candid entworfenen Bildteppiche Zeugnis ablegten von den Verdiensten der Wittelsbacher und der Leistungsfähigkeit der neu geschaffenen Teppichmanufaktur, deren Weber im Jahr 1604 aus Brüssel abgeworben worden waren. Die Zimmer bildeten eine der frühesten Enfiladen nördlich der Alpen, so daß auch der Zusammenhang der einzelnen Tugendzyklen und der kosmologischen Darstellungen dem kundigen Besucher beim Durchschreiten anschaulich vor Augen stand. Sehr viel eingeschränkter wird der Zugang zur Bildersammlung, zur Schatzkammer oder gar zu den fürstlichen Gemächern gewesen sein, die den «privaten» Gegenpol zu den Großstrukturen der Residenz bildeten.

Am wenigsten zugänglich war Maximilians «Cammer Cappel». «Das irdische Paradies seiner durchlauchtigsten Hoheit», so eine Beschreibung von 1644, «öffnet nur selten ihre Wunder und himmlischen Schätze einem fremden Blick.» Der kleine Raum, fünf mal sieben Meter im Grundriß, ist ein vergrößerter Schmuckkasten, bei dem das changierende Mischungsverhältnis von Materialobsession, Reliquienglaube, Frömmigkeit und Ostentation nicht mehr exakt auszumitteln ist. Den Hochaltar beschreibt ein frühes Inventar von 1626: Er sei ganz aus Ebenholz und «durchauß mit silber geziert». Neben dem Wappen und dem Bild Gottvaters sehe man «sechs kruegl mit silbernen Püscheln, drey bassi rilievi», auf dem Giebel zwei «silberne gegoßene ligende Engel». Der Rahmen ist «mit Engelsköpffen und Laubwerck geziert, daß Frieß im Hauptgesimbs von ganz silbernen getribnem Laubwerckh».[17] Auch die Altarbilder sind silberne Flachreliefs, die von zwölf kleinen, ebenfalls silbernen Reliefs eingefaßt werden.

Für einen auf Reputation bedachten Fürsten war Kunstförderung nicht nur Lust, sondern auch Verpflichtung. Deshalb wird bei der Dürer-Sammlung, die Maximilian zusammenbrachte, nicht nur die persönliche Neigung eine Rolle gespielt haben, sondern auch der Wettstreit mit Kaiser Rudolf II., der ebenfalls den Werken des Nürnbergers verfallen war. Es muß darum auch nicht in erster Linie der eigene Geschmack gewesen sein, der Maximilian in Antwerpen Jagdbilder bestellen ließ, aber vielleicht ist es doch als ein Zeichen der Hochachtung zu sehen, daß der vielbeschäftigte Rubens Maximilian nicht mit Werkstattarbeiten abspeiste, sondern auch ein Werk wie die «Nilpferdjagd» nach München schickte.

Bei Kunsthandwerk zeigte sich Maximilian etwas weniger großzügig, und Philipp Hainhofer, Maximilians wichtigster Verbindungsmann zum internationalen Kunstmarkt, hatte mit seinen Argumenten nicht immer Erfolg. Einen Spiegel pries er als Therapeutikum: Wie in den vielen Farben der von langer

Hand zusammengetragenen Steine des Rahmens die Natur zu bewundern sei, so auch bei den in den Deckel eingelegten vielen Hölzern, was einem Fürsten, «wan er melancholisch ist», zur Kurzweil und Betrachtung dienen könne.[18] Hainhofer meinte, daß in der Kunstkammer «ein herr neben dem nutzen und dienst, schöne meditationen und contemplationes haben» könne, Maximilian aber hielt sich lieber ans Praktische.[19] Dem Lobpreis eines Münzschrankes – «schön und compentios» – durch Hainhofer begegnete er mit Bedenken gegenüber der Haltbarkeit der Farben, Verzierungen und Beschläge, und auch um die Reinigung machte er sich Sorgen. Er erklärte deshalb, er habe sich noch nicht zur Erwerbung entschließen können, sondern wolle noch überlegen, weil ihm daran gelegen sei, daß «das werck sein usum hab und nit gar umb sonsten da stee», und außerdem «in seiner ersten sauberkeit erhalten werden möge». Schließlich wollte ihm «auch der preiß etwas vil geduncken zu ein so klein werck».[20]

Der größte Ruhmestitel der Münchner Hofkunst unter Wilhelm V. und Maximilian I. sind ihre großen Bronzen.[21] Die gleichzeitige Renaissance der Holzschnitzerei, etwa im Werke der Deglers aus Weilheim, scheint man bei Hofe ignoriert zu haben, und auch eine monumentale Bildnerei in Stein gab es nicht, notfalls begnügte man sich mit Ton. Selbst die raffinierte Kunst der Kleinbronzen, in der Prag und Florenz exzellierten, hat man in München wenig gepflegt.

Für internationales Niveau sorgte unter Wilhelm V. der welterfahrene Friedrich Sustris. Er, so hatte der Herzog 1587 verfügt, sollte «hierfüran wie bisher Rechter und Obrister Paumaister haißen auch sein unnd bleiben. Dazu solle er alle Intentionen, disegna und außtheilung machen und alle dinge bevelchen [befehlen] unnd angeben. Dazu sollen Imme alle Maler, Scolptori, Stoccatori wie auch andere Vertuosi und Handwercksleuth gehorsamd sein und Ir Jeder sein arbeit nach seinem bevelch angeben und heißen verrichten und machen».[22] Wie Sustris im einzelnen arbeitete, ist nicht mehr detailliert zu rekonstruieren. Viele Künstler werden von Anfang an versucht haben, seine und seines Herren Wünsche zu erraten, so daß es der direkten Kontrolle gar nicht bedurfte. Oft mögen bereits wenige Worte oder ein Stirnrunzeln ihre Wirkung getan haben.

Für den Perseus des Grottenhofes gibt es eine Zeichnung des Kunstintendanten (Abb. 12). Ob Hubert Gerhard, der die Figur verwirklichte, noch andere Skizzen bekam, ist ungewiß, und ungewiß ist deshalb auch, wem die überaus kunstreiche Detaillierung zu verdanken ist, welche die Figur für die Betrachtung selbst von hinten und von den Seiten aus noch reizvoll macht; ein L'art pour l'art der Kompositionskunst, aber zugleich – und als solches – auch Teil eines dekorativen Zusammenhangs, der in seiner Gesamtheit der Selbstdarstellung des Fürsten in der Rolle des Liebhabers und Mäzens der Künste diente, dessen Werk den internationalen Vergleich nicht zu scheuen brauchte.

Eine Vorstellung von den Gesichtspunkten, unter denen solche Kunst entstand, gibt ein Protokoll aus Augsburg,[23] wo man 1593 einen Standort für den neuen Augustusbrunnen suchte. Der Brunnen markierte den Beginn einer urbanistischen Kampagne, mit deren Hilfe Augsburg sich als permanenter Sitz des Reichtages zu empfehlen suchte. Ein lebensgroßes Modell des Brunnens wurde in der Stadt hin- und hergeschoben, bevor die auswärtigen Gutachter ihr Votum abgaben. Beide, Wendel Dietrich und Hubert Gerhard, kamen aus München. Den Fischmarkt schlossen sie aus: «[...] müßte ja bei dieser Enge und Ungelegenheit [...] notwendig erfolgen, daß der mehrer Teil dieses herrlichen und von vielen kunstreichen, verständigen, hoch und niedern Standes Personen, so es bisher allein stückweis gesehen hochgelobete Werk dem Gesicht und Anschauen hiesiger und fremder Personen samb entzogen und in einen blinden unwandelbaren Winkel gesteckt werden, welches ja aller Vernunft zuwider und [...] zum höchsten würde getadelt werden.» Die Sachverständigen plädieren für den Perlach, aber nicht für die Mitte, denn sie gaben zu bedenken, «daß dieser Röhrkasten mit seinem splendore et magnificentia» dorthin müsse, wo auch die Herren seien, also zum Rathaus und zur Herrenstube. In der Mitte des Platzes dagegen, «einer sehr übel regulierten aerea», könne er keinen Respekt gewinnen. Das zeige schon die Vernunft, dazu aber das Beispiel all der vornehmen Städte –

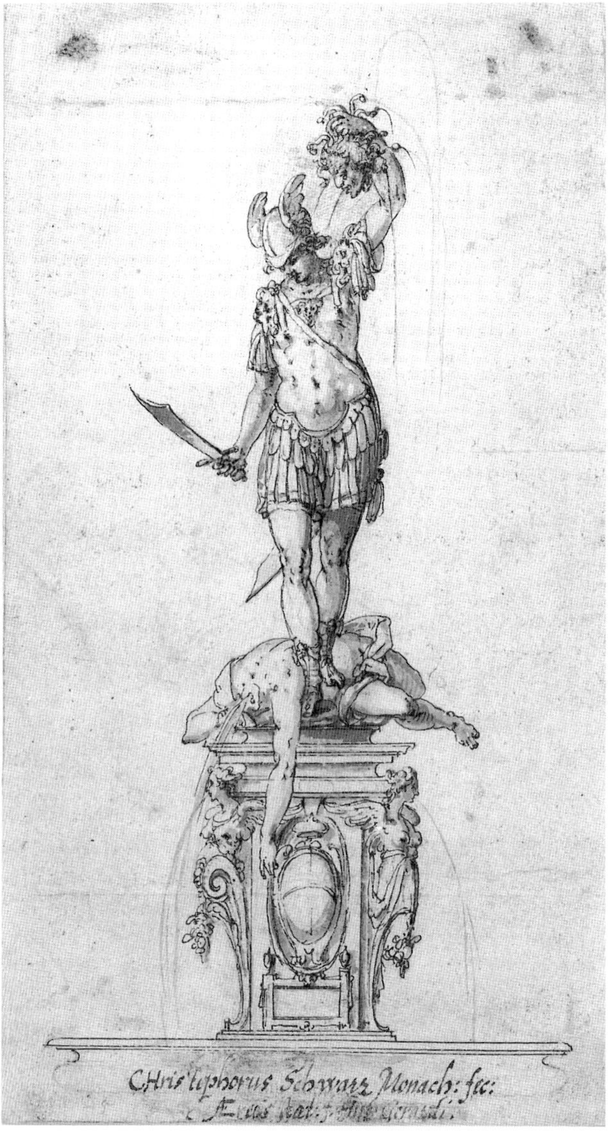

12. Friedrich Sustris (?), Entwurf für den Perseus-Brunnen im Grottenhof der Residenz, um 1590, Staatliche Graphische Sammlung

genannt werden Rom, Florenz, Bologna, Nürnberg, München und Prag –, die selbst über schöne Röhrbrunnen verfügten.

In München hatte man bei der Wahl der Standorte keine Probleme, denn es gab St. Michael, und es gab, vor allem, die Residenz mit ihrer Fassade, ihren Gärten, ihren Höfen und ihren Grotten. Grotten hatten es schon dem Kronprinzen Wilhelm angetan, der sich für seinen Sitz auf der Trausnitz Entwürfe aus Florenz kommen ließ und dann auch als Herzog seiner Leidenschaft frönte. Fast alle diese Grotten sind heute verschwunden, und auch die in der Residenz ist nur noch ein

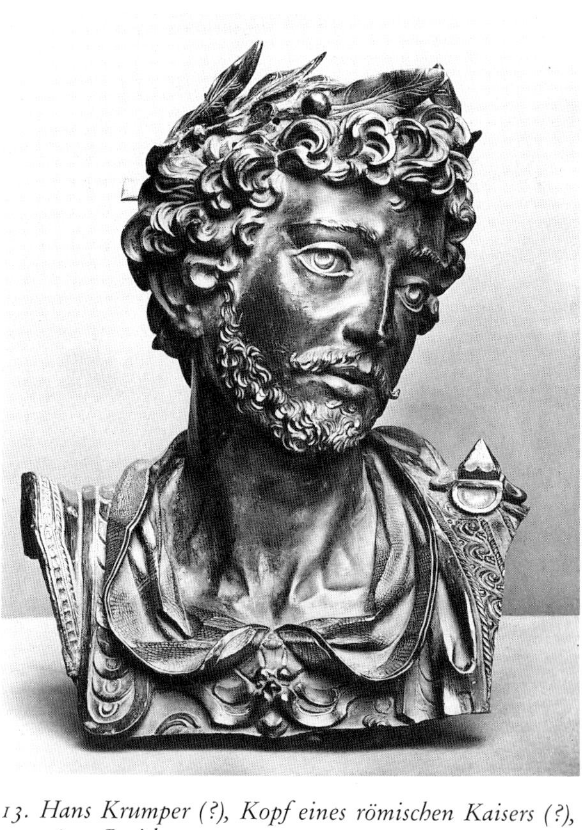

13. Hans Krumper (?), Kopf eines römischen Kaisers (?), um 1600, Residenz

Schatten ihrer selbst, nachdem die Musik der Wasserspiele verstummt ist und die kostbarsten unter den Naturwundern fehlen, die Wilhelm sich mit drängenden Briefen in Florenz erbeten hatte: «Geschmückt und überreich aufgebaut aus Muscheln, Perlmutt, Korallen in großer Zahl als unterschiedliche Äste und Sträuße, Meermuscheln, Schnecken jeder Art, Schwämme und Kristalle, die dem Auge wie natürliches Eis erscheinen und von denen klarer, glitzernder Regen tropft, als ob es Tränen wären; sie quellen aus Wasserausflüssen zwischen den Felsen zu Füßen einer vergoldeten Merkurstatue, die sich über einem steilen Absturz von Tuffstein und Kristallen erhebt. Diese wie Regen fallenden Tränen werden im lieblichen Schoß eines Beckens aus feinem Marmor aufgefangen und sorgfältig gesammelt.»[24]

Obwohl München mit der Bronzekunst des späten 16. und frühen 17. Jahrhunderts zum ersten Male zu den führenden europäischen Zentren aufschloß, ist diese Kunst im Bewußtsein des Publikums kaum noch vorhanden. Vieles allerdings ist tatsächlich verloren. Schwanthalers «Bavaria» auf der Theresienwiese fielen nach einer mündlichen Überlieferung noch im 19. Jahrhundert dreißig lebensgroße Bronzefiguren zum Opfer.[25] Nur einen einzigen Kopf (Abb. 13) bewahrte angeblich der Gießer, Ferdinand von Miller, vor dem Schmelzofen. Ein Blick auf die technische, plastische, aber auch psychologische Meisterschaft, mit welcher der Künstler dieses Kaiserporträt zur Studie eines Melancholikers machte, und man kann nur erschrecken, wie viel und wie Bedeutendes verlorengegangen sein muß.

Daß es überhaupt noch etwas zu sehen gibt, ist dem haushälterischen Sinn Maximilians I. zu verdanken, der die Großprojekte seines Vaters bei der Regierungsübernahme zwar einstellen ließ, die teuren Bronzefiguren aber, die dafür bereitstanden, nicht einschmolz, sondern für eigene Unternehmungen verwendete.

Wilhelms spektakulärstes Werk wäre das vielfigurige Grabmal geworden, das er sich und seiner Gemahlin im Zentrum der Michaelskirche setzen wollte, so wie einst das unvollendete Grabmal Michelangelos für Papst Julius II. den Platz unter der Kuppel von St. Peter einnehmen sollte.[26] Die Fragmente dieses Monumentalprojektes, das zugleich das Hauptwerk von Hubert Gerhard geworden wäre, sind heute verstreut. Das vom Florentiner Großherzog geschenkte Kruzifix ist mitsamt der von Hans Reichle zugefügten Magdalena an eine Seitenwand von St. Michael abgedrängt. Kandelaber und Reliefs verteilen sich über die Kirche, bei deren Eingang ein einsamer Engel das Weihwasser hütet. Die Grabwächter wurden 1622 um das neu gestaltete Grabmal Ludwigs des Bayern in der Frauenkirche versammelt, die Madonna kam 1638 auf die neue Mariensäule.

Das Exil, in dem sich heute so viele Werke der Münchner Bronzekunst befinden, trägt wohl auch Mitschuld an dem hartnäckigen Vorurteil, sie stünden für eine Kunst seelenlosen Virtuosentums, schön vielleicht, aber ohne tiefere Bedeutung. Der Ritter etwa, der bis vor kurzem im Brunnenhof der Residenz als «Otto von Wittelsbach» fungierte (Abb. 14), sollte ursprünglich als Grabwächter auf dem Boden der Michaelskirche stehen. Das weit vorgesetzte Bein hätte dort nicht auftrumpfendes Vordrängen suggeriert, sondern ein Zurückweichen, Distanznehmen, das auch dem Schwerte gilt, das er vorzuzeigen hat, von dem er innerlich aber ebenso Abstand gewinnt wie von dem Feldherrnstab in seiner Rechten. Bei einem Standort der Figur mit dem Betrachter auf gleicher Höhe ist das eine eindrucksvolle Erfindung, hoch oben auf einem Brunnen aber, und damit aus der Froschperspektive betrachtet, wurde daraus eine manieristische Etüde in gesuchter Haltung.

Die meisten Figuren des heutigen Wittelsbacher Brunnens stammen von einem Brunnen, den sich Maximilians Bruder Herzog Ferdinand, der selber in Florenz gewesen war, vor seinem Palast am Rindermarkt hatte errichten lassen.[27] Maximilian konnte ihn nach des Bruders Tod von dessen Erbin, der Stadt München, erwerben und die Teile in die Residenz bringen, wo sie den neuen Denkmalbrunnen zieren, der in dem repräsentativen Hof, einem der Zentren der maximilianischen Residenz, zu stehen kam. An Orten wie dem Großen Kabinettsgarten gab es größere Freiheiten. Den Besucher erwartete zum Beispiel: «ein grosser felsenberg oder grotta, darauf stehet ein gross Metallin Weibsbild lebensgrösse [Abb. 15], die hat auf ihrm huet ein Aichen laub, welches das gehültz inn

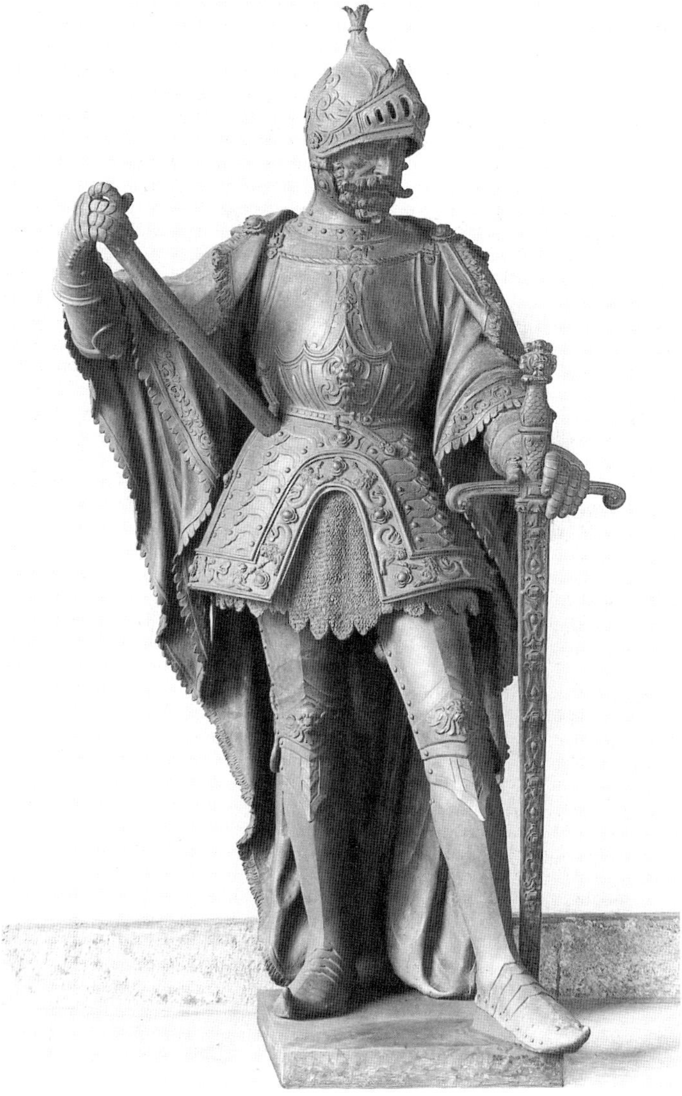

14. Hubert Gerhard, Grabwächter («Otto von Wittelsbach»), ca. 1594, Residenz

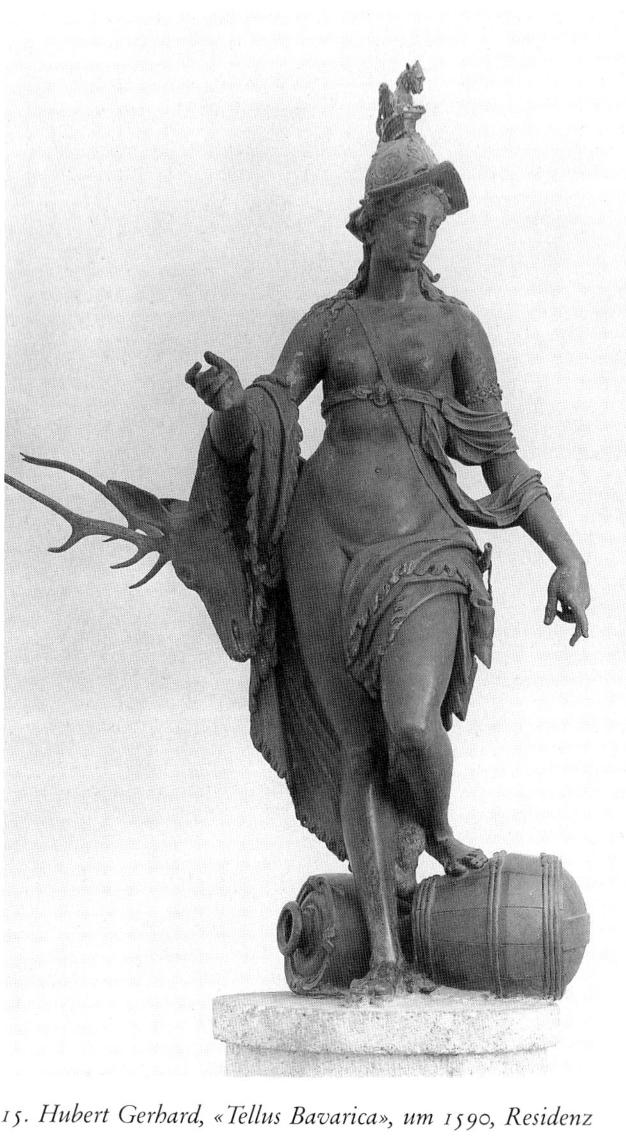

15. Hubert Gerhard, «Tellus Bavarica», um 1590, Residenz

Bayren bedeüttet, vmb den rechten arm hangt aine hirschhaut mit ainem gossenen hirsch kopf vnd gewicht [Geweih] daran, dass bedeutt dass gewild inn Bayrland; in der linckhen hand hats einen eher [Ährenkranz], der bedeüttet dass getrayd, bey den füessen ligt ein weinfässlein, dass bedeüttet den Weinwachss inn Vnder Bayrn, darneben aine Saltzscheüben, die bedeüttet dass Saltz vnd Saltzpfannen. Vmb den berg hero fisch, schneckhen, muschlen, die bedeütten dass wasser vnd die fisch. Vor dem Bild stehet ein grosser hund vnd beer, die den hauffen wasser ausspeyen, welches auch, dass diese thier so gross imm Bayrland fallen vnd gefunden werden, bedeüttet. Der Berg ist von vilem Ertz zusamengesetzt, welches auch die Bergwerkh anzeüget. Auff beeden seitten dess bergs stehen zwen grosse absonderliche Löwen di brunso [Bronze]: auss allen disen bergen vnd felsen wachssen allerley guete kräutlin vnd blumen.»[28] Unter Maximilian mußte das «Metallin Weibsbild», Hubert Gerhards «Tellus Bavarica», ihren angestammten Platz verlassen und auf die Kuppel des Hofgartentempels ziehen. Für diesen Umzug wurde sie neu ausgestattet: Den lorbeerumkränzten Hut mußte sie ablegen zugunsten eines Kopfschmucks, der vergeblich versucht, ihr die Strenge einer Minerva zu geben, und den Ährenkranz mußte sie gegen einen Reichsapfel (inzwischen wieder entfernt) vertauschen. Auf der bislang letzten Station ihres Weges, über dem Kamin des neuen Kaisersaals, hat sie wieder eine repräsentativ-dekorative Funktion, ihre Wirkungsmöglichkeit als Kunstwerk aber ist aufs höchste eingeschränkt.

Unter Maximilian I. konnten internationale Wanderkünstler wie Sustris und Gerhard keine bedeutenden Aufträge mehr an sich bringen, denn der neue Fürst verließ sich ganz auf ein Landeskind, Hans Krumper aus Weilheim, das nach der italienischen Studienreise, ganz zunftgerecht, die Tochter von Sustris geheiratet hatte. 1598 folgte er dem Schwiegervater im Amte, nicht aber in den Kompetenzen, denn einem Kunstintendanten, wie Sustris einer gewesen war, brachte Maximilian nur Mißtrauen entgegen. Als sein Bruder, der Erzbischof von Köln, dort ein Jesuitenkollegium bauen wollte und sich in München nach einem Architekten erkundigte, riet Maximilian dringend ab, sich in die Hand eines einzigen Architekten zu geben. Er selbst folgte einer Strategie des Teilens und Herrschens, indem er immer mehrere Fachleute verschiedener Profession befragte, ihre Meinungen abwog, um dann selbst zu entscheiden.[29]

Der Wechsel der Generationen brachte auch in München einen Wechsel der Interessen und der künstlerischen Ideale. Die formalen und gelegentlich auch psychologischen Komplexitäten eines Hubert Gerhard lockerten sich, der Graben zwischen den höfischen Bronzeplastiken und den Schnitzwerken, die das Land beherrschten, wurde schmaler. Verglichen mit der Maria Hubert Gerhards ist Krumpers «Patrona Boiariae» weit weniger fragil, empfindsam, verletzlich. Stämmig in den Proportionen, geruhsam im Habitus, direkt in der Zuwendung gilt sie heute als besonders reine Verkörperung bayerischen Volkscharakters, obwohl sie nach Aufgabe, Ort und Material in einem Zusammenhang von höchstem politischem Anspruch steht und sogar etwas von Maximilians Kaiserträumen ahnen läßt: das Szepter, das sie denen entgegenhält, die die Stadt verlassen, und der Reichsapfel, den diejenigen zu sehen bekommen, die in die Stadt wollen – sie beide sind Attribute der Himmelskönigin, aber auch Insignien sehr viel irdischerer Reiche. Die Tugenden über den benachbarten Portalen, Prudentia, Fortitudo, Temperantia und Justitia gehören mindestens so sehr in die weltliche wie in die religiöse Ikonographie. Ganz eindeutig scheint das Geflecht der Bedeutungen auch für die Zeitgenossen nicht gewesen zu sein. Eine Beschreibung von 1685 beginnt: «Auff der obern Porten [d. h. Portal zum Kaiserhof] ist einerseits die Weißheit zusehen / ein vorsichtige Regentin der menschlichen Zufällen / deren Haupt gecrönet mit Maulbeer-Blettern / die Augen in ein auffgeschlossenes Buch gerichtet / in der Hand haltet sie einen Kolben [das Staatsruder] / der herunden auffwartende Löw stellet vor ein Schiff / welches vnter den saussenden Winden / vnd wüttenden Meer-Wellen vnbewögt / frewdig vnnd behertzt da stehet / sich auff seinen Glücks-Stern verlassend / mit folgender Umbschrifft. Qua sidere, qua siderite. Das ist: Nach dem der Stern gehet auff, behertzt ich richte meinen Lauff.»[30]

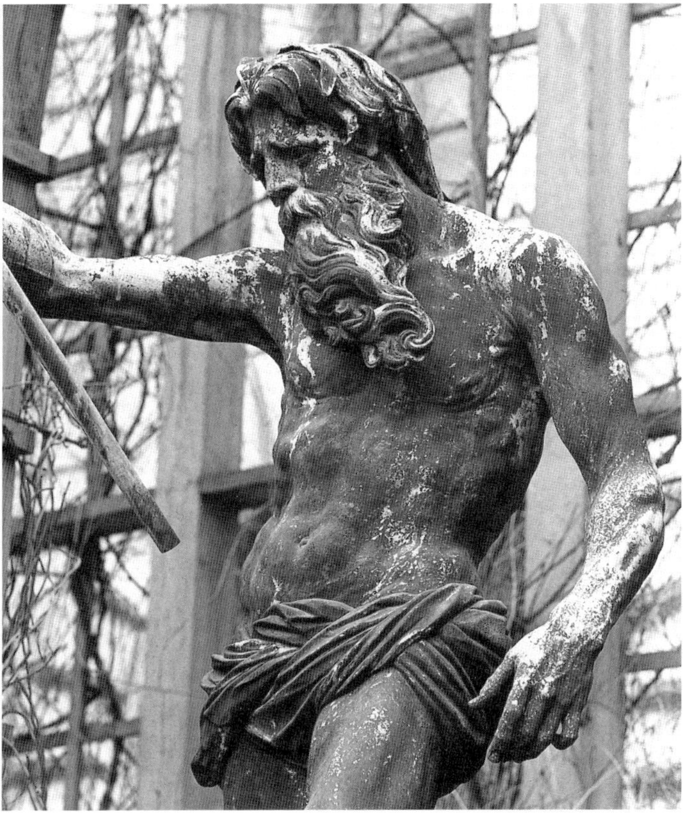

16. Georg Petel, Neptun, um 1630, Residenz

Zu den spätesten Bronzen dieser Glanzzeit gehörten die vier Putti, die Maximilian 1641 am Sockel der Mariensäule anbringen ließ.[31] Von der ein halbes Jahrhundert älteren Madonna Hubert Gerhards, die das Monument bekrönt, trennen sie Welten. Als Ritter kostümiert bekämpfen sie das in Schlange, Aspis, Basilisk und Löwe inkorporierte Böse. Die Phantasie und das bildnerische Können, die sich überall zeigen – ob die Kraft einer Schlange vergegenwärtigt, ein Kinderbauch modelliert oder mit der Vielfalt der Ansichten gespielt wird –, gehen so weit über die sonst aus dem zeitgenössischen München bekannten Möglichkeiten hinaus, daß man bei der Attribution immer wieder auf Georg Petel kam, der aber 1641 bereits seit sieben Jahren nicht mehr am Leben war. Petel hatte nach Wanderjahren in Italien und den Niederlanden, wo er mit Rubens Freundschaft schloß, 1625 in Augsburg um die Erlaubnis zur Niederlassung nachgesucht,[32] obgleich er, wie er betont, auch an etlichen «Chur- und Fürstlichen Höfen» hätte unterkommen können. Das München Maximilians scheint ihn als Wohnsitz nicht gelockt zu haben. Der einzige Geniale unter den deutschen Künstlern seiner Zeit hat anscheinend überhaupt nie für München gearbeitet, denn selbst der «Neptun» (Abb. 16), den Pistorini 1668 im Kabinettsgarten nennt, war erst, vermutlich als Ersatz für die «Tellus Bavarica», aus dem Nachlaß des Künstlers gekauft worden.[33] Pistorini beschreibt einen Brunnen, «[...] umgeben von Klippen mit Schildkröten, aus denen Wasser träufelt, in der Mitte dieses Wassers erhebt sich ein steilerer Felsen, auf dessen Spitze in erhabener Majestät Neptun mit dem Dreizack in der Rechten steht, aus seinem Mund fließt Wasser, in der Linken hält er die Muschelschale einer großen Seeschnecke, er steht auf einem gekrümmten Delphin, der durch diesen Druck mit großer Stärke aus seinen Nasenlöchern Wasser speit. [...] Dieser Brunnen ist hinten halb umgeben von einer runden kleinen Halle, so hoch, daß ein Mann bequem darin stehen kann.»

Der ursprüngliche Bestimmungsort ist unbekannt. Eine freie Aufstellung über den Köpfen des Betrachters läßt sich jedoch aus der Komposition erschließen. Daß diese Figur mit gut 2,40 Metern Höhe eines der größten Werke des Meisters, selbst bei Petels Bewunderern wenig Beachtung findet, mag allerdings auch an der höchst ungewöhnlichen Interpretation des Themas liegen. Als Petel in Rom war, machte gerade der junge Gianlorenzo Bernini von sich reden. Unter den Werken, die seinen frühen Ruhm begründeten, war der «Neptun über einem Fischweiher» der Villa Montalto (heute im Londoner Victoria and Albert Museum). Ein Herr des Meeres wie dieser, der die entfesselten Gewalten bändigt, ist Petels «Neptun» nicht. Anders als Bernini stellt er keinen heldischen Gott im besten Mannesalter dar, sondern einen, der alt und dabei auch etwas müde geworden ist, körperlich wie psychisch, der Glieder noch mächtig, aber die Kräfte bereits schonend. Bernini hatte den Moment gewählt, in dem Neptun (Vergil, Aeneis I, 132 ff.) dem Toben des Meeres Einhalt gebietet. Petels «Neptun» hingegen paßt eher zu den vorausgehenden Versen, als Neptun, tief bewegt – «graviter commotus» – aus den Fluten emportaucht, den Schaden zu sichten: «Überall sieht er verstreut des Aeneas Flotte im Meer/ sieht von Fluten die Troer bedroht und berstenden Himmel.» Dem Charakter nach könnte man das Alterswerk eines großen Künstlers vermuten, wüßte man nicht, daß Petel nicht einmal das fünfunddreißigste Lebensjahr erreichte. Er hinterließ ein Œuvre, mit dem auch der fünfunddreißigjährige Bernini Ehre eingelegt hätte.

Das München der Kurfürsten

Im späteren 15. Jahrhundert sollte der herzogliche Hofstaat, einer Münchner Hofordnung zufolge, mitsamt den Beamten nur 164 Personen und 121 Pferde stark sein. Gegen 1600 war die Zahl der Einwohner von etwa 13 500 auf 16 000 gestiegen, der Hofstaat aber umfaßte bereits 6000 bis 7000 Personen, und 1781 gehörten von den 35 000 in einer Volkszählung erfaßten Münchnern noch immer etwa 5000 zum Hofe.[1] Aus der Bürgerstadt des späten Mittelalters war im Zeitalter des Absolutismus eine Residenzstadt geworden. Die Bautätigkeit des Hofes beschränkte sich dabei keineswegs auf die Residenz. Es gab ein Ballhaus und ein Gesandtenhaus, drei Hospitäler, ein Waisenhaus, eine Kaserne und ein Zucht- und Arbeitshaus. Vor allem aber gab es immer neue Klostergründungen durch den Hof. Es kamen die Englischen Fräulein, die Karmeliten und die Karmeliterinnen, die Paulaner und die Paulanerinnen, die Salesianerinnen, die Kapuziner, die Hieronymiten und andere mehr. 1723 suchte der Rat die Niederlassung der Barmherzigen Brüder zu verhindern, weil München schon viel zu viele Ordenspersonen habe und es bald kein Gebiet mehr gebe, das nicht unter Klausur stehe.[2] Die vom Hof bestimmten Räume in der Stadt wurden immer größer, und mit den Schlössern griffen sie weit über die Stadtgrenzen hinaus.

Stadtveduten zeigen den Wechsel. Der Blick vom Gasteig auf den Isarübergang und die Bürgerstadt (Abb. 1) wird abgelöst durch den Blick von einem fiktiven Standort im Norden, von dem aus die Stadt, nun von gewaltigen Befestigungen umgürtet, fast wie ein Annex der Residenz erscheint (Abb. 17). Dabei kommt auch der «Lust-Orth» des Hofgartens[3] prominent ins Bild. Von der Stadt durch die Residenz getrennt, war er über Jahrhunderte exklusiv höfisches Terrain. Wilhelm IV. hatte im Juni 1530 dem durchreisenden Kaiser in dem «Hertzogen Lustgarten» ein glanzvolles Bankett gegeben. Die

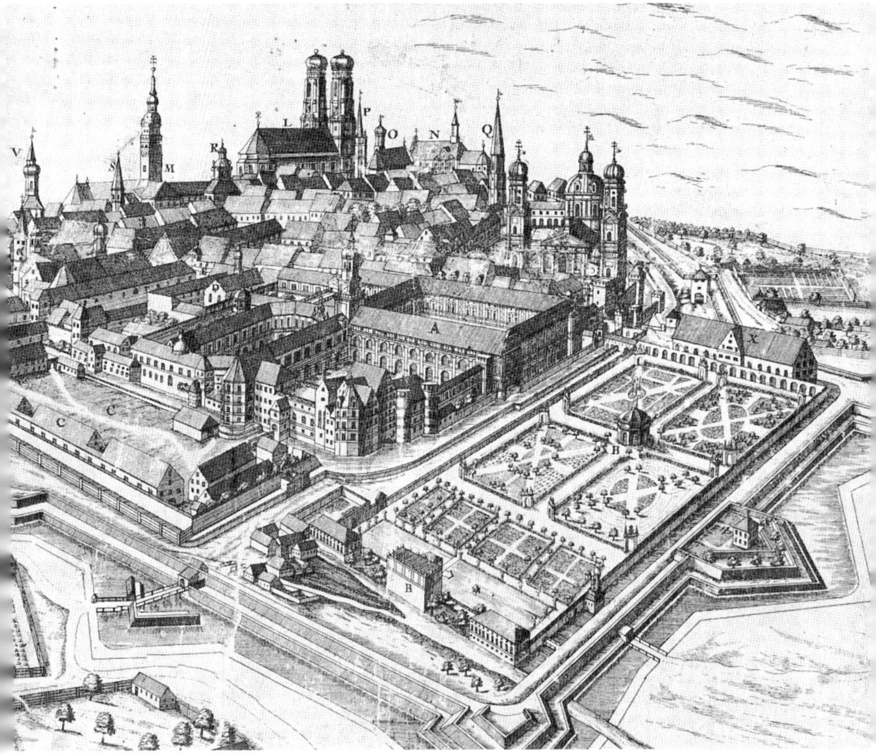

17. Michael Wening, München von Norden, 1701, Münchner Stadtmuseum, Ausschnitt

Beschreibungen erwähnen neben dem Brunnenhaus, in dessen Obergeschoß die Fürsten speisten, ein Labyrinth, eine Pergola, Brunnen und Parterres. Albrecht V. hatte dann, komplementär zu seinem stadteinwärts gelegenen Kunstkammergebäude, stadtauswärts auch dem Hofgarten neuen Glanz gegeben. Erhalten sind die bedeutenden Arkaden, die vor wenigen Jahren im Planungsgebiet der künftigen Staatskanzlei entdeckt wurden. Unter Maximilian I. griff die auf Großräumigkeit und Achsen ausgerichtete neue Planungsmentalität von der Residenz auch auf den Hofgarten über, wo sie, anders als dort, nicht auf bestehende Bauten Rücksicht nehmen mußte. Der ältere, niedrigere Teil des Hofgartens um den Weiher zum Beispiel wurde so regularisiert, daß er sich in das

Achsensystem einfügte, das in dem neu errichteten Zentralbau des oberen Gartens seinen Schnittpunkt hatte.

Als Teil des Hof- und Residenzbereiches zeigen die Stadtveduten auch die Kirche der Theatiner. Noch der letzte Kirchenbau Maximilians I., der Chor von St. Peter, hatte in der Innenstadt mitten im Dreißigjährigen Krieg ein Zeichen der Selbstbehauptung gesetzt, «wann es sonst ein kaltsinniges Ansehen haben würde, da man zu diesen Zeiten fast in allen anderen Sachen sich scheinbarer [ansehnlicher] machen und mehr Unkosten aufwenden tut».[4] Der Sohn, Ferdinand Maria, baute seine Kirche nicht mehr im Zentrum, sondern am Rande der Stadt, gegenüber der Residenz. Der eigentliche Bauherr war die Kurfürstin, Henriette Adelaide, die vom Turiner Hof nach München verheiratet worden war. Aus Turin hatte sie auch die vornehmen Theatiner mitgebracht, die die neue Hofkirche geistlich betreuen sollten. An dem Bauwerk, das im Stadtinneren kaum eine Rolle spielte, nach außen aber als die wichtigste Kirche Münchens erscheinen mußte, haben mehrere Architekten gearbeitet. Deutsche waren nicht darunter, denn die Fürstin wollte höher hinaus und keinen Geringeren berufen als Guarino Guarini, der aber schon in Paris war, um die dortige Theatinerkirche zu bauen. Ob Enrietta Adelaida Guarinis Genie erkannt hatte oder in ihm vielleicht nur jemanden sah, der aus dem heimischen Turin kam und zudem Theatiner war, bleibt im dunkeln. Und nur spekulieren kann man auch, welchen Weg die bayerische Architektur hätte nehmen können, wenn die neue Hofkirche des Kurfürsten auf dem avanciertesten Stand der internationalen Architektur gewesen wäre. Der Bau, den der Bolognese Agostino Barelli 1662 plante, war dies nicht, denn Barelli hielt sich an die Mutterkirche des Ordens, S. Andrea della Valle in Rom, die nach Borromini, Bernini und Cortona ein Bau der Vätergeneration und baukünstlerisch eigentlich veraltet war.

Die größte Wirkung geht vom Inneren aus, wo zum architektonischen Gehäuse eine prächtig-lebendige Dekoration tritt, deren Putti, Wappen und Kurhüte immer wieder an den Anlaß zum Kirchenbau, die lang ersehnte Geburt des Kurprinzen, erinnern. Die reichen Stuckformen lösen sich vom Reliefgrund, und zugleich scheinen die in vorausgehenden

Dekorationen längst zu Zeichen erstarrten Blätter, Blüten und Früchte wieder zu Naturformen zu werden. Bei den Geistlichen gab es gegen diese Hofkirche Bedenken, denn ein so herrlicher Bau widerspreche dem Armutsgelübde des Ordens, Weltklerus und Volk könnten Anstoß nehmen. Dagegen Adelaida: Es gehe nicht um die Armut des Ordens, sondern um die Verherrlichung des hl. Kajetan und um die «magnificenza» des bayerischen Hofes. Sie gab Anweisung, nicht zu sparen: «Seid aber allein darauf bedacht, die schönste und wertvollste Kirche aufzurichten, wie keine andere in der Stadt, [...] die Kirche muß der Religion würdig sein, welche die erste der Welt ist, auch bedenke man, wer sie baut.»[5]

Das Publikum der Theatinerkirche war schon der Lage wegen ein besonderes, denn Gläubige aus den ärmeren Schichten werden nur selten dorthin gekommen sein, und im unmittelbaren Hinterland war die Sozialstruktur in schnellem Wandel begriffen. Schon das Kloster neben der Kirche brauchte Platz, den die früheren Bewohner nur unter Protest freimachten. Vor allem aber drängte der Adel in das residenznahe Kreuzviertel. 1526 hatte Aventin noch notiert, der bayerische Adel wohne auf dem Land und zu Hofe reite nur, wer dort Dienst und Sold habe. Im Jahre 1700 waren von den 235 Häusern des Kreuzviertels 130 nicht mehr in bürgerlicher Hand.[6] Die meisten waren von Adligen erworben worden, die ebenso wie Hof und Kirche rechtlich und steuerlich nicht der Stadt unterstanden. Wie das Viertel danach aussah, ist heute in der Pranner-, der Kardinal-Faulhaber- und der Damenstiftstraße noch einigermaßen nachzuvollziehen.

Eine aristokratische Wohnarchitektur entstand, die sich nicht nur in den Dimensionen, sondern auch im Charakter vom bürgerlichen Bauen absetzte und ihre Normen nicht aus der lokalen Tradition gewann, sondern aus dem Vergleich mit der Residenz und den Adelspalästen anderer Städte.[7] Der Gasthof «Zum Kappler» an der Prannerstraße war weit größer als ein normales Bürgerhaus, aber im Vergleich mit seinem Nachbarn (Abb. 18), Enrico Zucallis Palais Fugger-Kirchberg, später Portia,[8] erweist er sich sofort als zur bürgerlichen Lebenswelt gehörig, nicht zu der des Adels. Zucalli hatte seine

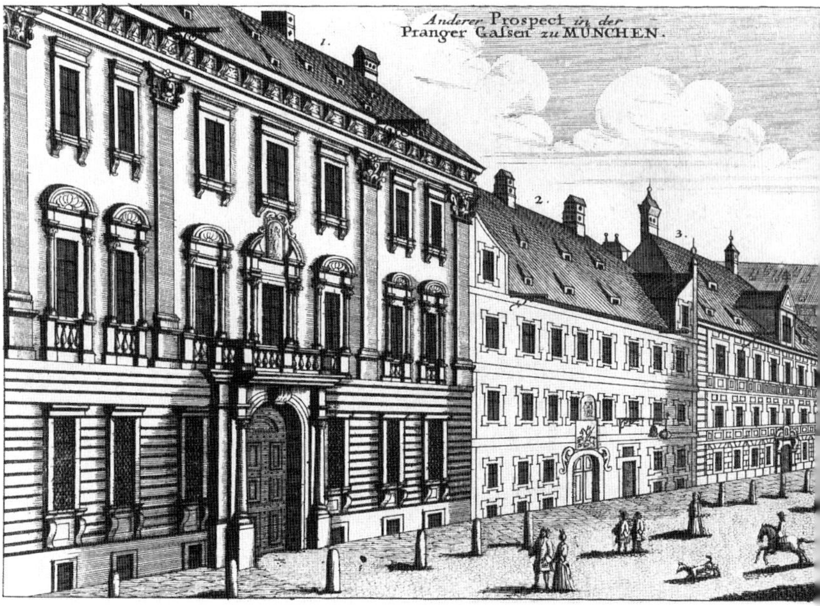

18. Johann Stridbeck, «Pranger Gassen» (heute Kardinal-Faulhaber-Straße), Ende 17. Jahrhundert, Ausschnitt

Fassade ursprünglich etwas weniger italienisch geplant, denn über das zweite Obergeschoß sollte noch ein dreiachsiger Giebel kommen, den an den Seiten Gauben flankiert hätten – ein Gedanke, der eher das Augsburger Rathaus in Erinnerung ruft als die römischen Stadtresidenzen, die Zuccalli bei seinen Entwürfen für den österreichischen Adel zum Vorbild nahm. Ob er die Münchner für konservativer hielt oder vielleicht mit den Augsburger Assoziationen der Herkunft seines Bauherrn aus dem Hause Fugger Reverenz erweisen wollte?

Als Max Emanuel aus dem Exil zurückkehrte, wurde Zuccalli von dem jungen Joseph Effner zur Seite gedrängt, der sich in Paris an der Königlichen Bauakademie geschult hatte. Effner hat trotzdem nicht einfach französisch gebaut, als er 1723 den Auftrag erhielt, für den Grafen von Preysing-Hohenaschau direkt gegenüber der Residenz einen großen Privatpalast zu errichten.[9] Die Art der Pilasterordnung, die

Reduktion des Portals und ein Ornat, den man eher bei Innenräumen erwarten würde, führen in die Nähe von Lukas von Hildebrandt, dessen Palais Daun-Kinsky Effners Bauherr bei seinen Wienaufenthalten hätte studieren können.

Vom Innenleben der meisten Münchner Adelspaläste geben heute nur noch unzureichende Fotos eine Andeutung. Fast alles wurde im Kriege zerstört, nur das wenigste ist, wie das elegante Treppenhaus des Grafen Preysing, einigermaßen rekonstruiert, und der einzige auch im Inneren erhaltene Bau, das Palais Holnstein, heute Residenz des Erzbischofs, ist so gut wie unzugänglich. Er ist ein Werk des wallonischen Hofzwergs François Cuvilliés, den der Kurfürst in Paris hatte ausbilden lassen, und der nach seiner Rückkehr seinem Münchner Lehrer Joseph Effner schnell den ersten Platz streitig machen sollte.[10] Wie Effner hat auch Cuvilliés so gut wie ausschließlich für den Hof gearbeitet, von seinen Stadtpalais waren nicht weniger als drei Geschenke des Fürsten an die jeweilige Favoritin. Die beiden anderen entstanden für den Generalwachtmeister und Hauptmann der Leibwache und für den Obergartendirektor. Die anspruchsvollste Fassade bekam der junge Graf Holnstein, ein natürlicher Sohn Karl Albrechts: Rustika unten, Kolossalpilaster oben, dazwischen aber, dominierend, die Fenster. Man sieht, hier steht ein Wohngebäude, bei dem das Innere das Wichtigste ist. Die Würdeformen werden als Zeichen zitiert, aber sie sind nur ein Element der Gestaltung neben anderen.

Die eigentliche Stärke des Palastarchitekten Cuvilliés waren die Grundrisse. Bereits der erste, den er für den Grafen Piosasque de Non entwarf, war ein Bravourstück (Abb. 19). Schon der flüchtigste Vergleich mit Zuccalli zeigt den Zuwachs an Geschmeidigkeit, funktionaler Differenzierung und formaler Eleganz, der aus dem Neben- und Hintereinander der wichtigsten Räume eine Sequenz der Verknüpfungen und Übergänge machte, mit der Cuvilliés auch in Paris hätte bestehen können. Die äußeren Bedingungen waren in München eng, denn die Paläste standen nicht frei, und die Grundrisse waren schmal, was bei Zirkulation und Beleuchtung erhebliche Probleme brachte. Cuvilliés ließ sie vergessen. Ein längsovales Vestibül empfing den Besucher, um ihn zugleich in

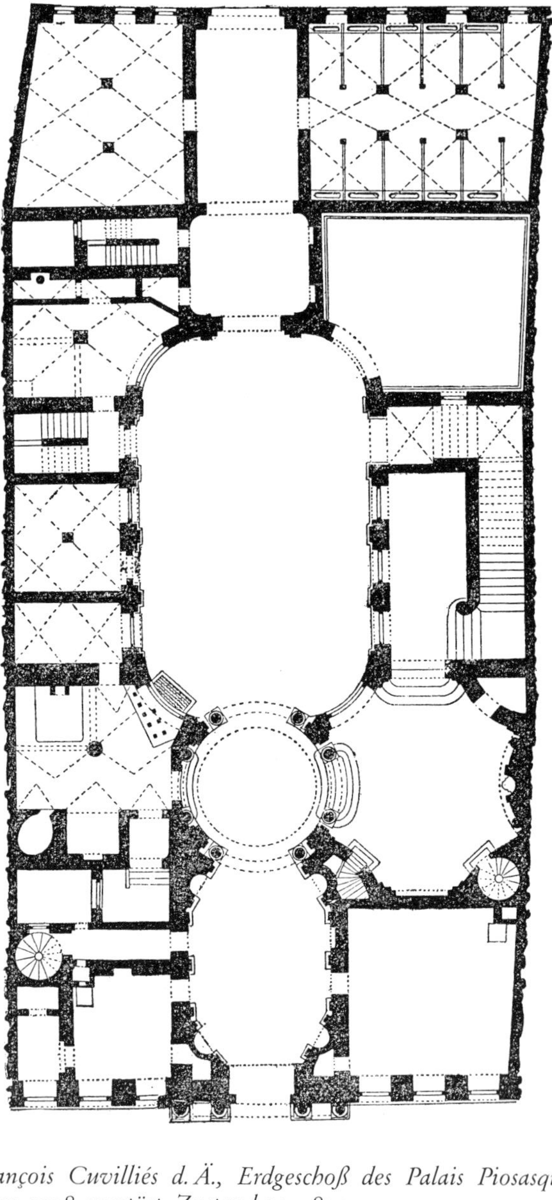

19. François Cuvilliés d. Ä., Erdgeschoß des Palais Piosasque de Non, um 1728, zerstört, Zustand ca. 1833

ein zweites, kreisförmiges Vestibül zu entlassen, wo er rechts der Kutsche entsteigen konnte, um von einem dritten Vestibül empfangen zu werden, dessen Stirnseite reich geschmückt gewesen sein muß. Von dort gab es kleine Treppen für den Binnenverkehr des Hauses, den Besucher aber lenkten zwei Stufen nach links in das große Treppenhaus, das in die Gesellschaftsräume des Piano nobile führte, die zur Theatinerstraße hin die ganze Breite des Hauses beanspruchten.

Einer Vision der Anna Maria Lindmayr folgend, München könne 1704 den Brandschatzungen der Österreicher entgehen, hatten die drei Landstände der Heiligen Dreifaltigkeit eine Kirche gelobt. Die Einlösung des Versprechens gestaltete sich mühsam, denn schon bei der Bestimmung des Bauplatzes wurde finassiert. Die Augustiner und die Salesianerinnen hätten, in der Hoffnung auf größeren Zulauf, den Neubau gern bei sich gesehen, scheiterten aber an den Nachbarn. Die Sendlinger Straße, wo ein Ratsherr das Grundstück sogar geschenkt hätte, gefiel dem Architekten nicht, denn der Bauplatz sei zu eng, außerdem gäbe es der vielen Gasthäuser wegen zu viel Tumult. Schließlich kam der Bau in die Nähe des Karmeliterklosters und damit an den äußersten Rand der damaligen Stadt. Viscardis Bitten, die Kirche mitten auf dem heutigen Promenadeplatz oder doch wenigstens so plazieren zu dürfen, daß man sie auch von weitem hätte sehen können, galten als Künstlerehrgeiz und wurden abgeschlagen, «ob es zwar [...] verliebten Pauverstendigen ansehntlicher in die Augen fallete».[11] Viscardi half sich mit einer dreiteiligen, nach vorn geschobenen Fassade.

Dekor und Gehäuse der Dreifaltigkeitskirche treten innen wie außen in ein Spannungsverhältnis, das sich aus vielen stillschweigenden Verabredungen löst: Säulenordnungen sind nicht mehr nur einfach ein Wandrelief, sondern können Strukturen eigenen Rechts bilden. Und auch in die Ordnungen selbst kommt Bewegung: Sockel, Schaft oder Gebälk können sich bei den Ecksäulen verschieden orientieren, der Sockel zur Seite, das Gebälk nach vorn. Die Säule wird so in den Stand gesetzt, unterschiedliche Ordnungssysteme zu verknüpfen, ohne die eigne Selbständigkeit aufzugeben. Im Inneren (Abb. 20) wird die Unterscheidung zwischen den Mauern des umschließenden Gehäuses und den Wölbungen der eingestellten Kuppelarchitektur zum zentralen architektonischen Thema.

Unter den wenigen, die Viscardi aufmerksam studierten (aber noch ungleich mehr von einer Münchner Guarinikirche profitiert hätten), war der junge Johann Michael Fischer.[12] Nur einige Daten seines bürgerlich-professionellen Lebens sind bekannt. 1692 in der Oberpfalz geboren, hatte er bei seinem Vater, dem Stadtbaumeister von Burglengenfeld, begonnen und dann als Polier die Architektur in Böhmen und Mähren kennengelernt. 1723 hat er in München, wo er 1718 angekommen war, auf Druck des Hofes und gegen den Willen der Zunft Bürger- und Meisterrechte erhalten und dann, im folgenden Jahr, mit der Stadtbaumeisterstochter Maria Regina Mayrin die Ehe geschlossen. Sein Epitaph in der Frauenkirche rühmt ihm, wohl nicht ohne Spitze gegen die ausländischen Hofkünstler, vor allem nationale und bürgerliche Tugenden nach: «Hier Ruhet / Ein Kunsterfahrn / Arbeitsam Redlich und Aufrichtiger Mann [...] / Johann Michael Fischer / Dreyer Durchlauchtigsten Fürsten / Bewährter Bau-Meister / dann Bürgerlicher Maurer Meister in München / Welcher niehmalen geruhet / indem er / durch sein Kunsterfahrne und Unermüdte Hand / 32 Gotteshäuser 23 Clöster / nebst sehr vielen anderen Palästen / Gemüther aber viele hundert / durch sein Alt-Teutsche und Redliche Aufrichtigkeit / Erbauete.»

Der größe Teil von Fischers Tätigkeit galt den Ordensklöstern auf dem Lande, die im 18. Jahrhundert sozial wie künstlerisch eine eigenständige Welt bildeten, die zwar mit jener der Höfe, konkurrierend wie kommunizierend, eng verbunden war, aber nie mit ihr identisch wurde. Fischers Rolle war nicht selten die des Nothelfers. Oft wurde er erst gerufen, wenn andere gescheitert oder doch in Schwierigkeiten waren, weil zum Beispiel ein in Architektur dilettierender Abt oder Klosterbruder die eigenen Fähigkeiten überschätzt hatte. Fischer verstand es auch in scheinbar aussichtslosen Situationen, Lösungen zu finden, die ganz selbstverständlich wirken. Um so eindrucksvoller ist die Beharrlichkeit, mit der er die

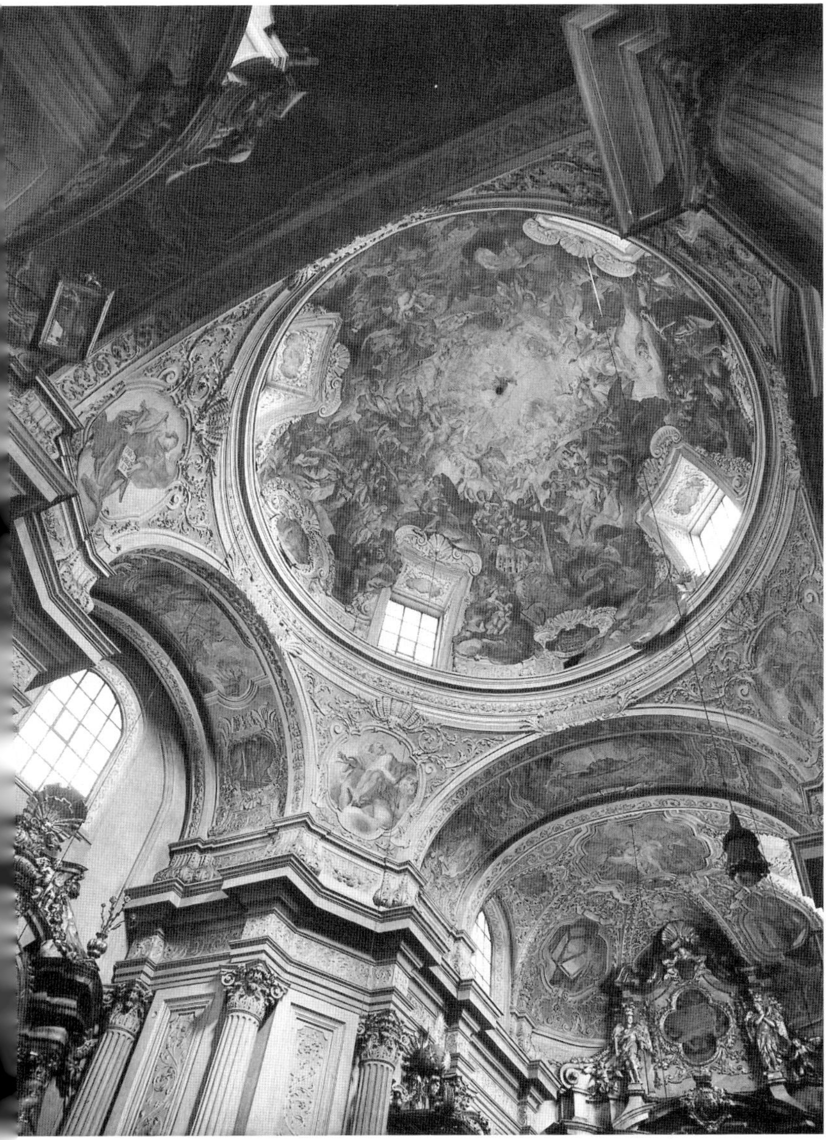

20. Antonio Viscardi, Dreifaltigkeitskirche, Fresken von Cosmas Damian Asam 1714/15, begonnen 1711

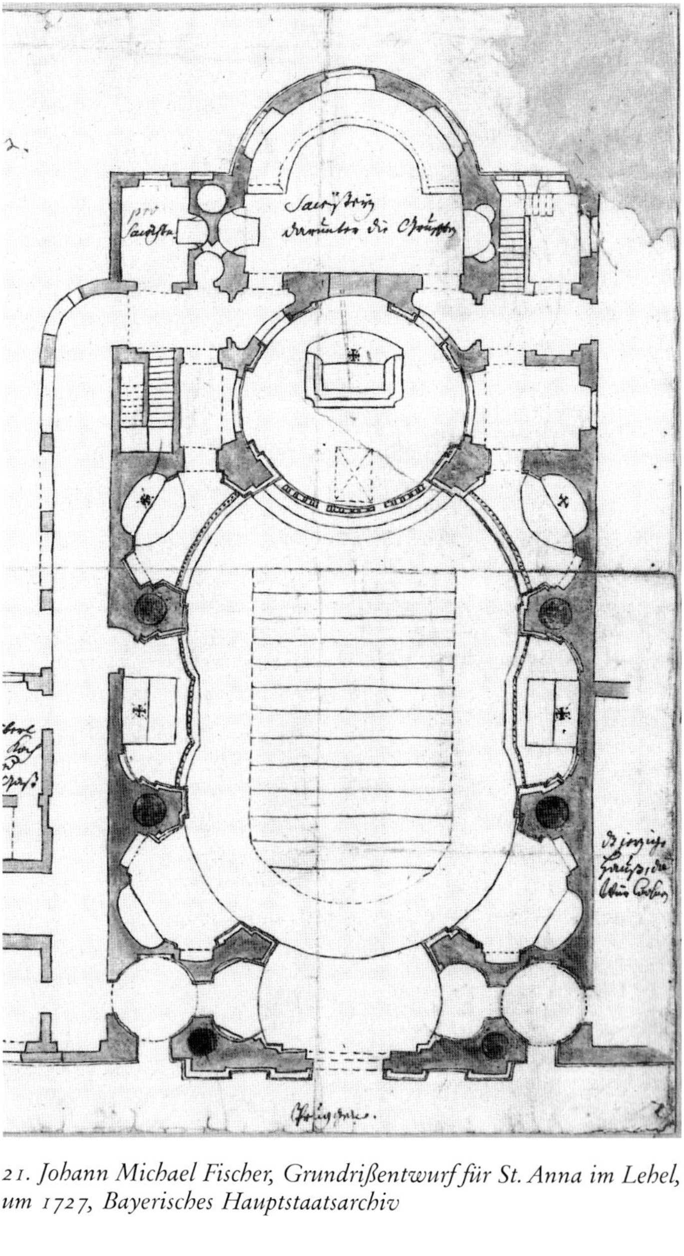

21. Johann Michael Fischer, Grundrißentwurf für St. Anna im Lehel, um 1727, Bayerisches Hauptstaatsarchiv

verschiedenartigsten Aufträge nutzte, immer wieder auf Themen zurückzukommen, die ihm als Baukünstler wichtig waren. Das wichtigste – er teilte es mit den Größten seiner Epoche – war der Zentralbau, was für ihn meist bedeutete, auch längsgerichteten Bauwerken so viel von den architektonischen Qualitäten des Zentralraums einzuschmelzen, wie sie irgend integrieren konnten, ohne die Nutzung zu mindern oder gar zu gefährden. Ein frühes Beispiel ist die Klosterkirche der Hieronymiten St. Anna im Lehel, zu der 1727 Maria Amalia den Grundstein legte: Fischers Plan (Abb. 21), der bei der Ausführung einige Veränderungen erfuhr, fixiert auch Bereiche, die nur selten beachtet werden, obwohl gerade sie bei seinen Bauten immer von höchster Qualität sind. So zeichnet er nicht allein das Gestühl und die Altäre ein, sondern auch die Stufen und Gitter, die das Verhältnis von Haupt- und Seitenräumen konkretisieren: je eine Stufe zu den Seitenkapellen, zwei zum Hauptaltar, Balustraden nur bei denjenigen Kapellen, die auch Altäre beherbergen, in den Ecken auch am Boden eine Erinnerung an die Grundform des Ovals, keine axialen Querbezüge. «Der Raum in Form eines Längsovals, in das der kreisrunde Chor verschmolzen ist, buchtet in je drei kleine halbrunde Kapellen aus, die beim Blick vom Eingang her schon übersichtlich in Erscheinung treten. Das Ganze überdeckt eine muldenförmige Kuppel in einer sanften Rundung, die durch die illusionistische Kraft des Deckengemäldes in weite Ferne greift.»[13] Statt der Ecken des Viscardischen Polygons gibt Fischer überall Rundungen, im Grundriß wie im Aufriß. Es gibt keine geraden Ebenen mehr und keine Kuben, dafür Buchtungen und Kehlen, die differenzieren, aber auch verbinden, zum Beispiel die Seitenwände und die Gewölbe, die Viscardi noch in Kontrast gesetzt hatte. Dies alles geschieht ruhig, gelassen, scheinbar ohne Anstrengung und ohne augenfällige Brillanz, ein Beispiel mehr für Georg Dehios Charakterisierung der Fischerschen Architektur: «Des Meisters besonderes Geheimnis ist die milde Feierlichkeit des Gesamteindruckes».[14]

Die Brüder Asam waren anders. Sie kannten Italien aus eigener Anschauung, und sie zögerten nicht, diesen Vorsprung auszuspielen und ihr bayerisches Publikum mit Effekten zu verblüffen, die sie bei Borromini oder Bernini kennengelernt hatten. Als Egid Quirin in der Sendlinger Straße sein eigener Bauherr wurde (Abb. 22), entstand trotzdem kein italienischer Bau, sondern ein Werk, das nach Baugeschichte, Typus und Ausstattung selbst im Œuvre der Brüder Asam singulär ist. Egid Quirin Asam hatte gleich zu Beginn Schwierigkeiten, denn die Anlieger gaben ihre Zustimmung erst, nachdem sie selbst das Geld für eine Kirche nicht hatten aufbringen können, und auch danach bedurfte es der Hilfe des Hofes. Der Bruder des Kurfürsten, Bischof in Freising, verhalf Asam zu einer Reliquie des 1729 heilig gesprochenen und zum Protektor Bayerns erklärten Johann Nepomuk. Später kam die Kaiserwitwe Anna Amalia mit weiteren Reliquien zur Hilfe, und den Grundstein legte 1733 kein Geringerer als der Kurprinz. Wer genau hinsah, konnte in den Kapitellen der Fassade Porträts des regierenden Papstes und des amtierenden Erzbischofs erkennen, und das mächtige Wittelsbacher-Kaiserwappen über der Orgel schließlich wird nur wenigen Besuchern entgangen sein.

Auch die Reliefs des Wohnhauses sind keine Gesten der Bescheidenheit. Zwar zeigten die Türflügel Engelsreliefs und der Erker eine Hausmadonna, aber schon die Pilasterhermen des geschnitzten Portals – wie viele Münchner Adelspaläste konnten da mithalten? – waren profan, und profan ist auch die Thematik der Hauswand, wo der Genius des Künstlers durch Minerva (nicht etwa dessen Seele durch einen Engel) in den Himmel geleitet wird, aber nicht in den der Heiligen, sondern in den der Musen, wo Apollo, flankiert von «Ruhm» und «Reichtum», seiner harrt. Auch die Fassade der Kirche ist voller Ambition. Der Felsen, mit dem sie beginnt, erinnert an berühmte Inventionen, mit denen Gianlorenzo Bernini in Rom die Herkunft der Architektur aus der natürlichen Welt in Erinnerung gebracht hatte. Man kann aber auch an den Felsen denken, auf den Christus seine Kirche bauen wollte, und manche mögen die Moldau assoziiert haben, in der Johann Nepomuk den Märtyrertod gestorben war. 1740 stellte Egid Quirin bei der Stadt einen Antrag, «damit sowohl das springente

22. Egid Quirin Asam, St. Johann Nepomuk, begonnen 1733

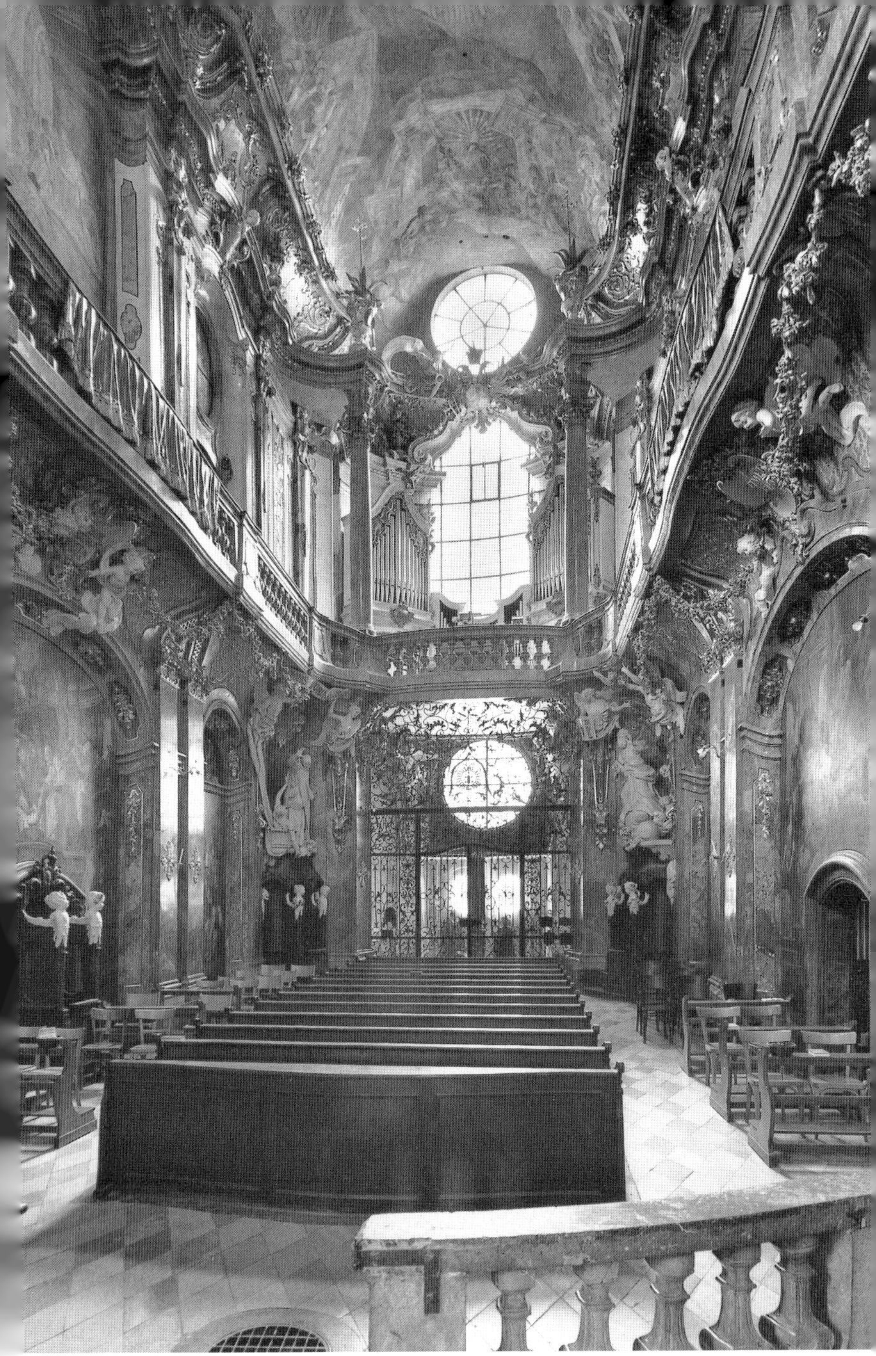

Wasser als das Pflaster vorm Kirchenportal zu größerer Zierde der Kirche baldmöglichst hergestellt» werden können,[15] ein Schauspiel, wie es sonst nur in fürstlichen Gärten zu sehen war, und für das Publikum der Sendlinger Straße sicherlich eine Sensation.

Die zwei Geschosse, in die Egid Quirin seine Kapelle gliederte, mögen ihren Anlaß in den Proportionsproblemen haben, die ein derart schmaler und langer Raum mit sich brachte. Hoferfahrenen Gästen kann aber trotzdem nicht entgangen sein, daß der Künstler Asam sich hier in seinem Privathaus, wie seit 1721 der Fürstbischof von Würzburg in seiner Residenz, eine Kirche baute, die dem Typus der Hofkapelle folgte, und bei der er zudem, wie einst der König von Spanien, von seinem Schlafzimmer im ersten Stock aus der Messe folgen konnte.

Die Innenausstattung der Kirche, die ihn sein ganzes Vermögen kosten sollte, hat Egid Quirin Asam bis zu seinem Tode beschäftigt. Es scheint, als habe er immer neuen Einfällen nachgegeben, die zu immer stärkeren Form- und Bedeutungsverdichtungen führten, bei denen sich Frömmigkeit, sozialer Ehrgeiz und ein fast narzißtischer Genuß der eigenen Schöpferkraft gegenseitig befeuerten. Einer der Glanzpunkte ist der in die Luft gehobene Baldachin von S. Pietro in Rom, in den ein Gnadenstuhl einkomponiert ist, so daß der Kenner nicht nur an Lorenzo Bernini und Francesco Borromini erinnert wird, sondern auch an Albrecht Dürer. Die Zone darunter, die des Altarbildes, ist nicht original erhalten und auch nicht dokumentiert. Niemand weiß, was Asam dort eingefügt hatte, und jeder Rekonstruktionsversuch muß an der Unvorhersehbarkeit Asamscher Erfindungen scheitern.

Die Asamkirche war ein Ausnahmeprojekt. Den architektonischen Alltag bestimmten auch in München Barockisierungen, Umbauten und Unternehmungen wie die Kirchen der Kapuziner, der Karmeliten, der Englischen Fräulein oder die Pfarrkirchen der Vororte.[16] Die künstlerisch herausragenden Leistungen haben alle mit dem Hof zu tun, und die vielleicht

23. Johann Michael Fischer, St. Michael in Berg am Laim, begonnen 1735

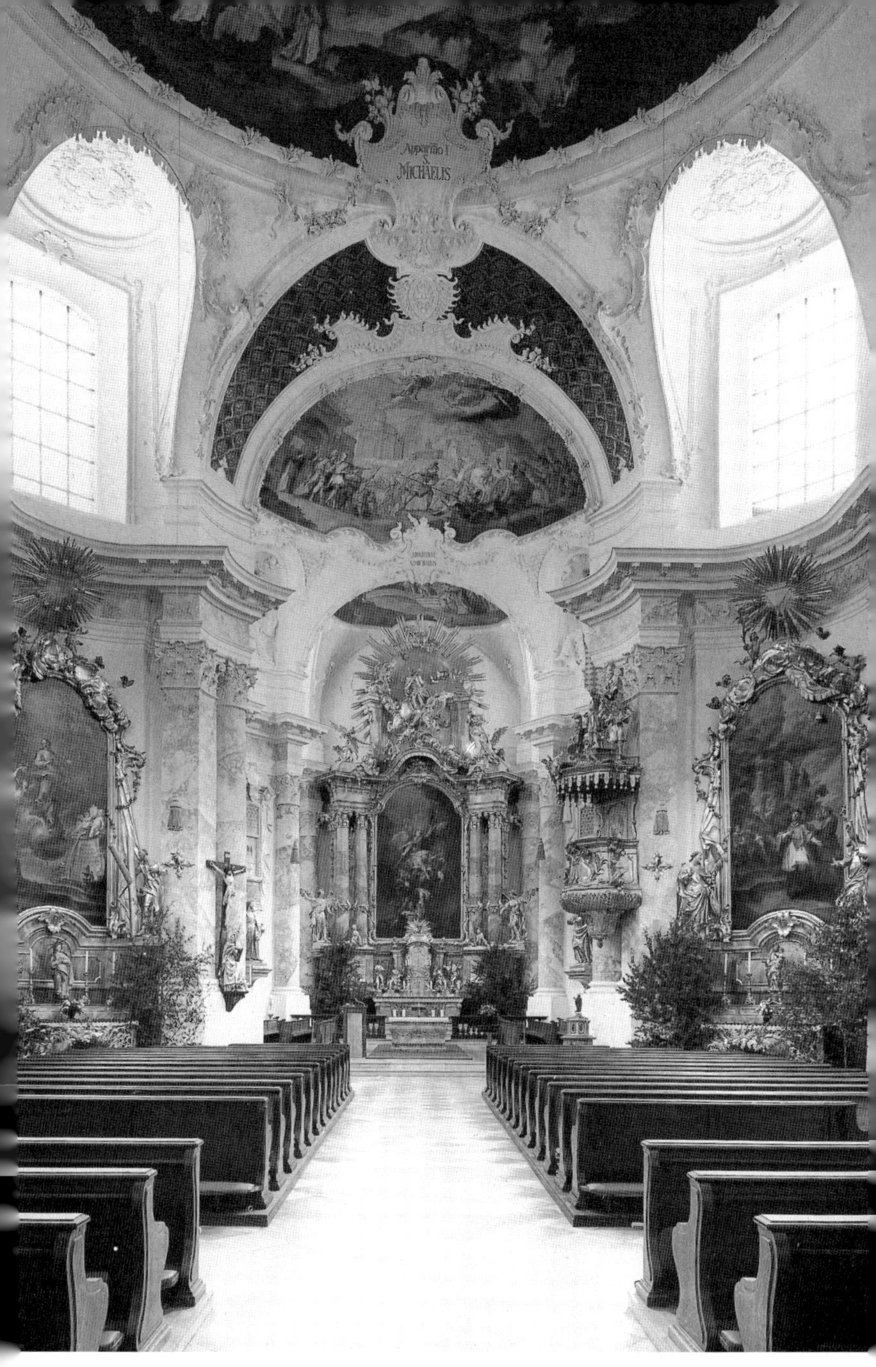

bedeutendste, die Michaelskirche in der Hofmark Berg am Laim, ist ganz und gar ein Projekt der Herrscherfamilie gewesen (Abb. 23). Allerdings war es nicht der Münchner Kurfürst, der hier mit Johann Michael Fischer, Johann Baptist Straub und Johann Baptist Zimmermann die fähigsten unter den bayerischen Künstlern für sich arbeiten ließ, sondern der Kölner Erzbischof Clemens August, ein Bruder des Kurfürsten.[17] Sein Onkel und Vorgänger auf dem Kölner Bischofsthron hatte schon 1693 eine Bruderschaft zu Ehren des Erzengels gegründet. Die Idee war ihm gekommen, «alß Wir eben in dessen geweyhtem, schönen Tempel Unß befunden, so unserer Durchlauchtigster Voranherr Wilhelmus V. erbauet, und der Societa Jesu zu München zugeeignet hat.»[18] St. Michael in Berg am Laim gab Johann Michael Fischer Gelegenheit, seine gebauten Meditationen über das Thema Zentralraum ein Stück voranzubringen. Entschiedener noch als bei früheren Bauten legte er nicht eine abstrakte Grundrißgeometrie zugrunde, sondern die Vorwegnahme der Wirkung auf jene, die sich einmal in dem Raum aufhalten und ihn auf ihre je spezifische Weise benutzen würden. Er erdachte für sie einen ungewöhnlich hellen Raum, in dem auch Fresken, Statuen und Altarbilder gut sichtbar ihren Dienst versehen könnten. Wie diese im einzelnen aussehen würden, konnte Fischer nicht vorhersehen, wohl aber konnte er ihnen Plätze anweisen und darauf hoffen, daß sie das Eigentümliche seiner Architektur einigermaßen respektieren würden.

Auch wer mit Fischers Architektursprache nicht vertraut war, wird gespürt und vielleicht auch gesehen haben, daß die Lebendigkeit und heitere Schönheit dieses luziden Raumes etwas mit den vielen Gewölben, Kurven und Rundungen zu tun haben, die nicht einfach in blindem Aktionismus «barock» ein- und ausschwingen, sondern überall, meist von oben, von den Gewölben aus (in denen wiederum die Grundrißgeometrie aufgenommen ist), Orte schafft, deren Ineinandergreifen erst beim Durchwandern des Gebäudes in seinem ganzen Reichtum zu erfahren ist. Hinzu kommt, in Zeichnungen gar nicht und in Fotos nur höchst diffus darstellbar, Fischers meisterhafter Umgang mit dem Licht, das ein fast ebenso wichtiger Bestandteil seiner Architektur ist wie das Mauerwerk. Der

Raum vor dem Fenster und unter der kleinen Kuppel zum Beispiel ist in der Hauptsache ein Lichtraum. Fischer hat so gewölbt, daß vergleichsweise stabile, von den Zufälligkeiten der jeweiligen Beleuchtung relativ wenig abhängige Lichtsituationen entstehen. Vor allem aber hat er seine Rahmen, seine Gebälke und überhaupt alle Details so bemessen, daß zwischen den dreidimensionalen Formen dauerhafte Schatten-

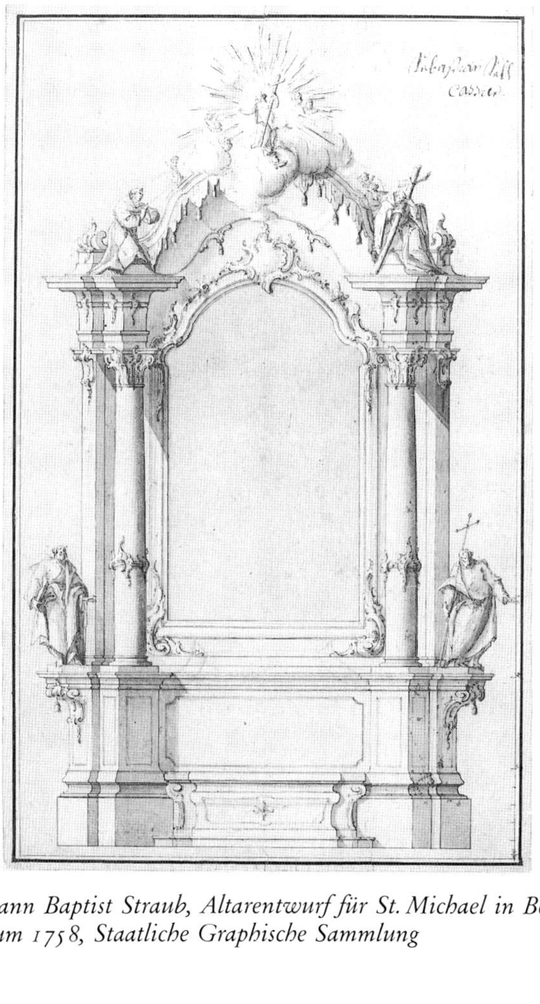

24. Johann Baptist Straub, Altarentwurf für St. Michael in Berg am Laim, um 1758, Staatliche Graphische Sammlung

linien entstehen, die ihn in den Stand setzten, nicht nur mit plastischer Form zu zeichnen, sondern auch mit Licht und Schatten.

Als Fischer durch den Rohbau seiner Kirche ging, müssen Selbständigkeit wie Zusammengehörigkeit der Teilräume noch ungleich prägnanter gewesen sein als heute. Damals gab es die Fresken von Johann Baptist Zimmermann[19] noch nicht, der seine Bilder so disponierte, daß sie sich vom Eingang wie eine Kette der Mittelachse entlang aufreihen und dadurch die relative Selbständigkeit der Teilräume schwächen. Auch der Stuck fehlte noch, der sich mit Vorliebe an den Bogenscheiteln festsetzte und auch da Verknüpfungen herstellte, wo Fischer nur eine Engführung wollte. Am besten verträgt sich Fischers Architektur mit den Altären von Johann Baptist Straub (Abb. 24). Die ersten, die Nebenaltäre, in den vierziger Jahren geliefert, hat Fischer noch gesehen. Sie konzentrieren die Aufmerksamkeit auf das Altarbild, dem Heiligen- und Engelsfiguren beigegeben sind, die auf seine Bedeutung hinweisen, zugleich aber auch untereinander Kontakt aufnehmen.

Für das Alter baute sich Wilhelm V. eine Sommerresidenz im Dachauer Moos. Dieses Schleißheim war Mustergut, Jagdsitz und Exerzitienort in einem. Hainhofer ließ sich 1611 von einem Betrieb beeindrucken, der neben Bier und Wein auch berühmten Parmesan verkaufte. Die Wände im Herrenhaus fand er fast alle mit «schwartzen tapetzereyen, teppichen und umbhängen» und «mit nichts als mit gaistlichen tafelen herum und mit etlichen schönen hirschgewichten und Rehkürnlein gezieret».[20] Auch sonst verschwisterten sich Jagd und Religion. So baute Wilhelm neun hölzerne Klausen und Kapellen «nach art der 9 kirchen zue Rom, iede wenigst ain paar büchsenschuss von der anderen». Allerlei Gerätschaften boten fromme Unterhaltung: In der Nikolauskapelle warteten zwei Engel von denen der eine zwei der Kugeln, die das Attribut des Nikolaus sind, auf und ab bewegte, wobei das Spiel eines verborgenen Horns zu hören war; in der Margarethenkapelle hielt ein Uhrwerk die Wolken und Engel um eine Michaelsfigur in Bewegung und vor der Franziskuskapelle gab es einen Baum mit einer Figur des Heiligen, bei dem nicht nur aus dessen Wunden Wasser spritzte, sondern auch aus den Ästen.[21]

1616 mußte Wilhelm, wieder einmal in finanzieller Bedrängnis, verkaufen. Der neue Hausherr, Maximilian I., machte aus Schleißheim ein modernes Landschloß, das mit hundert Zimmern auch einer großen Hofhaltung Platz bieten konnte. Die Grotesken, Wappen und Allegorien des riesigen, tonnengewölbten Speisesaales verzichteten auf die direkte politische Propaganda der Stadtresidenz ebenso wie auf die religiöse Bildwelt Wilhelms. Statt der Wittelsbacher und der Heiligen wurden «Mäßigkeit», «Harmonie», «Ruhiges Gewissen», «Gesang», «Tanz» oder «Lachen» vor Augen gestellt. Die Gesamtanlage, die im Zweiten Weltkrieg fast ganz zerstört wurde, war so straff und großzügig organisiert, daß es an ihr auch für den Nachfolger, Kurfürst Ferdinand Maria, wenig zu bessern gab. Im Garten allerdings war noch einiges zu tun. Ein Ballhaus entstand, dazu kamen gedeckte Gänge für Regentage, Grotten, Laubhütten, Brunnen, Reitbahnen und Schießplätze. Henriette Adelaide war dies aber vermutlich noch nicht genug. Ein vor 1676 an sie gerichteter anonymer «Entwurf, welchermassen zu einer noch mehreren Kostbarkeit zu bringen wäre»[22], rückt Schleißheim in europäische Zusammenhänge. Ohne allzu große Kosten könne die Kurfürstin «das lieblich und fürtrefflichste Lusthaus im Römischen Reich ahnrichten», das auch neben den «berühmtisten Lusthäysern in Franckreich und Italien» bestehen werde. Der Verfasser wollte das Gebäude mittels Galerien öffnen, «um etliche Schuh erhöhen» und durch Dachaufbauten an den Ecken mit «große viereckichte und auf jetzige art mit cuppln gezierte Thürme» einen modernen Pavillonbau suggerieren. Die Mauern zwischen den Teilen sollten fallen, der Garten im ganzen so breit werden wie das Schloß und sich nach Norden hin weit ins Land hinaus schieben. Die Lustpartie tritt an die Stelle des Bußgangs. Damit «die Zierlichkeit der Spatziergäng zu rechter Vollkommenheit gebracht werde», wird zur Franziskuskapelle hin ein Kanal von fünfzig bis sechzig Schuh Breite vorgeschlagen, den auf beiden Seiten Lindenalleen säumen sollten, die so breit geworden wären, daß auf ihnen drei Kutschen nebeneinander fahren könnten.

Die entscheidende Wende im Schleißheimer Baugeschehen[23] kam mit Max Emanuel, dem die erfolgreiche Verteidigung von Wien und die Eroberung Belgrads 1683 europäischen Ruhm eingetragen hatten. Nach seiner Hochzeit mit der Kaisertochter, Erzherzogin Maria Antonia, mußte die Renatusklause des Urgroßvaters weichen, damit Lustheim gebaut werden konnte. Der Diana gewidmet, war es als Ort des Jagens und der Liebe, ein Gegenpol zum Hauptschloß mit Satellitenbauten, Ringkanal und eigenem Garten.

Die Kanäle Max Emanuels, auf denen in Venedig angeworbene Gondolieri in originalen Kostümen Dienst taten, waren mehr als nur eine fürstliche Liebhaberei. Man konnte auf ihnen Materialien transportieren, und der durch die Melioration dem Moor abgezwungene Boden war ebenfalls nicht unwillkommen. Vor allem aber: Erst durch die Kanäle entstand jenes spezifisch höfische Verkehrssystem, das die Stadtresidenz mit Schleißheim, Dachau und Nymphenburg verbinden sollte und bis zur Mitte des 18. Jahrhunderts auch fast vollständig realisiert wurde. Es lag außer Sichtweite des gemeinen Stadtvolkes und blieb von diesem unbehelligt.

«Ich werde ein beachtliches Werk unternehmen», so schrieb Max Emanuel 1701, «an dem die ganze Infanterie arbeiten wird. Es ist ein Kanal, der vom Palast in München direkt zu dem führt, den ich gerade baue, [...] man wird in gerader Linie von einer Haustür zur anderen gelangen.»[24] Die technischen Voraussetzungen liegen in Holland, wo Max Emanuel seit 1692 kaiserlicher Statthalter war, das gesellschaftliche Leitbild aber war die durch Ludwig XIV. geformte französische Hofgesellschaft.

Das 1704 im Rohbau fertig gewordene Schloß, vielen Planungen zufolge nur das Fragment einer sehr viel größeren Anlage, wäre selbst für einen Kaiser gewaltig gewesen. Rastlos hat Max Emanuel seine Architekten zu immer neuen Entwürfen getrieben, selbst Idealprojekte Berninis für den Louvre und die Schloßvisionen Fischer von Erlachs sollten überboten werden. Bauherr und Architekten waren aber überfordert. Hastiges Mauern führte zu Einstürzen, und auch bei den Entwürfen gab es Kritik. Es bedurfte der Einwände des erzbischöflichen Bruders aus Köln, die Treppen (Abb. 25) so zu

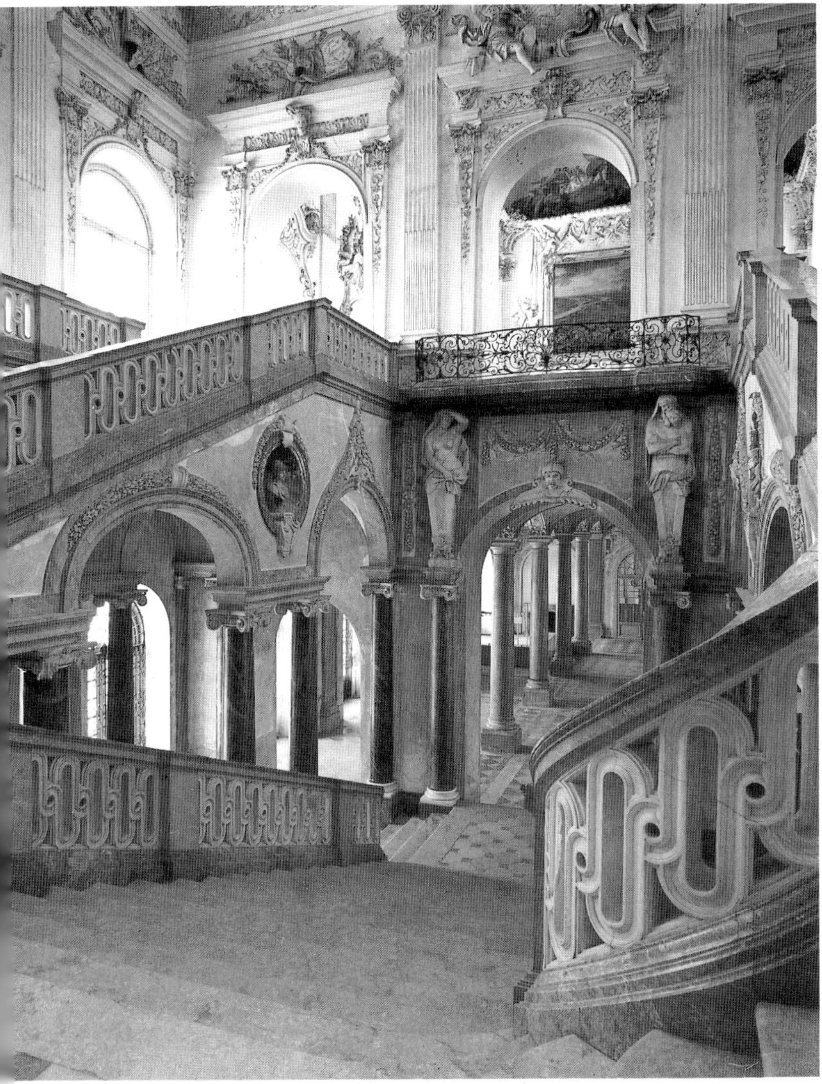

25. Schloß Schleißheim, Treppenhaus, 1720–1722, fertiggestellt im Jahr 1847/48

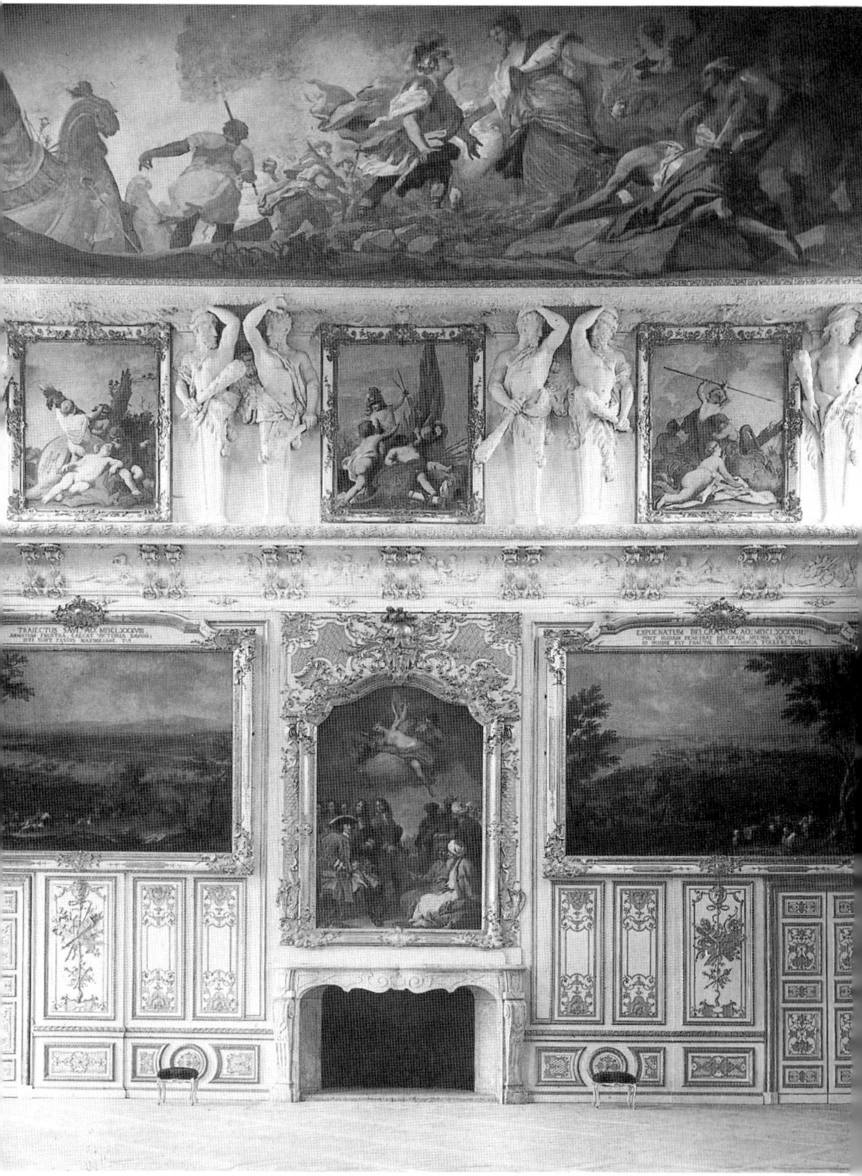

26. Schloß Schleißheim, Viktoriensaal, um 1725

legen, daß aus Treppenhaus und Repräsentationsräumen die Sequenz wurde, die man noch heute durchwandern kann.[25]

Als der Rohbau unter Dach kam, hatten die imperialen Träume Max Emanuels endgültig jegliches Fundament verloren. Im Prinzen Eugen und dem Herzog von Marlborough hatte er auf dem Schlachtfeld von Höchstädt 1704 seine Meister gefunden. Er mußte für mehr als ein Jahrzehnt außer Landes, in die Niederlande zunächst und dann nach Frankreich. Sein einziges Vergnügen, so schrieb er an seine Mätresse, seien Bauwerke und Gärten, und keinen Verlust beklage er so sehr wie den seiner Häuser, die seine Geschöpfe gewesen seien und das einzige, was er in Bayern geliebt habe.[26] Zur Erinnerung und zur Abwehr der Melancholie erdenke er neue Bauwerke. Diese «Schmierereien» seien aber nicht nur für das Papier bestimmt, könnten sie doch später einmal nützlich sein, «und der Gedanke an ein künftiges Bauwerk erfreut mich, wenn ich meine Pläne und Zeichnungen betrachte».

Nach dem Frieden von Rastatt war es Max Emanuel 1714 mit der Abreise jedoch nicht eilig; fast ein Jahr blieb er noch in Versailles. In München rüstete man sich indessen für seine Heimkehr. Die Vorkehrungen waren nicht einfach, denn nicht für alle Aufgaben hatte man die geeigneten Kräfte. Vor allem bei den Wasserkünsten gab es Probleme.[27] Im August 1715 schrieb der Generalbaudirektor Baron Neuhaupt deshalb einen Brandbrief. Es fehle vor allem «an einem habilen Fontaineur, welcher unterschiedliche Aufsetz zu wohl hoch als niedern neuen Wasserwerken anzugeben wüßte und hierinfalls von neuen Inventionen Erfahrung hätte [...] Würde also [...] wohl höchstens von nöten sein einen dergleichen habilen Mann wenigstens auf ein Zeit herauszuschicken.» Dies geschah dann auch, und nach seiner Rückkehr konnte der Kurfürst der Gräfin Arco aus Nymphenburg versichern, daß die Wälder, die Wasser und die Promenaden seines Gartens, auf die er viel Arbeit verwandt habe, auch ins Zentrum von Frankreich gesetzt werden könnten.[28]

Daß Max Emanuel in Nymphenburg war, als er der Geliebten schrieb, war kein Zufall. Wer erwartet hatte, daß der Rückkehrer sich sofort dem so lange unterbrochenen Bau seines Kaiserschlosses in Schleißheim widmen würde, sah sich getäuscht. Die Arbeiten dort begannen erst 1719 wieder mit voller Kraft, und fertig wurde das Schloß erst im 19. Jahrhundert. Für längere Zeit bewohnt hat es anscheinend keiner der Wittelsbacher, auch Max Emanuel nicht. Bei offiziellen Gelegenheiten, wie der Hochzeit von 1722, als die Vermählung des Kurprinzen mit einer Tochter des Kaisers den dynastischen Hoffnungen neuen Auftrieb gab, hatte die Treppe nur eine provisorische hölzerne Brüstung. Die Realisierung in Stein durch Klenze kam zu einem Zeitpunkt, als Schleißheim zum Museum eines Hoflebens geworden war, das es nie für nennenswerte Zeit hatte beherbergen können.

Die Treppe verbindet die nach den Seiten offene Sala terrena mit den Repräsentationsräumen im Piano nobile. Die Säulenhalle im Erdgeschoß war ursprünglich offen, ebensosehr ein Raum des Gartens wie einer des Schlosses. Im Treppenhaus wechselte die Architektur die Stillage und den Schmuck. Statt der Brunnen und Meeresszenen des «péristile vers le jardin» gibt es jetzt Trophäen über Türkenköpfen, Wappen und Ruhmes-Allegorien. In der Kuppel leuchtet das erste profane Fresko von Cosmas Damian Asam, in dem Venus in der Schmiede des Vulkan Besuch macht. In den folgenden Sälen verbinden sich Szenen aus der Aeneis an den Deckengewölben mit Historienbildern an den Wänden, die der damals bereits ein Menschenalter zurückliegenden Heldentaten des Türkensiegers Max Emanuel gedenken (Abb. 26). Dazwischen gibt es quadratische Bilder, in denen der Venezianer Jacopo Amigoni Putti mit Trophäen spielen läßt, und zwar so, daß auf beide ein milde ironisches Licht fällt. Auch der in insgesamt 14 Variationen erscheinenden Herkulesherme des Charles Claude Dubut geht viel von dem ernsten Pathos ab, mit dem man sich im 17. Jahrhundert einem solchen Thema zugewandt hätte.

In der Mitte der Gartenfront liegt in Schleißheim die Galerie, von der aus die Appartements des Kurfürsten und der Kurfürstin erschlossen werden, beide standesgemäß mit Vorzimmer, Audienzzimmer, Paradeschlafzimmer und Großem Kabinett.[29] Wie in Deutschland üblich, waren die Wände der Festsäle in Schleißheim durch Architektur gegliedert, die herrschaftlichen Wohnräume durch Panneaus und die Schlafzimmer mit ihren Antichambres durch kostbare Stoffe. Die glanzvolle Ausstattung beschäftigte die Besten der Münchner Künstlerschaft, aber auch die Brüsseler Teppichwebereien, wandernde Stars wie Amigoni und Teile der umfänglichen Kunstsammlung wurden herangezogen. Kostbare Materialien in edelster Verarbeitung taten ein übriges, dem Hofzeremoniell eine würdige Bühne zu bereiten. Auf Bequemlichkeit der Benutzung, die in der nächsten Generation zu funktional so differenzierten Grundrissen wie denen von Cuvilliés führte, legte man noch wenig Wert. Die Dienerschaft mußte auch in den offiziellen Appartements durch dieselben Türen gehen wie der Kurfürst oder der Hof, der ihm aufzuwarten hatte.

Die Oberleitung von Planung und Gestaltung lag bei Joseph Effner, unter dessen Mitarbeitern so bedeutende waren wie Johann Baptist Zimmermann und François Cuvilliés. Wie die Fäden im einzelnen liefen, ist heute nicht mehr zu entwirren, auch wenn man an einzelnen Stellen immer wieder die Handschrift eines der Mitarbeiter zu spüren glaubt. Der leitende Kistler, Johann Adam Pichler, machte in einer späteren Eingabe geltend, daß er 1715 hohe Ausgaben gehabt habe, als er «[...] aus Frankreich hierher zu kommen die höchste Gnad und derlei Arbeiten (weilen hiesiger Landen von dergleichen nichts sonders bekannt, noch jemand andrer im stand gewest, solche nach französischer Fasion verfertigen zu können) zu übernehmen gehabt, zu Bezeigung meines untertänigsten Devoirs unterschiedliche Spesen sowohl auf die erforderliche Anrichtung als Beschreib- und hierher Bringung der notwendig gewesten Arbeiter aus ander weit entlegenen Ländern [...] machen und noch anzu sehr viele aus diesen Leuten, (denen ich, weilen die Arbeit bekanntermaßen höchster Orten sehr stark, ja fast täglich pressiert worden, von Stund an große Wochenlöhne anzuwilligen und zu verreichen gleichsamb gezwungen gewest,) erst nach der Hand auf meine Kosten solchergestalten abrichten müssen, damit [...] S. kf. Dl. [...] in der Arbeit allenthalben vollständig geschwinde Satisfaktion geben möge [...].» Oft sei es vorgekommen, daß er «bei verschiedenen kostbaren Schneid- und Kistlerarbeiten, die nach denen gdst. approbierten Rissen aufs accuratiste schon wirklich ausgemacht und aufgesetzt gewest, erst nach der Hand auf Anordnung des Oberbaumeisters Effner sehr viele Veränderungen vornehmen, ja oftmalen ganze Stück, da höchster Orten nach einer andern Manier verlangt worden, umarbeiten lassen» mußte.[30]

Als 1726 Karl Albrecht den bayerischen Thron bestieg, gab es auch in der Residenz zu tun. Er konnte sich begründete Hoffnungen auf den Kaiserthron machen und suchte deshalb, seine Hofhaltung architektonisch auf den künftigen Status vorzubereiten. Ein großes Modell in der Residenz bezeugt noch heute, wie vieles dort anders werden sollte. Verwirklicht wurde eine Reihe von Innenräumen, unter denen die Grüne Galerie (Abb. 27) eine Schlüsselstellung hat. Erst durch sie konnte das Kaiserappartement, später «Reiche Zimmer» genannt, mit einem überkuppelten Treppenhaus verbunden werden, das ihm als dem Ziel eines angemessen repräsentativen Weges die gebührende Wirkung sicherte.[31]

Die Treppe ist schon 1764, nach dem endgültigen Ende der imperialen Hoffnungen der Wittelsbacher, abgetragen worden. Die Grüne Galerie und die «Reichen Zimmer» konnten nach schweren Kriegschäden rekonstruierend restauriert werden, so daß dem Besucher heute wieder, wenngleich oft nur in Rekonstruktion, «der herrlichste Rococo, der auf Erden vorhanden ist», begegnet, an dem Jacob Burckhardt sich in einem Brief aus München vom August 1877 begeisterte, «an Erfindung und elastischer Eleganz sogar den Prachtzimmern von Versailles überlegen, [. . .] ein Crescendo, von den Vorsälen bis zum Schlafzimmer und verrückt prächtigen Toilettencabinet».[32]

Über die Vorstellungen und Anweisungen Karl Albrechts wissen wir nichts. Bei einem Besuch in Benediktbeuern bewunderte er an den neuen Zimmern vor allem die Gesamtwirkung, «den guten Geschmack des Prälaten, der dafür Sorge trug, jedes Zimmer in einer unterschiedlichen Weise auszugestalten und zu möblieren. Am meisten haben mir die

27. François Cuvilliés d. Ä., Grüne Galerie in den «Reichen Zimmern», begonnen 1733, Residenz, Vorkriegszustand

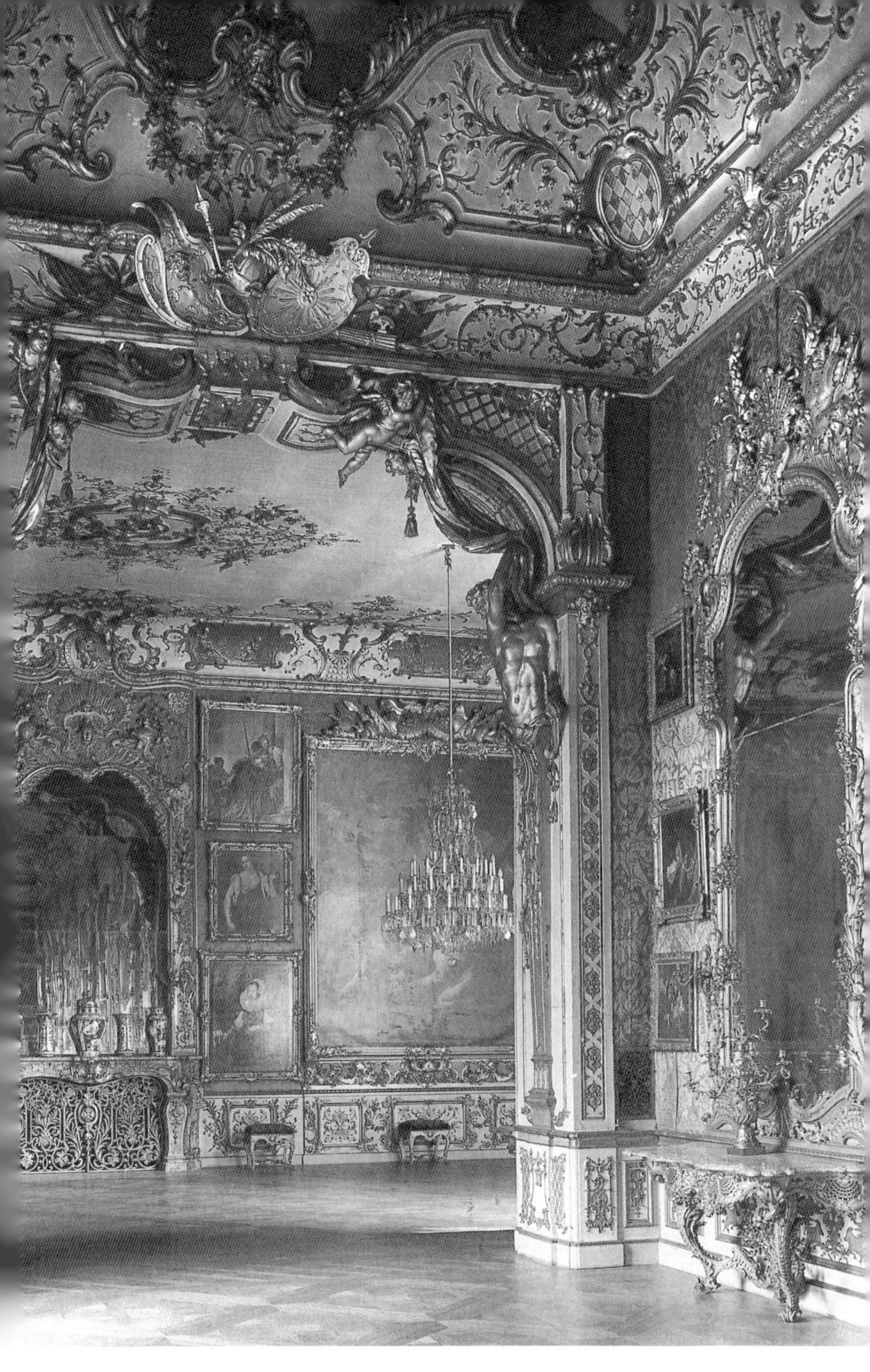

Stuckarbeiten gefallen, die in jedem Raum in der Farbe der Möbel getönt waren.»[33] Über Inhalte sagte er nichts. Auch in seinen Münchner Kaiserzimmern tendieren die Bedeutungen zu abstrakter Unverbindlichkeit, explizite Politik ist selten, ganz anders als noch im Schleißheim Max Emanuels. Wappen, Attribute und Allegorien sind zwar noch vorhanden, und sie besetzen auch wichtige Stellen, das Ornament aber gewinnt ihnen gegenüber immer mehr Selbständigkeit. Adolf Feulner hat es charakterisiert: «Das Bandwerk ist verschwunden; an seine Stelle treten Ranken, in Kurven geschwungen, natürliches Gewächs, das in seinem Bewegungszug die tektonische Bewegung symbolisiert. Das auftreibende Rankenwerk der Spiegelumrahmung, die aufwachsenden Palmen der Mittelfüllung versinnbildlichen das Empor; ebenso ist die verbindende, knüpfende Tendenz des Ornaments naturalistisch verdeutlicht. Im Schlafzimmer sind die Wände in einen Wald von sprossenden, nach oben sich windenden Blüten, Ranken, Zweigen aufgelöst, im Spiegelkabinett sind die Umrahmungen in Spaliere zusammengezogen. Die Ornamentik ist nicht in dichten Massen aufgetragen, sondern luftig, aufgelöst, fast wie zufällig angeflogen. Ein Gegensatz von Stütze und Last, von aufstrebenden Wandfeldern und ruhender Decke besteht nicht mehr. Die Symbolisierung der Decke als Luftraum, die in anderen Räumen durch fliegende Vögel, Sterne, Strahlen gegeben ist, tut ein Überflüssiges, um den realen Charakter zu verwischen. Mühelos, wie frei gewachsen, steigt die zarte Vegetation in straffen Kurven empor; die Gesimse werden nicht als Trennung empfunden, da sie selbst in den Achspunkten, die dem architektonischen Gefüge Halt geben, in die Bewegung hineingezogen sind.»[34]

Als künftiger Kaiser brauchte Karl Albrecht nicht nur kaiserliche Zimmer, sondern auch eine kaiserliche Stadt. Im Kreuzviertel hat er durch Schenkungen für nicht weniger als drei neue Paläste gesorgt. Seine Prioritäten aber setzte er in Nymphenburg, das eine eigene Vorstadt, die «Karlsstadt»,

28. Jacob Wagner, nach J. C. Sarron, Schloß Nymphenburg, nach 1726, Stadtmuseum

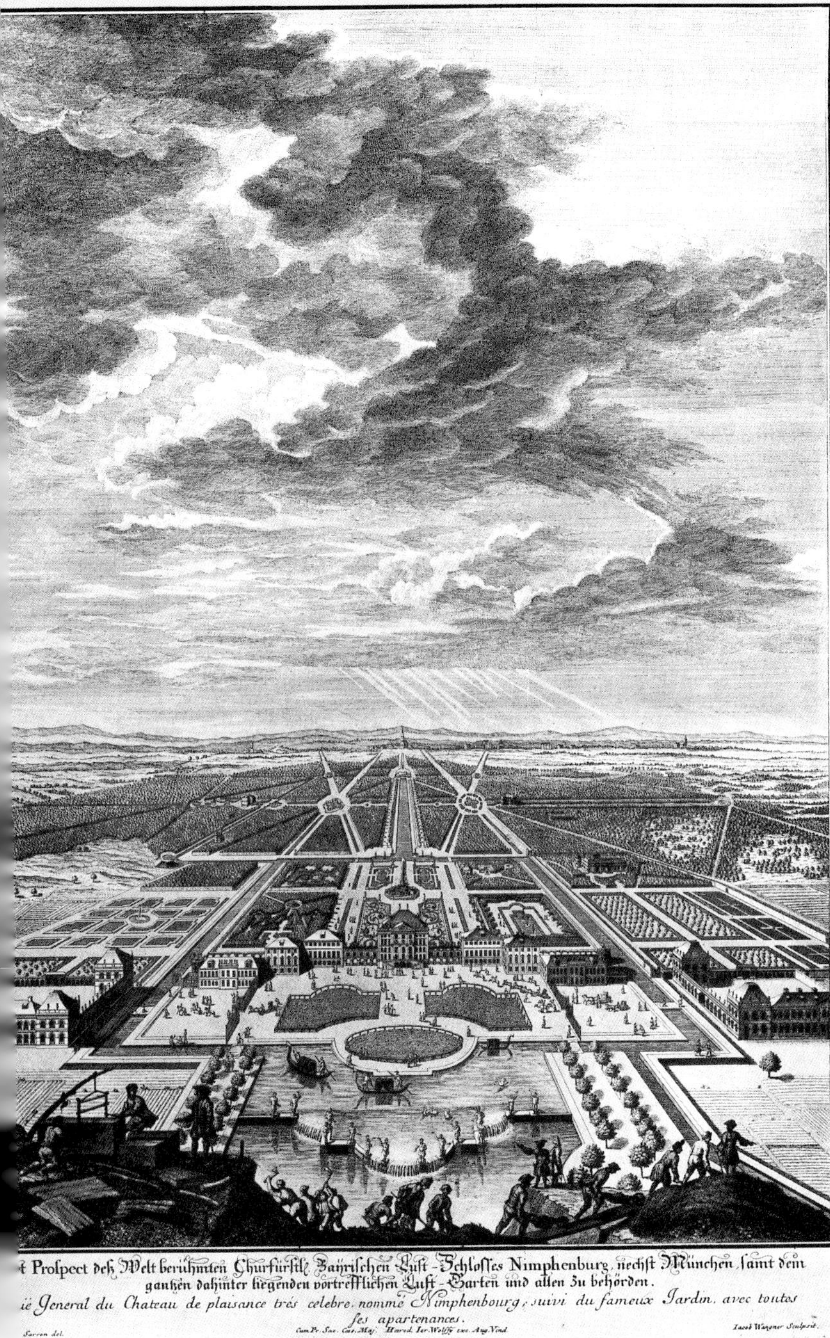

t Prospect deß Welt berühmten Churfürstl. Bayrischen Lust-Schlosses Nimphenburg, nechst München samt dem gantzen dahinter liegenden vortrefflichen Lust-Garten und allen zu behörden.

ie General du Chateau de plaisance trés celebre, nommé Nimphenbourg, suivi du fameux Jardin, avec toutes ses apartenances.

Sarron del. Cum Pr. Sac. Caes. Maj. Haered. Ier. Wolffy exc. Aug. Vind. Iacob Wagner Sculpsit.

bekommen sollte. Sie hätte im Anschluß an die von Effner geschaffenen Kavaliershäuser des Rondells den Nymphenburger Kanal in Richtung Stadt begleitet. Zu dem ehrgeizigen Projekt, von dem heute nur noch das Haus Nördliche Auffahrtsallee Nr. 69 kündet, wurde im März 1728 der Grundstein gelegt. Schon in den ersten Jahren werden ein Metzger, ein Schuhmacher, Hafner, Seidenweber, Brauer, Kattundrukker und Perückenmacher erwähnt. Die Versuche, Handwerker und Gewerbetreibende so weit aus der Stadt herauszulokken, scheint jedoch nicht selten gescheitert zu sein, obwohl neben Hofschutz und Handwerksgerechtigkeiten auch Steuerbefreiung geboten wurde. Nicht nur Egid Quirin Asam, dem man den Hofschutz versprach, verweigerte sich. Neben der Entfernung von der Stadt werden auch die rigorosen Bauvorschriften abgeschreckt haben. Der Platz wurde angewiesen, und Effner hatte darauf zu achten, daß die Architektur der neuen Stadt beiderseits des Kanals «in der Facciata egal» und in «Zierlichkeit» aufgeführt wurde. Das Gesuch eines Sattlers wurde 1733 folgendermaßen beschieden: «Wann der Supplikant auf eigene Kosten nach dem ihm vom kurf. Architekten erteilten Riß bauen will: ist die Ansäßigmachung unbedenklich», es sei ihm aber vorzuhalten, daß man sein Haus entschädigungslos abreißen werde, falls er sich nicht an den zugeteilten Riß halten sollte.[35]

Hätte Karl Albrecht seine Ziele erreicht, dann wäre aus dem Jagdhaus in Nymphenburg, das einst sein Großvater seiner Großmutter zum Wiegengeschenk gemacht hatte, eine Art Stadtschloß geworden, ein Stadtschloß allerdings, dessen Cour d'honneur eine große Brunnenanlage gefüllt hätte, die angelegt worden war, als noch Schleißheim das bayerische Versailles werden sollte. Das unorthodoxe Bild, das Nymphenburg trotz seiner Größe bietet (Abb. 28), wird heute sehr geliebt, ist aber wohl von niemandem so gewollt worden, sondern das Ergebnis einer bewegten Baugeschichte.[36] Die Pavillons waren durch den anfangs fast schmucklosen Kubus des Mittelbaus präjudiziert, die Lockerheit der Anfügungen seit 1702 entsprach der größeren Freiheit in der Architektur eines Gartenschlosses. Die monumentaler konzipierten Flankenbauten von Marstall und Orangerie entstanden nach der Rückkehr Max Emanuels aus dem Exil. In jeder Phase hatten andere Vorbilder die Führung: Am Anfang waren es italienische Villen, dann inmitten großer Kanalsysteme gelegene holländische Schlösser, dann die Architektur Ludwigs XIV.

Schon bald waren die Gärten wichtiger als die Bauwerke. Begnügte man sich bei diesen mit einem allgemein französischen Charakter, so war man bei jenen ehrgeiziger. Zweimal, 1701 und 1715, holte Max Emanuel «fontaineurs» aus der Schule des großen André Le Nôtre nach München. Gärten wie die von Charles Carbonet und Dominique Girard dienten nicht der selbstvergessenen Naturkontemplation des empfindsamen einzelnen, sondern den Aktivitäten und der Selbsterfahrung des Hofes, dessen Mitglieder sich in den «Salles» und «Chabinets», den Bosketts und den Wasseranlagen der Parkstädte von Nymphenburg und Schleißheim besser ausgekannt haben werden als in der Münchner Innenstadt.

Die Gärten haben ihre Koordinaten in den Bauten und in den großen Achsen, die von den Kanälen und den Hauptwegen gebildet werden. Im Inneren des Gartens ist die ordnende Kraft des Grundsystems immer nur partiell erfahrbar. Aber anders als der Tourist, der heute bei seinem einzigen Besuch das ganze Areal durcheilt, hat die Hofgesellschaft auch immer nur Teile des Gartens genutzt, in dem regelrechte kleine Reisen und Ausflüge unternommen wurden, je nachdem, ob man jagen, dem Ballspiel frönen oder bei einer Bootsfahrt die kühlende Wirkung des Wassers genießen wollte. Den Gesamtzusammenhang fand man eher in Bildern, die ein beliebter Schmuck der Schlösser waren und für die Vorstellung zusammenfaßten, was man im Gebrauch nur sukzessiv erleben konnte. Zugleich interpretierten sie. Standpunkte wie die der Nymphenburg-Bilder sind in der Münchner Ebene nirgends möglich. Sie sind jedoch nötig, weil nur so anschaulich werden kann, daß die Ordnungen, die vom Sitz des Herrschers ausgehen, an den Parkmauern nicht Halt machen, sondern das ganze Land in ihren Bann ziehen. Das Publikum solcher Darstellungen, das auch das des Schlosses war, mußte denn nur kurz, im Vordergrund, daran erinnert werden, daß Gärten wie der Nymphenburger auch organisatorisch und technisch herausragende Leistungen darstellten. Die Münchner Pump-

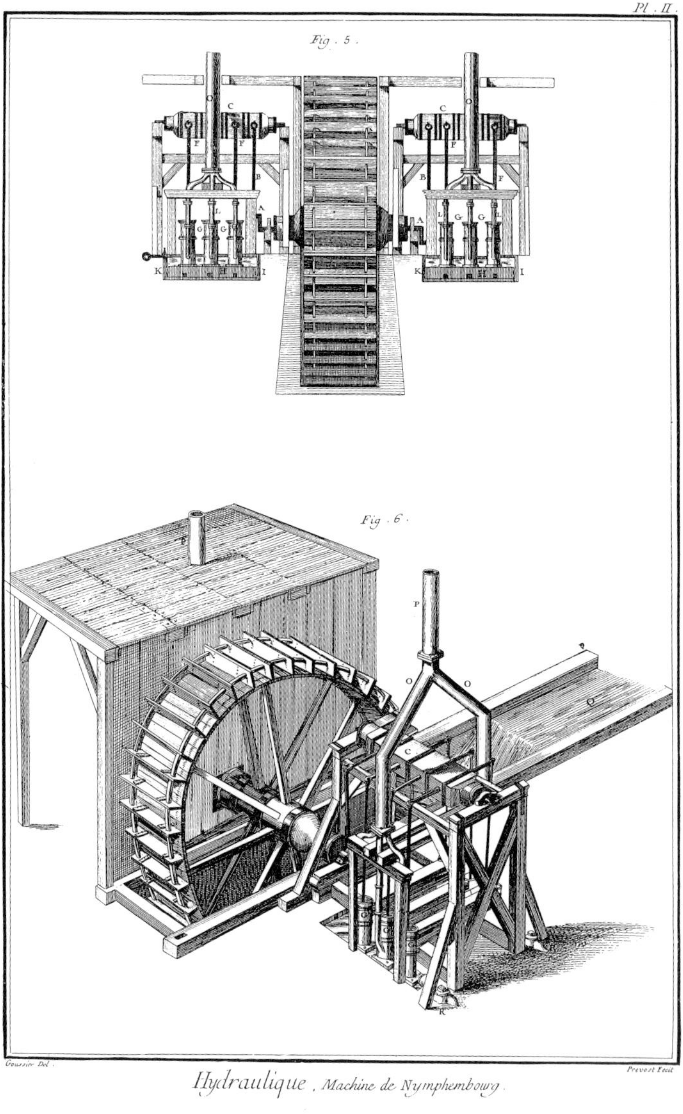

29. Hydraulische Maschinen aus Nymphenburg, aus: ‹Encyclopédie ou Dictionnaire raisonné des sciences des arts et des métiers›, Paris, 1751 ff., Band VIII

werke waren 1765 sogar der französischen Enzyklopädie zwei Tafeln wert (Abb. 29).[37]

Zum Großbau des Schlosses gehörten in Nymphenburg, wie schon in Versailles, die Satellitenbauten, in denen Effner und seine Dekoratoren sich im chinesischen oder im gotisch-ruinösen Stil versuchen konnten. Pagodenburg, Badenburg und Magdalenenklause waren nach französischen Maßstäben winzig. Sie dienten auch nicht zum Wohnen, sondern nur zum kurzen Besuch. In der Pagodenburg konnte bei einer größeren Gästezahl nur von außen, durch die Fenster, serviert werden. Das eigentliche Glanzlicht des Parkes, die Amalienburg, setzte Karl Albrecht.[38] Cuvilliés' Meisterwerk, ein Geschenk des Kurfürsten an seine jagdbegeisterte Gemahlin, wurde 1734 begonnen, ein Jahr vor der Asamkirche und drei Jahre vor St. Michael in Berg am Laim. Streng funktional betrachtet ist die Amalienburg eine Verbindung aus Hoch- und Unterstand für die jagende Fürstin, der in der Plattform gipfelt, von der das herangetriebene Wild geschossen wurde (Abb. 30). Es fehlt alles, was für ein funktionierendes Schloß unabdingbar gewesen wäre, nicht einmal ein Schlafzimmer war vorhanden, nur ein Ruheraum.

Heute betritt man die Amalienburg von hinten und durch eine Seitentür. Die Kurfürstin und ihre Begleitung dagegen standen sofort in dem runden Mittelsaal, für den Cuvilliés eine Dekoration entworfen hatte, die in dem Kistler Joachim Dietrich, dem Schnitzer Wenzeslaus Miroffksy und dem Stukkator Johann Baptist Zimmermann Ausführende fand, die selbst bedeutende Meister ihres Faches waren. Wie weit sie die Entwürfe verändert oder gar verbessert haben, werden wir nie erfahren. Die entscheidenden Eigentümlichkeiten aber können eigentlich nur von Cuvilliés kommen. Denn allein ihm ist die künstlerische Intelligenz eigen gewesen, die höchste Kunsthaftigkeit und größte Natürlichkeit sich hier immer wieder beinahe berühren läßt. Noch der brillanteste Einfall, noch die eleganteste Form wirken in diesem Zusammenspiel – fast – selbstverständlich. Überall gibt es Brechungen: bei den Farben dominieren Silber, nicht Gold, helles Blau, Silbergrau, von den Grundfarben gibt es nur Gelb. Die Pflanzen des Ornaments sind nicht da gewachsen, wo sie erscheinen, sondern

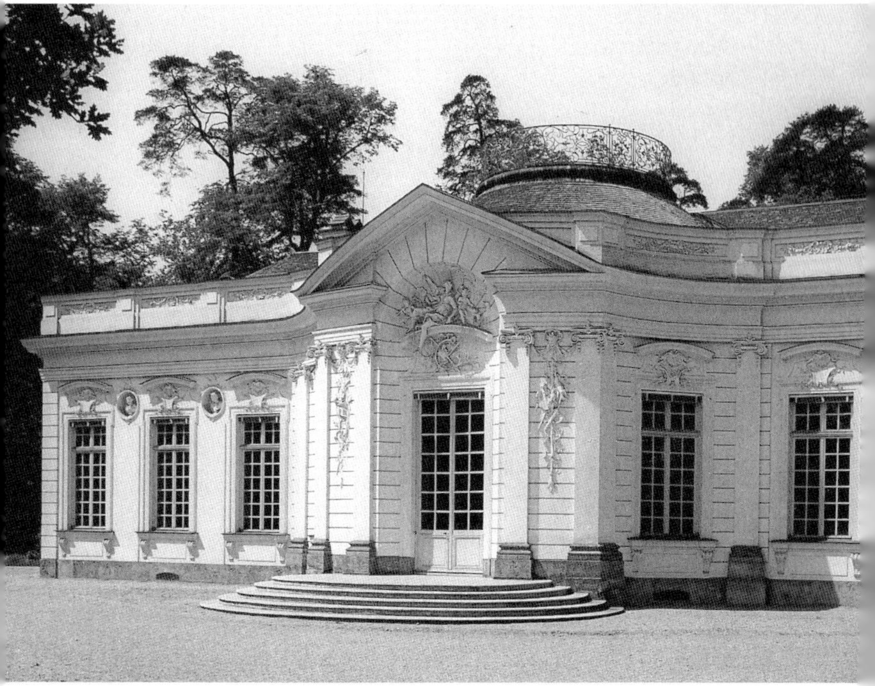

30. François Cuvilliés d. Ä., Amalienburg, begonnen 1734

anderswo gepflückt, und zwar meist schon früh, vor der vollen Blüte. Manche Profile schließlich beginnen als architektonische Form und enden als Ast, andere umgekehrt.

Die Wanddekoration ist von Allegorien bevölkert, die keinen Zweifel lassen, daß dieses Haus nicht irgendeiner Jägerin dient, sondern der Kurfürstin. Der Plafond der Decke aber, traditionsgemäß der Ort eines großen mythologischen oder allegorischen Freskos und auch in der Amalienburg scheinbar dafür vorbereitet, wird dann aber doch ‹nur› von einigen Vögeln bewohnt. Architektonisch entspricht diesen kunstreichen Ambivalenzen das Widerspiel von tatsächlichen Funktionen und evozierter typologischer Tradition. Hinter den großen Fenstern liegen oft sehr kleine Räume, im Grundriß gibt es eine Enfilade, die aber auf jeder Seite nur zwei Räume umfaßt, und die Rückfassade präsentiert sich als Hoffront, obwohl der Hof nur ein größerer Vorplatz ist. An der Gartenseite gibt es Rustika, Trophäen, Reliefs und Giebel, ein richtiger Sockel aber fehlt. Die Typologie des Schlosses wird nicht einfach reduziert, sondern in Anführungszeichen gesetzt,[39] wobei die Pointe wohl nur den amüsieren konnte, dem auch die Norm vertraut war, gegen die hier spielerisch verstoßen wurde.

Im Zeitalter der Aufklärung

Unter dem 4. Oktober 1770 verordnete die kurbayerische Regierung den Kirchen des Landes ein neues Gesicht. Damit «alle Übermaaß verhütet, und nicht eines jeglichen Pfarrers oder Beamten Eigendünkel, die willkürliche Anordnung des Baues überlassen, sondern vielmehr eine so viel möglich durchgängige Gleichförmigkeit in der Kirchenarchitectur nach dem Beyspiele von Italien beobachtet werden möge; so werden Wir durch erfahrne und verständige Baumeister verschiedene Muster von Grundrissen und Profils nach der Anzahl Pfarrkinder, und zugleich bey jedem einen Ueberschlag der sämmtlichen Bauchösten, so zuverläßig als es immer thunlich ist, verfassen lassen, dergestalt, daß mit Beybehaltung einer reinen und regelmäßigen Architectur alle überflüßige Stuckador- und andere öfters ungereimte und lächerliche Zierrathen abgeschnitten, an denen Altären, Kanzeln und Bildnissen eine der Verehrung des Heiligthums angemessene edle Simplicität angebracht werde.»[1]

Die Künstler erfuhren die Entwicklung als Verlust, denn die alten Themen und Aufgaben verloren an Bedeutung, und neue waren in München, ganz anders als in Paris, weder vorhanden noch erkennbar. Selbst einem Hofstukkator drohte die Armut, weshalb Franz Xaver Feichtmayr 1798 beim Kurfürsten eine Konzession erbat, in seinem Hause einen Laden für Kurz- und Spezereiwaren betreiben zu dürfen.[2] Als Hofbildhauer Guillielmus de Groff zur Pensionierung anstand, meldete sich auch Ignaz Günther. Er verwies auf seine Akademieausbildung in Wien sowie auf frühere Arbeiten in den kurfürstlichen Gärten und bat, ihm Groffs Stelle «als ein Lants Kint Vor ausländern gnädigst zu ertheilen. Bevorab in gegenwärtig schon längers andauernt Betribten Zeiten, da es Bei Stüfft Klöstern, Und Kirchen: Von welchen ich sonst meine Nahrung, Und Underhalt meistens erworben: nun Mehro Vor die Bilthauer so wenig Verdienst, als andere Künstler absetzte.»[3] Günthers Antrag blieb erfolglos, man zog ihm den jüngeren Roman Anton Boos vor, der sich schon vier Jahre früher um Groffs Stelle beworben hatte.[4] Er hatte dabei an die Statuen der Theatinerkirche erinnern können, die er von Günther übernehmen mußte, der zwar die Modelle lieferte, an der Umsetzung in Stein aber offensichtlich gescheitert war. Boos hat bewegte Klage geführt, daß er dort nach dem Modell eines «Holtzbilthauers» zu arbeiten gehabt habe. Wenn andere die Steine verstümmelt hätten, riefe man ihn,

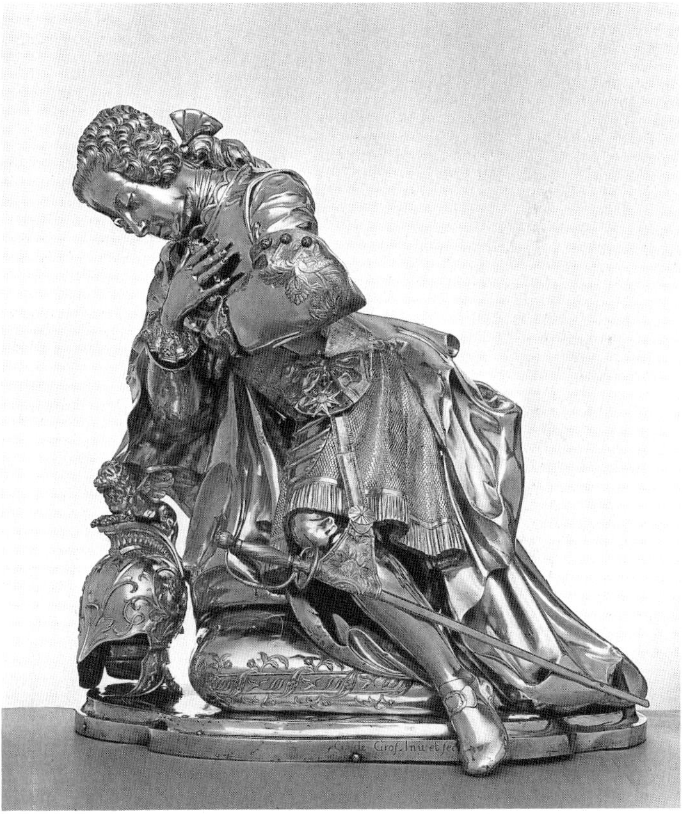

31. Guillielmus de Groff, Votivbild des Kurprinzen Maximilian Joseph von Bayern, 1737, Altötting, Gnadenkapelle

sonst aber wolle ihn «der ginder» nicht hochkommen lassen, denn er sei «brott und Kunstneidtig».[5]

Werke aus Stein und Metall waren so gut wie ausschließlich an den Hof und dessen Umfeld gebunden, so daß der Schnitzer Günther sich als «Hof-Statuarius» sicher schwer getan hätte, an die Erfolge seines Vorgängers anzuknüpfen, der vor allem durch die heute verlorenen Bleiplastiken berühmt geworden war, mit denen er nach Versailler Vorbild den Nymphenburger Park geschmückt hatte.[6] Eine Vorstellung von seinen Möglichkeiten gibt das lebensgroße Relief des damaligen Kurprinzen in Altötting (Abb. 31). Es gilt bis heute als ein Meisterwerk europäischer Silberkunst. Verständlich die Empörung des Künstlers, als der Herrscher seinen Lohn durch zwei Handwerksmeister festsetzen ließ.[7] Diese Goldschmiede werden sicher ein Auge für die meisterliche Ziselierung von Haaren und Stoffen gehabt haben, aber die höfische Eleganz, mit der de Groff den gerade von schwerer Krankheit genesenen Prinzen kurz in Andacht sinken ließ, oder das kompositorische Raffinement, mit dem er Verknüpfungen wie die von Degen, Spielbein und Mantel oder die Partie um die verschränkten Hände bewältigte, werden kaum gebührend in ihre Schätzung eingegangen sein. Immerhin waren sie für den Rang des Werkes nicht völlig blind, denn obwohl man sonst für eine derartige Arbeit 24 Kreuzer zahlte, hatten sie in diesem Falle fünfzig für angemessen «gehalten, weillen diese Statua eine sehr miehesambe und wohlgemachte Arbeith seye», da die «Kunst-Statua» «den durchlauchtigsten Chur-Prinzen im wahrhafften Porträt lebensgroß vorstellet, folgsamb als eine pure Silber Arbeith, gleich die hiesigen Goldt Schmidt unter Händen haben, nicht wird angesehen werden». Groff empörte sich: Nur nach «maechanischem Augenmerk» hätten sie geurteilt, wo doch höchstens «freye [...], in der Bildthauer und trefflichen Designierungskunst freye Künstler» zu einem Urteil berechtigt seien.

Von fast allen wichtigen Bildhauern des Münchner Rokoko gibt es auch Porträts.[8] So unterschiedlich sie sich vorstellen, als Handwerker, etwa mit einem Schnitzmesser in der Hand, hat keiner sich malen lassen. Egid Quirin Asam posierte dem Bruder als Mann von Stand, aber ohne Perücke, den Blick emphatisch in die Ferne gerichtet. Ignaz Günther ließ sich 1774 von Martin Knoller malen. Der zeigte ihn mit Künstlerbarett, voller Kontraste und Spannungen zwischen Körperhaltung, Blickrichtung und Kopfwendung, mit suchenden, fast bohrenden Augen – ein Porträt, das, von einem Freunde Winckelmanns geschaffen, dem Sturm und Drang näher ist als dem Rokoko. Ein verlorenes Selbstbildnis Günthers stellte andere Züge heraus (Abb. 32). Man sieht einen Melancholiker, ganz in seine Gedanken zurücksinkend – weder des Betrachters

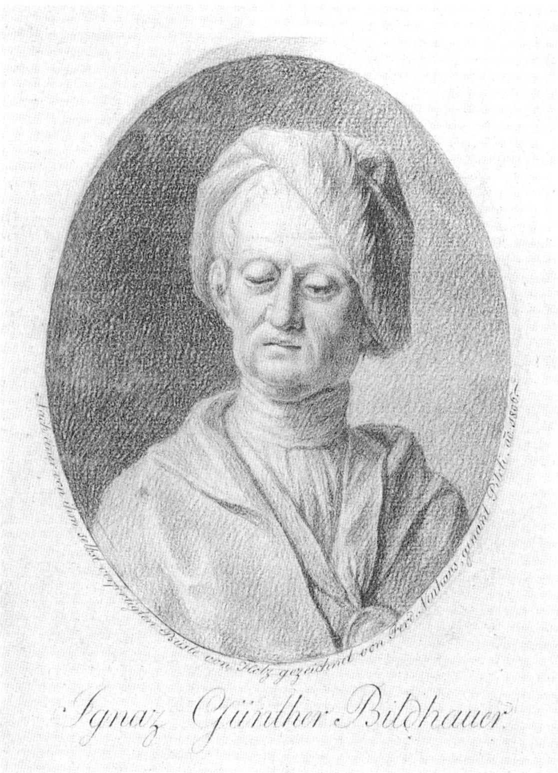

32. Ferdinand Neuhaus gen. Piloti, Zeichnung nach einer verlorenen Büste mit einem Selbstporträt Ignaz Günthers, Staatliche Graphische Sammlung

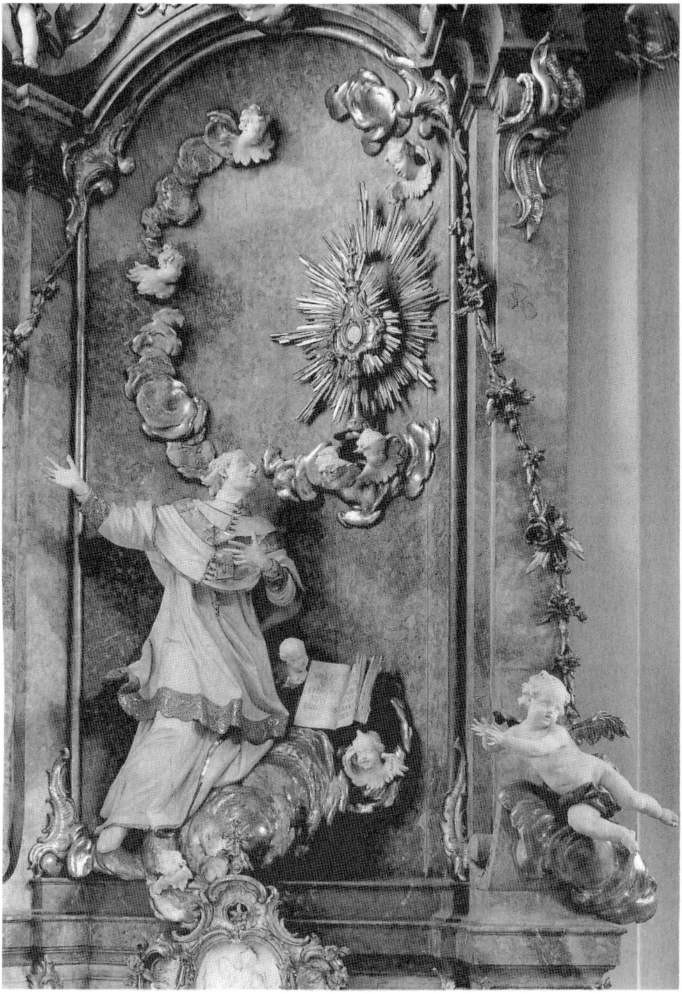

33. Johann Baptist Straub, Altar des hl. Norbert, ca. 1760–1764, Schäftlarn, Klosterkirche

achtend noch der umgehängten Ehrenmedaille, mit der ihn die Wiener Akademie geehrt hatte –, nur mit Mühe noch sich aufrecht haltend.

Johann Baptist Straub ließ sich 1763 vom Hofmaler Balthasar Augustin Albrecht malen. Er hat sich als Künstler, «en négligé», in Positur gesetzt, aber der geöffnete Kragen ist jener der Hoftracht, nicht der eines frei gewählten Künstlerhabits. Straub arbeitet, statusfördernd, an der Büste Kaiser Karls VII., der ihn zum Hofbildhauer gemacht hatte. Neben ihm steht, als Allegorie der Abbondantia, seine Tochter, die spätere Frau Boos, am Boden liegt in kühner Verkürzung ein weiblicher Torso, dann sieht man das Modell eines Johann-Nepomuk-Brunnens vor St. Michael, den die Stadt München bestellt hatte, und im Hintergrund schließlich das Modell einer Gartenfigur für Nymphenburg.[9]

Straub war der erfolgreichste und angesehenste unter den Münchner Bildhauern.[10] Viele waren seine Schüler, und nicht wenige hatte er bei seinem Tode 1784 überlebt, den begabtesten, Ignaz Günther, um nicht weniger als ein Jahrzehnt. Straub arbeitete vor allem für den Hof und für Klöster. Er schnitzte Prunkschlitten, Trauergerüste und Theaterdekorationen, war aber auch imstande, Adelspalais mit Figurenfamilien aus Stein zu bevölkern, von den vielen Epitaphien, Kanzeln, Gestühlen, Rahmungen und Altären in den Kirchen des Landes ganz zu schweigen. Als Schüler der Wiener Akademie und Zeitgenosse von Winckelmann, Wieland und Lessing hat er eine Kunst des Maßes und der Verhaltenheit gepflegt. Die Themen und die Aufgaben sind noch die der vorangegangenen Generationen, die Zurückhaltung in Mimik und Gestik aber zeigt einen neuen Geist. Manchem Barockfreund von heute wird der hl. Norbert des Schäftlarner Seitenaltares (Abb. 33) zu moderat sein, zu distanziert in seinem Verhältnis zu der Hostie, die er verehrt. Auch die Nüchternheit mag er bemängeln, mit der Straub in Erinnerung bringt, daß hier eine Figur vor einem Stück Wand steht und auf jeden Versuch, Himmelsraum zu suggerieren, von vornherein verzichtet. Dem Anhänger klassizistischer Kunstmoral wiederum wird dies alles noch immer viel zu barock sein, denn noch kniet der Heilige ja auf Wolken, statt als Statue auf einem Postament zu stehen, und noch weist der asymmetrische Altaraufbau über sich hinaus auf die Gesamtdekoration der Kirche, wie auch die Blickrichtung des Heiligen in der Monstranz ihr erstes, aber nicht ihr letztes Ziel hat.

Aus dem Hauch von Aufklärung, der in Straubs Œuvre spürbar ist, sind bei Ignaz Günther Windstöße geworden. Günthers Popularität läßt die Komplexität seines Werkes leicht vergessen. Ein hartnäckiges Vorurteil will in ihm nur einen frommen Formvirtuosen sehen, der noch ganz ungebrochen in der Tradition lebte. Dabei hatte bereits Adolf Feulner, der Ignaz Günther zu Anfang dieses Jahrhunderts mit wachem Blick, weitem Horizont und akribischer Spürarbeit der Vergessenheit entriß, seinen Helden in europäischen Zusammenhängen charakterisiert: «Man merkt, daß Günthers Werke in einer Zeit entstanden sind, die von den zarten Idyllen Geßners und von Goethes Werther, dem künstlerischen Meisterwerk der empfindsamen Zeit, begrenzt ist. Die Erinnerung an die Dichtungen einer fremden Welt scheint zunächst unangebracht, aber wer geschichtlich sehen kann, wird bemerken, daß auch Günther den Ruf Rousseaus gehört hat; aber er hat den Geist der sentimentalen Zeit als fruchtbare Strömung in die religiöse Plastik hineingeleitet, und er hat dadurch eigenartige und eigenwillige Werke geschaffen, die in der Kunst der Aufklärungszeit keine Gegenbeispiele haben.»[11]

Ignaz Günther hat der religiösen Kunst ganze Provinzen des Psychischen neu erschlossen, doch hat sie gerade in diesem Neuland auch immer mehr an Verbindlichkeit verloren. Es bedurfte seiner Meisterschaft, die Brechungen vom Zarten zum Weichlichen, vom Charakter zur Charge, vom extrovertierten Gefühl zur Pose, von der Demut zur Tartufferie, von der Würde zum Dünkel – und umgekehrt – sichtbar zu machen und doch so in der Schwebe zu halten, daß er bei seinen Grenzgängen nicht ins Stolpern geriet. Alle seine Figuren zeigen Personen, die eine Rolle übernommen haben und wissen, daß man ihnen zuschaut.

Eine kritische Form ist der Umgang mit den traditionellen Attributen, der bei profanen Themen die Grenze zur Parodie überschreiten kann. Bei den Schleißheimer Schloßportalen (Abb. 34), die dem Status des Auftraggebers nach zu seinen

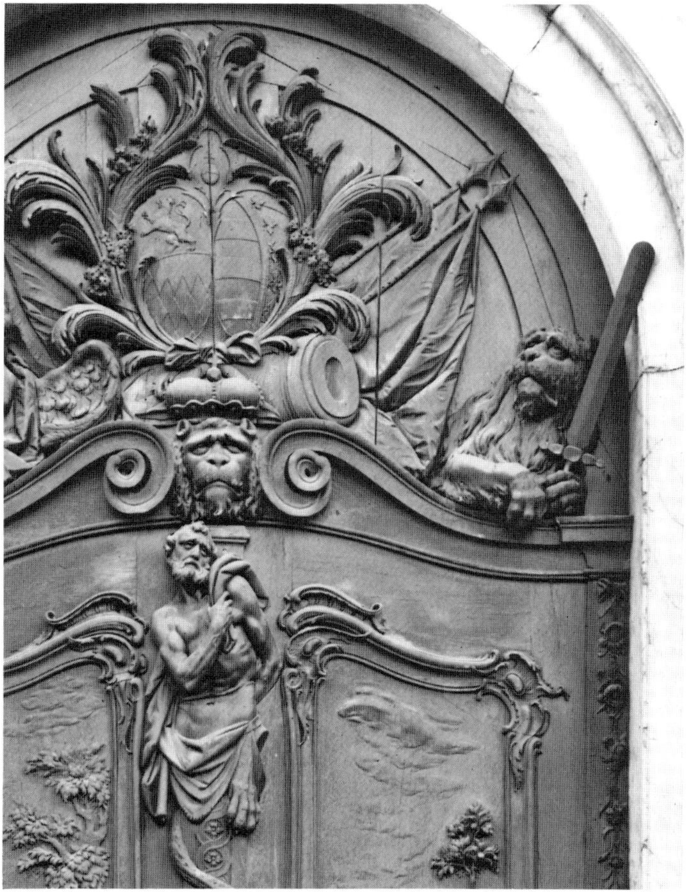

34. Ignaz Günther, Gartenportal Schloß Schleißheim, 1763, Ausschnitt

bedeutendsten Werken zählen, zeigte Günther auch gegenüber Herrschaftssymbolen wenig Respekt. Es ist zwar höchst unwahrscheinlich, daß er politische Absolutismuskritik im Sinne hatte, eindeutig aber ist der anschauliche Befund: Die Klaue von Herkules' Löwenfell hängt kraftlos, die Last, die die Herme symbolisiert, ist durch eine Konsole längst von ihr genommen; der Löwenkopf unter dem Kurhut ist, von Voluten bedrängt, ein Symbol mehr des Mißmuts als der Stärke; selbst die Arrangements aus Wappen, Fahnen und Kanonen geben sich wenig triumphal, und sie werden von dem müde gewordenen Löwen, dem das Schwert anvertraut ist, auch eher zweifelnd betrachtet.

Nach Günthers Lebensgang war dergleichen nicht zu erwarten. Aus einfachen handwerklichen Verhältnissen hat er sich emporgearbeitet und ist wohl erst an der Wiener Akademie vom Handwerker zum Künstler geworden. Perspektivstudien, plastische Modelle nach der Antike, Idealarchitektur und Kopien aus Pozzos Traktat, aber auch Zeichnungen nach Münchner Bronzewerken der Zeit um 1600 hat er bis zum Lebensende aufgehoben.[12] Seine spätere Tätigkeit freilich hatte den Aufgaben nach oft mehr mit dem Handwerk seines im Altmühltal tätigen Vaters zu tun als mit den Lehrprogrammen der Wiener Akademie. Als Günther starb, hatte er Möbel, Kirchengestühle und Prozessionsstangen geschnitzt, Krippen, Öfen und Kaminplatten entworfen, Glocken verziert, Porzellanfiguren erdacht und Goldschmiede wie Graphiker mit Vorlagen versorgt.

Sein berühmtestes Werk in der Stadt, die Gruppe für die Schutzengelbruderschaft bei der Karmeliterklosterkirche St. Nikolaus (Abb. 35), wäre in der Säkularisation verlorengegangen, hätte es nicht ein Goldschmied, vermutlich mehr aus Frömmigkeit denn aus Kunstliebe, aufgekauft[13] und der Marianischen Kongregation des Bürgersaals geschenkt. Ein Meisterwerk der Charakterisierung und der Komposition, treffsicher bis in den letzten Haarschopf und die entfernteste Flügelfeder. Den theologischen Satz von der Geschlechtslosigkeit der Engel hat Günther in die Erotik des Androgynen transponiert. Der einzige Künstler, bei dem es ähnliche Engel gibt, ist der junge Giambattista Tiepolo, dessen Fresken im Erzbischöflichen Palast von Udine Günther gesehen haben könnte. Anders als dort aber ist bei Günther alles Satirische oder gar Denunziatorische fern. Ironie allerdings ist ein wesentliches Ingredienz: rundlich, pausbäckig, eifrig, auch etwas besorgt der kleine Tobias, rank und beinahe blasiert ob seiner Schönheit der Engel, der schon vom Schneider einen Schlitz für die Entblößung eines wohlgeformten Beines vorsehen ließ. In den Seitenansichten, jeweils schräg von links und schräg von rechts, wird Günther noch deutlicher. Bei der einen kann man über dem zum Spielzeug geschrumpften Drachen die Schönheiten der Draperie und des Engelskörpers bewundern. Zugleich sieht man an den Fingern, daß sein Weisen zum Himmel schon wieder zurückgenommen ist und wohl nur eine Pose war, die Tobias und die Naiven unter den

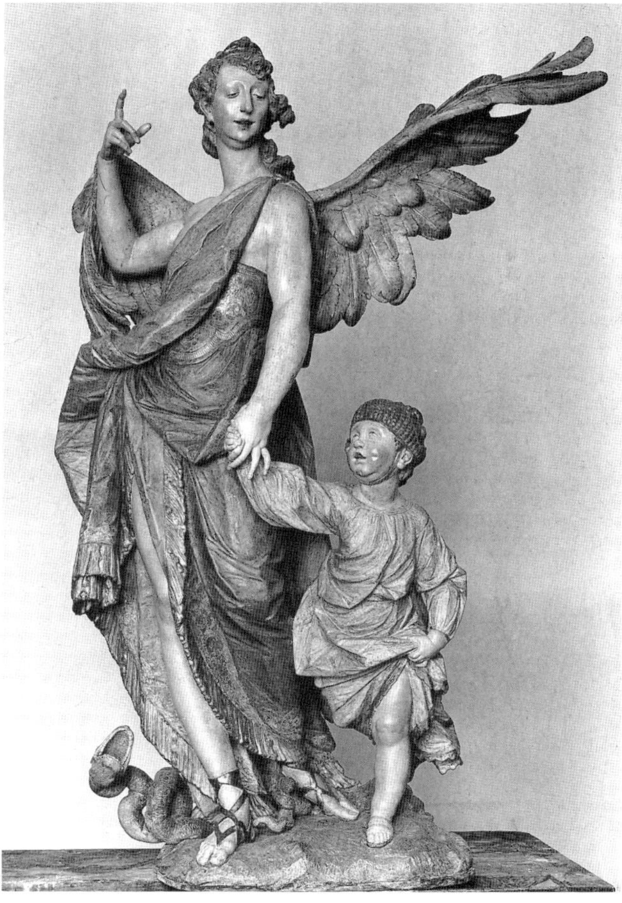

35. Ignaz Günther, Schutzengelgruppe, 1763, Bürgersaal

Betrachtern beruhigen sollte. Auf der Gegenseite kommt der Kleine fast ins Stolpern, weil er nicht schnell genug ist, der Kopf des Engels bleibt weit entfernt, und der große Flügel streckt sich, ganz anders als der rechte, weit nach außen. Die abgespreizten Finger schließlich verraten, daß dem eleganten Engel die warme Kinderhand nicht nur angenehm ist.

Der Schutzengel war eines der letzten Werke Günthers, die Franz Anton Bustelli vor seinem vorzeitigen Tode 1763 noch studieren konnte. Bei der Suche nach neuen und zeitgemäßen Einnahmequellen war Max III. Joseph wie so viele zeitgenös-

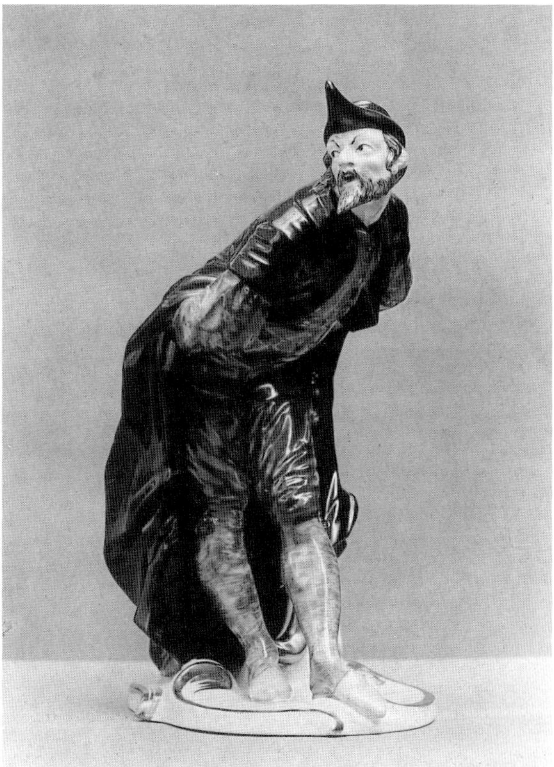

36. Franz Anton Bustelli, Pantalone, um 1760, Staatliche Porzellanmanufaktur Nymphenburg

sische Herrscher auf das Porzellan verfallen. Anfangs kam eher Hafnerware aus dem Brennofen, aber schließlich gelang es dem Oberbergdirektor und Obristenmünzmeister Sigismund Graf von Haimhausen, eines richtigen Arkanisten habhaft zu werden und die Manufaktur in Gang zu bringen.[14] Zum technischen Erfolg kam der künstlerische, als Franz Anton Bustelli gegen geringen Lohn 1754 als «Figurist und Modellmacher» eingestellt wurde. In der Commedia dell'arte mit ihrer Kombination aus fixierten Typen und improvisierten Szenen fand er ein kongeniales Thema (Abb. 36). Seine Figuren, so das Urteil Adolf Feulners, «sind die künstlerisch wertvollsten Leistungen auf dem Gebiete der Porzellanplastik überhaupt. Sie sind in ihrer Art etwas allgemein Gültiges, sie sind als vollkommenste Verkörperung des späten Rokoko Gegenstücke zu den Gemälden Watteaus. [...] Was Bustelli allen deutschen Bildhauern, auch Günther, voraus hat, das ist die weltmännische Gewandtheit, der Witz, die Eleganz, die geistreiche Überlegenheit, die die Schalen provinzieller Bodenständigkeit vollständig abgestreift hat. Die schillernde Beweglichkeit, die kapriziöse Feinheit, die zarte amouröse Pikanterie gewinnen in dem beweglichen Material mit der stilisierten bunten Bemalung, mit den blitzenden Lichtern auf den schmalen Felsengraten ihren vergeistigten Ausdruck. Die Figuren verkörpern ihre Zeit ebenso wie ein Mozartsches Menuett. Bustellis Werk steht an der Wende des Rokoko».[15]

Bedeutendstes Zeugnis dafür ist das Porträt des Grafen Sigismund von Haimhausen (Abb. 37), das wohl durch eine «nach dem Leben gemachte Porträtsfurm» vorbereitet wurde, die 1761 erwähnt wird. In Haimhausen porträtierte Bustelli einen der Protagonisten der Münchner Aufklärung. Er stand nicht nur der Porzellanmanufaktur vor, sondern war auch Gründungspräsident der Bayerischen Akademie der Wissenschaften. Sein Bildnis ist nach Aufgabe, Material und Auffassung eines der charakteristischsten Werke der Zeit. Das Material: kostbar, aber industriell hergestellt, zugleich im höchsten Maße formbar, empfindlich für den geringsten Fingerdruck des Figuristen. Die Gattung: ein höfisches Porträt mit Rocaillesockel, Wappen, Orden, Perücke, zugleich aber auch ein Brustbild in idealer Nacktheit und das Bildnis eines Mannes von condottierehafter Energie. Das Porträt eines Grafen des Ancien régime entstand, aber auch das eines frühkapitalistischen Unternehmers.

Neue, bürgerliche Züge machten sich sogar im Herrscherporträt bemerkbar. 1755 saß Max III. Joseph, zusammen mit seinem Minister, dem Grafen Seeau, dem Hofmaler Georges

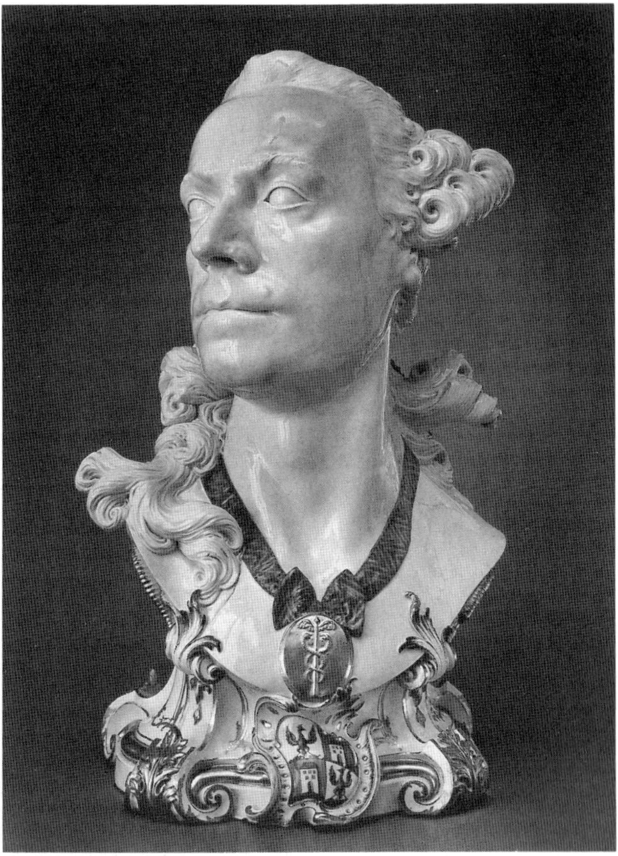

37. Franz Anton Bustelli, Sigismund Graf von Haimhausen, um 1761, Bayerisches Nationalmuseum

Desmarées Modell (Abb. 38). Der Künstler wollte oder durfte auf traditionelle Requisiten wie Vorhang und Kurhut nicht ganz verzichten, gerade diese Residuen aber schärfen den Blick dafür, daß der Fürst im Morgenmantel, seine Schokolade nehmend, in nonchalanter Zuwendung zum Betrachter gezeigt ist. Daß Graf Seeau trotz der vertraulich auf die Lehne des Fürstensitzes gestützten Rechte fast zum konventionellen Denkmal geriet, mag ein ungewollter Kommentar zu den realen Machtverhältnissen sein, beabsichtigt war wohl, durch den Kontrast die neuartige Haltung des Kurfürsten ins rechte Licht zu rücken.

Im Januar 1775 hatte in München Mozarts «Finta Giardiniera» Premiere, allerdings nicht im Hoftheater, sondern im Redoutenhaus an der Prannerstraße. Zwei Jahre später war der Komponist in München. Gönner führten ihn «in ein enges Zimmerl», das der Kurfürst passieren mußte, wenn er vor der Jagd noch die Messe hören wollte. Zuerst kam, freundlich grüßend, Graf Seeau vorbei, dann schließlich erschien der Kurfürst, der reagierte wie ein bürgerlicher Bürovorstand. Mozart: «‹Ich bin schon Dreymal in italien gewesen, habe 3 opern geschrieben, bin Mittglied der accademie in Bologna, habe müssen eine probe ausstehen, wo vielle maestri 4 bis 5 stund gearbeitet und geschwizet haben, ich habe es in einer stunde verfertiget: daß mag zur Zeugniss dienen, das ich im stande bin in einen jedem hofe zu dienen. Mein einziger wunsch ist aber Euer Churf: Durchl: zu dienen [...] Ich versichere Eur. Durchl: ich würde München gewis Ehre Machen.› Die Antwort: ‹ja das nuzt alles nicht. es ist keine vacatur da.›»[16] Mozarts Musik, der aufgeklärte Max III. Joseph und Cuvilliés' Theater, die nach heutigen Begriffen ‹eigentlich› zusammengehören, kamen in der Wirklichkeit nicht zusammen. «Idomeneo» wurde 1781 vor dem nur mit größtem Widerwillen aus Mannheim übersiedelten Kurfürsten Karl Theodor gegeben, dem die Architektur des Zuschauerraumes vermutlich eher zuwider war. Ein 1771 vom jüngeren Cuvilliés publizierter Längsschnitt betont die Nutzung: Das Parkett war frei, es gab zwar Stehplätze, aber wer dort Oper hörte, war gesellschaftlich ohne Bedeutung. Da eine Verdunkelung nicht stattfand, konnte die Hofgesellschaft während der Vor-

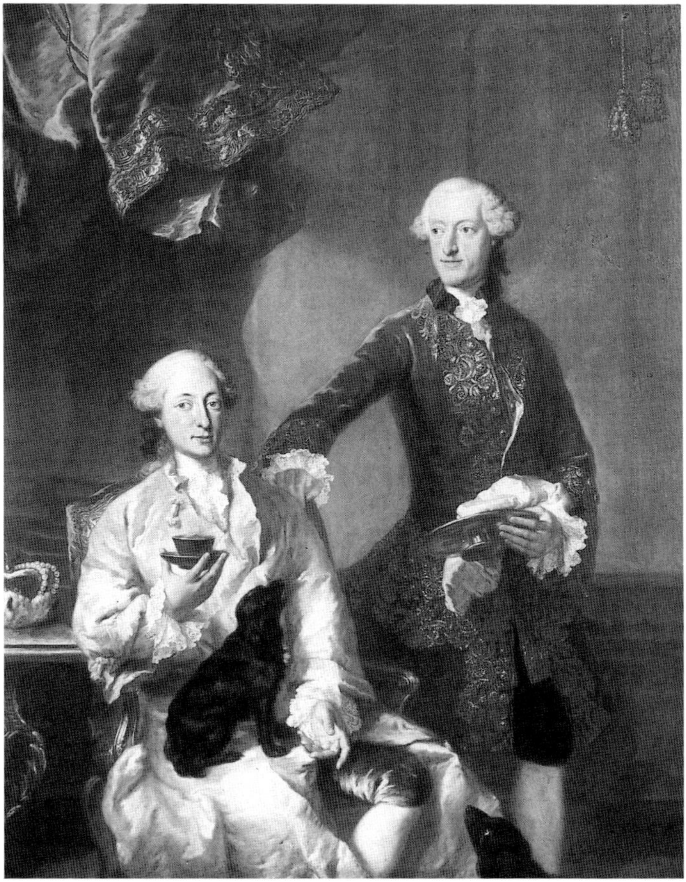

38. Georges Desmarées, Kurfürst Maximilian III. Joseph und Graf Seeau, 1755, Residenz

stellung nicht nur das Bühnengeschehen betrachten, sondern auch sich selbst. Zentrum des Theaters war die zwei Ränge übergreifende Loge des Kurfürsten. Auf gleicher Höhe mit ihm saß der hohe Adel, unter diesem jener der Stadt. Der zweite Rang gehörte dem niedrigen Adel, und unter der Decke richteten sich die Hofbeamten ein. Das Proszenium war der kurfürstlichen Familie vorbehalten.

Die Schmuckformen Cuvilliés', so die Ornamente, die er schnitzen ließ, und auch die halbwüchsigen Atlanten, die sich nicht ohne Selbstironie ihrer fiktiven Aufgabe unterziehen, gerieten bald in Verruf. Ein Stadtführer des beginnenden 19. Jahrhunderts «fühlt [...] sich [...] hier eingeengt und gepreßt durch das überladenste Schnörkelwesen alt französischer Baukunst und Dekoration. – Jedoch zeigt sich an diesem Theater» – so gibt er immerhin zu –, «wie wesentlich eine richtige Form des Saals für die Optik und Akustik ist. Denn man hört und sieht in diesem Theater vortrefflich, trotz der unseligen und an sich hindernden Überladung des Schnitz- und Schnörkelwerks: da man im Gegentheil von unseren neuen Theatern das Gegentheil sagen muß, weil sie nicht nach dem Schema des Hoftheaters gebaut sind.»[17]

Die Alternative präsentierte 1802 ein junger Mannheimer, Carl von Fischer, der in Wien Architektur studierte. Sein Theater (Abb. 39) sollte sich, als ein Denkmal der bayerischen Nation, nicht mehr in der Residenz verbergen, sondern als eigenständiger Bau mit angemessener Fassade an einem herausgehobenen Ort der Stadt zu stehen kommen.[18] Alle Ränge sind gleich, und es gab weder eine Proszeniums- noch gar eine Herrscherloge. Das Theater war nicht für eine Hofgesellschaft konzipiert, sondern für ein egalitär verstandenes bürgerliches Publikum, das sich, im Vorgriff auf erhoffte Entwicklungen in der Wirklichkeit, im Zuschauerraum als eine Gesellschaft von Gleichen präsentierte. Eine Inschrift nennt den Zweck der Institution wie des Bauwerks: «Tribunal artium mores perversos purgans et corrigens.» Minister Montgelas reagierte wohlwollend, und Fischer sandte 1804 einen revidierten Entwurf. Der König aber bestand auf dem Pariser Odéon als Vorbild. Der Bau, der 1811 bis 1818 schließlich entstand, war inschriftlich nicht mehr als Tribunal charakterisiert, sondern «Apollini et Musis» geweiht und hatte wieder eine Königsloge.

Das neue Theater war das sichtbarste Dokument einer längeren Entwicklung, in deren Verlauf sich immer mehr ehemals residenzinterne Institutionen verselbständigten und nach eigenem architektonischen Ausdruck verlangten. Dem Theater

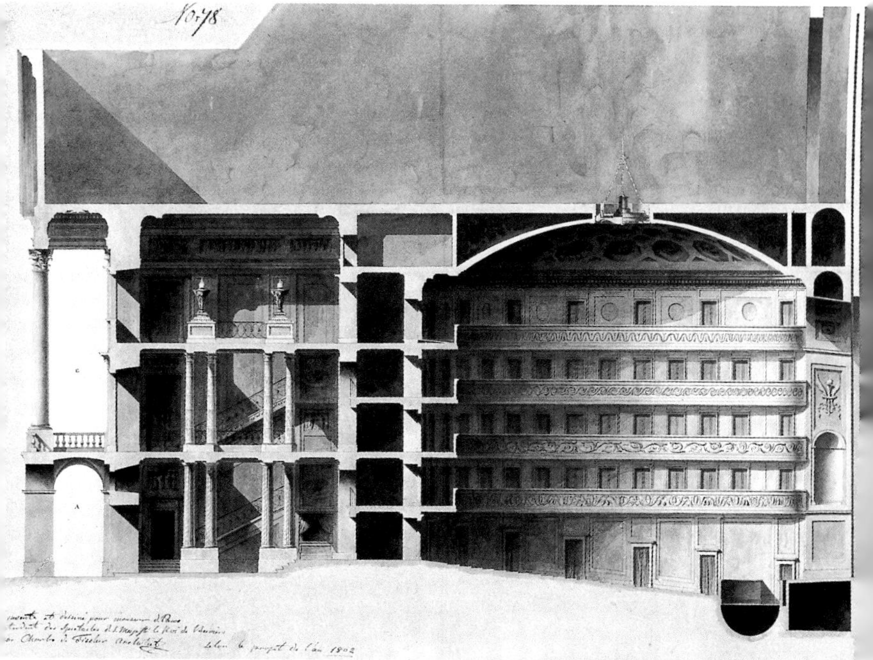

39. Carl von Fischer, Entwurf für das Münchner Residenztheater, 1802, Architekturmuseum der Technischen Universität

folgten die Kunstsammlungen, die Bibliothek und die Konzertsäle. Ein erster Schritt, in München geradezu das Signum der Regierungszeit Karl Theodors, war die Öffnung von Teilen der Residenz gewesen.[19] In den achtziger Jahren wurden die Kunstsammlungen sowie die Bibliothek zugänglich, 1795 das Hoftheater und spätestens 1790 sogar der Hofgarten, in dessen Arkaden die Bildergalerien einen Zwischenaufenthalt nahmen, bevor sie unter Ludwig I. in die Pinakotheken kamen. Karl Theodor hatte den Hofgarten, den bereits Max III. Joseph 1776 der Kosten wegen in einen Baumgarten mit 258 Kastanien und 636 Linden verwandelt hatte, dem Volke geöffnet. Eine Seidenmanufaktur sollte das wirtschaftliche Wohl fördern, die kurfürstliche Bildergalerie das künstlerische, in den Kasernen schließlich sollten die Rumfordschen

Militärreformen verwirklicht werden. Der Hofgarten stellte innerhalb einer unter polizeilicher Repression leidenden Stadt eine Insel symbolischer und temporärer Freiheit dar.[20] So war das Lüpfen des Hutes vor Höhergestellten dort ausdrücklich verboten. Der Hofgarten, meist bis Mitternacht geöffnet, war ein «Ort, welcher ehemals allein zum Vergnügen des Hofes gewidmet [...] ist schon durch die Wohlthat Max Josephs in einen öffentlichen Spatziergang verwandelt worden; alle Klassen von Menschen dürfen hereintreten und so ganz ungehindert freye Luft athmen. An heiteren Tagen versammelt sich hier die ganze schöne Münchnerwelt, ein unentgeltliches Schauspiel vieler menschlicher Scenen. Der Physiognomiker, der Maler, der Philosoph finden unter anderen hier Vieles zu bemerken, man kann sich griechisch-, altteutsch- und französische Bildungen und Anzüge wählen, auch so manche in Callots Geschmack. Nullen und Ziffern der Menschheit durchkreuzen sich, alle Stände fließen zusammen und vertragen sich so freundlich, als wenn sie schon über den Fluß der Vergeßenheit geschiffet in Elisäum wären.»[21]

Die Harmonisierung der gesellschaftlichen Konflikte war vor dem Hintergrund der revolutionären Entwicklungen in Paris auch ein Movens bei der Einrichtung des Englischen Gartens. Die Natur sollte dabei helfen. Der Zweck der «Volksgärten», so Ludwig von Sckell 1807 im Rückblick, bestehe darin, «daß sie den Menschen zur Bewegung, und Geschäfts-Erholung; zum Genuße der freien und gesunden Lebens Luft, und zum traulichen, und geselligen Umgang und Annäherung aller Stände dienen, die sich hier im Schoose der Natur erquicken, und in ihrem einfachen Genuße, manche andere minderwohlthätige-städtische-Ergötzlichkeiten entbehren lernen. / In solchen Gärten muß also auch für das Bedürfniß aller Stände und Alter gesorgt werden. Greise, Wiedergenesende, und die zarte Jugend fordern nahe, gemächliche, Gefahr freie, und mit vielen Ruhe Bänken versehene Wege, die auch gegen rauhe Winde geschützt, und fast mehr von der Sonne beleuchtet, als von Bäumen beschattet sind. / Mit der Kraftvollen wirkenden Menschen Klasse aber verhält es sich anderst: Diese bedarf Weege die mehrere Stunden weit, durch Wälder, Hainen, und Auen führen; die auch zum reiten, und fahren eingerichtet sind, den sie muß ihre Stärke üben; neue Körper und Geistes Vermögen durch Thätigkeit gewinnen und diese dem Staate lange erhalten.»[22] Die dafür geeignete Natur gab es 1789 in den kurfürstlichen Jagdgründen nördlich der Residenz noch gar nicht. Eine Inschrift auf der Rückseite des Denkmals für den Grafen Rumford, der den Englischen Garten ins Leben rief, erinnert daran: «Lustwandler steh! / Dank staerket den Genuss. / Ein schoepferischer Wink Carl Theodors. / Vom Menschenfreund Rumford / mit Geist, Gefühl und Lieb' gefasst, / hat diese ehemals oede Gegend / in das, was du nun um dich siehest, / verwandelt.»

Zum Kunstwerk wurde die Wohlfahrtseinrichtung aber erst durch die gärtnerische Kunst des Ludwig von Sckell. Münchens Grantler freilich wollten von der Neuerung nicht viel wissen. Als die ersten Stiche von den entstehenden Herrlichkeiten kündeten, bedurften sie der Verteidigung. «Ein Bürger» fühlte sich aufgerufen: «Bey dem Anschauen dieses sehr schönen Bildes fiel mir die von *vielen* meiner Mitbürger *so oft* geäußerte Frage: wozu denn der englische Garten nütze, schwer aufs Herz. Diese Frage, welche *so oft* und *fast allgemein* wiederholt wurde, hat meinen ehemaligen Stolz, ein Baier zu seyn, ungemein gedemüthiget; denn weder ein Athenienser noch ein Römer, weder ein Pariser noch ein Londoner, ja kein Bürger eines Staats, wo auf Geschmack und Bildung Ansprüche gemacht werden, würde sich jemals eine solche Frage haben in den Sinn kommen lassen.»[23]

Sckell hatte seine Vorstellungen 1807 in einem detaillierten Memorandum dargelegt.[24] Er polemisierte gegen die vielen exotischen Baulichkeiten, die sich, wie der Chinesische Turm, bereits in dem Park eingenistet hatten und plädierte für Konzentration auf einige wenige Themen. Die Wegführung in teils weiteren, teils engeren Schleifen sollte bewirken, daß «man die Stadt München im Vordergrund und den ehrwürdigen Wald Hirschanger im Hintergrund als malerische Bilder recht oft gesehen hätte». Die ersten Wege hatte Sckell schon früher festgelegt, und vielleicht hatte er sich schon damals des Stabes bedient, auf dessen Erfindung er später so stolz war (Abb. 40).[25] «Diesen Stab hält der Zeichner [. . .] mit der rechten Hand oben und mit der Linken gegen unten [...] und zwar so, daß die eiserne Spitze rückwärts gegen die Erde gekehrt ist. In dieser aufrechten Haltung, mit dem vorwärts [...] hingerichteten Blick folget er dann mit starken Schritten der schönen Wellen-Linie nach, die ihm seine geübte Einbildungskraft vorbildet, und gleichsam vor ihm herschweben läßt.» Der Zeichner «übersieht, während er zeichnet, die schon früher bestimmten fernern Puncte, die seine Linie

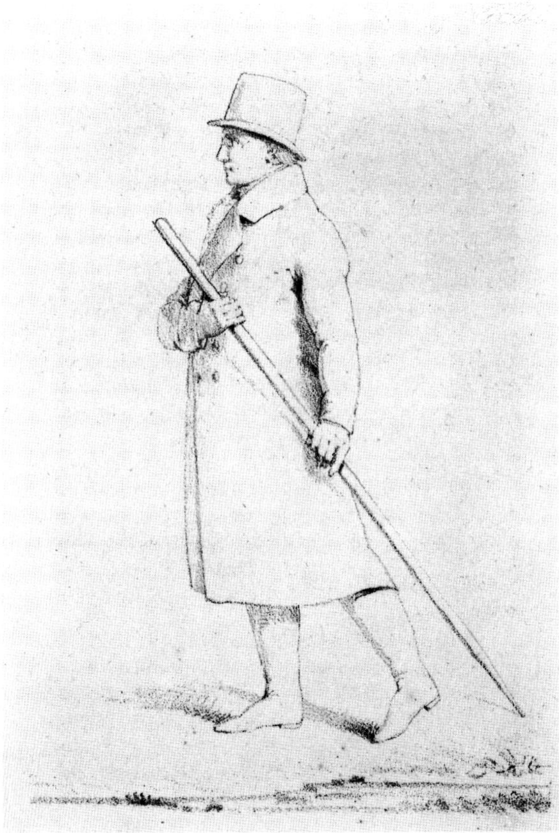

40. Landschaftsgärtner beim Zeichnen, aus: Ludwig von Sckell, ‹Beiträge zur Bildenden Gartenkunst›, 1819

berühren soll, und nähert sich diesen auf eine eben so angenehme als natürliche Weise. Er hat die ganze Gegend, die seine Garten-Anlage aufnehmen soll, und die Formen, die er bereits entworfen hat, und die mit den noch übrigen in Verbindung und Einklang treten sollen, beständig im Auge, und sein Gefühl für Schönheit und Wahrheit der Natur leiten seine Schritte [...].«[26]

In einem Memorandum von 1807 hatte Sckells Vision von der neuen Natur seines Gartens noch stark patriotische Züge: »Diese geschmückte Natur, diese üppige reichhaltige Gebüsche, können dann allmählig zum erhabenen Styl des Mayestätischen Parks übergehen: Es können sich dann Waldstücke, in großen Maßen hingeworfen, die ein heiliges Dunkel einschliesen, und gesönderte Gruppen von ehrwürdigen Bäumen zeigen / Freundliche Wiesen, die eilende Bäche durchströmen, können die Zwischen-Räume ausfüllen, und kräftige Wasserfälle die feierliche Stille unterbrechen / Heilige Haine wo die Phantasie die Bardensänger höret; wo sie Altäre der grauen Vorzeit im Geheimniß vollen Dunkel erblickt, und die hundertjährige Eiche sieht, die die Siegreichen Waffen Teutscher Helden trägt / Seen von sanften Ufern umschlungen, und von lieblichen Gesträuchen überhängt, die sich in die Fluthen tauchen, und ihr schönes Bild noch reiner wiedergeben: Freundliche Inseln die zum Besuch auf Kähnen einladen, und wo abgesöndert von der lärmenden Welt, die süße Einsamkeit wohnt, und die Natur, da wenig besucht, noch unverdorben, im schönen Gewande der erhaltenen Unschuld pranget! / Geöffnete Ansichten nach schönen Fernen die als ländliche Bilder hereintretten, und dem Claude und Poußin Gemälde liefern, können alle als wesentliche Scenen der Natur in diesen Gärten aufgenommen werden. Ihre Verzierungen sind Denkmäler, welche das einheimische Verdienst oder eine glückliche National Begebenheit Allegorisch darstellen, und diese gehören wenigstens unter die lehrreichsten und nützlichsten Verzierungen in Volksgärten, weil sie den National Ruhm verbreiten helfen, und das Gefühl für edle Thaten wecken / Auch Gebäude finden in solchen Gärten statt, wenn sie nicht kleinlich ausgeführt werden, und als Muster der höheren und reinern Baukunst erscheinen, allein auch diese wollen eher an würdige Regenten, an Verdienst volle Staatsmänner, an nützliche Vaterländische Handlungen, als an mythologische Dichtungen erinnern.»[27]

Sckells zweiter großer Münchner Park lag vor den Toren der damaligen Stadt (Abb. 41). Der patriotische Ferdinand von Kobell, damals noch in der aufgeklärten Pfalz, hatte schon 1786 proklamiert: «Wer wird nicht ein kleines Plätzchen mit etwelchen Bäumen in jedem Dorf von ganz Teutschland dem garstigen Versaillischen Bankert Nymphenburg vorziehen, nicht jedes kleine Bächlein denen ekelhaften kein Ende nehmenden Kanälen, und wenn man die Summen überdenkt, so dieses Zeug gekostet haben muß, so kann man nicht genug den Geschmack selliger Zeiten in Teutschland bedauern.»[28] Sckell reagierte wohl auf solche Kritik, als er 1800 in einem Gutachten vortrug, es sei an der Zeit, «die hiesige alte geometrische Gärten, und in der Unterhaltung so sehr kostspielige Gärten, die in Hinsicht ihrer Monotonen, wiedernatürlichen Formen und Anlagen, bei Menschen die richtig fühlen, nur wenig Gefallen erwecken, in natürliche Bilder umzuändern.» In einem Gutachten vom 7. Juli 1801 heißt es weiterhin: «Unter die eigentliche Lustgärten, welche allein dem Vergnügen gewidmet worden, auch dafür gelten können, daß sie ein Unterhaltskosten wert sind, rechne ich den Hof- und englischen Garten bei München – und jenen bey Nymphenburg; alle übrigen Gärten, als Fürstenried, Dachau, Schleißheim, Landshut, und so weiter sollten nur als Nutzgärten betrachtet, und wenn sie es noch nicht sind, nach und nach diesem Zwecke entsprechend eingerichtet werden.»[29] Der Nymphenburger Park ist gärtnerisch ein Meisterwerk. Gemessen an den Zielen des Volksparkes aber ist er auch ein Kompromiß, der zwar das Moderne integriert, die Struktur aber beläßt – eine gartenkünstlerische Metapher für die Verhältnisse, wie sie in München bis zur Jahrhundertwende tatsächlich bestanden haben.

1781 träumte der damals noch aufklärerisch gesinnte Lorenz von Westenrieder einen literarischen Traum, der ihn nach drei Jahrhunderten der Abwesenheit in seine Heimatstadt zurückkehren ließ: «Ich erkannte die Hauptstadt vermöge der zwei

Thürme, die sich in schweigender Majestät gegen die Wolken emporhoben, ein prächtiges Werk! Aber weiter war mir alles fremd und unkenntlich. Ich sah nichts mehr von den Wällen und Mauern, womit die Stadt ehemals umgeben war, sondern an deren Stelle standen rund um dieselbe niedliche Gebäude. [...] Wie beschreibe ich den Eindruck, welchen auf mich der erste Anblick der ungemein prächtigen Hauptstraßen machte? Hier waren nicht mehr jene engen, oft nicht ganz reinlichen Seitengäßchen, wo die Gewerbe aller Arten durcheinanderlagen. [...] Ich sah kein kleines eingädiges Häuschen neben einem großen Pallast stehen, und die unförmlichen Verstümmelungen und Unordnungen mancher Gebäude waren nicht mehr anzutreffen. Die Gassen führten überall durch geräumige, äußerst reinliche Plätze, und München war, was es längst hätte seyn können, eine der schönsten Städte, die Menschen bewohnen können.»[30]

Traummaterial war der Konflikt zwischen den Idealen der Zeit und den tatsächlichen Zuständen, die Reformen immer dringlicher machten. Treibende Kraft war wieder Rumford, und wie schon beim Englischen Garten war es auch bei der Stadtplanung Ludwig von Sckell, der die generellen Ziele zu ebenso kühnen wie durchdachten Projekten konkretisierte. In dem jungen Carl von Fischer bekam Sckell nach dem Rücktritt des alten Stadtbaumeisters Franz von Thurn einen kongenialen Architekten an die Seite, so daß sich unter dem Protektorat des Ministers Montgelas eine spätaufklärerische Planungsmentalität, für die Schönheit und Funktionalität einander bedingten, voll entfalten konnte.

Städtebauliche Voraussetzungen aller Planungen war die Schleifung der Bastionen, die 1791 mit der Anordnung Karl Theodors begann, das Neuhauser Tor mit seinen Bastionen niederzulegen.[31] Nach Abschluß der nötigen Maßnahmen, so Sckell 1810 in einem Memorandum, sollten dann an den «Hauptzugängen der Residenzstadt München [...] immer offene Ehrenpforten [errichtet werden, um] dadurch die Königliche Residenz mit mehr Anstand und Würde zu bezeichnen und zugleich auch Denkmäler der höheren Bau-Kunst zu errichten und den beßeren Geschmack zu verbreiten», vorausgesetzt allerdings, daß «die nötigeren und nützli-

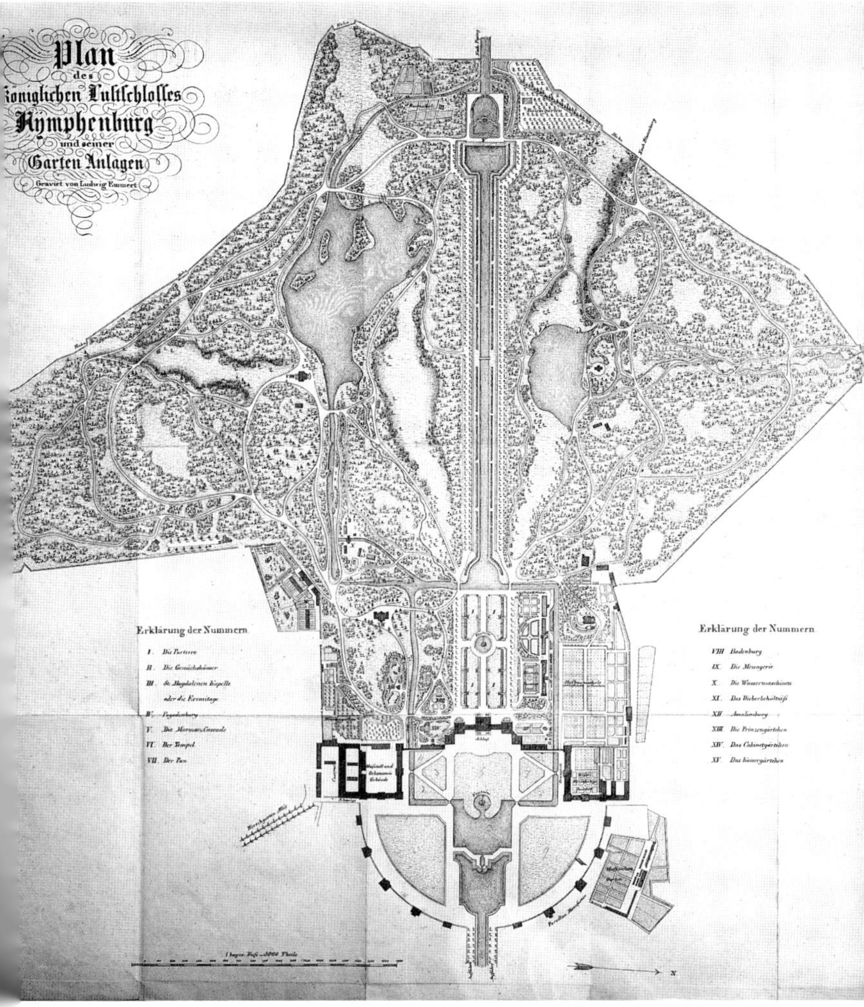

41. Der Nymphenburger Schloßpark nach der Überarbeitung durch Ludwig von Sckell, Stich von 1837

cheren Bauten diesen Monumenten der Pracht vorhergegangen sein» würden.[32]

Zum Nötigen und Nützlichen gehörten vor allem Krankenhäuser, wie das vor dem Sendlinger Tor, das Sckell in einem Projekt seit 1809 städtebaulich bearbeitete (Abb. 42). Ein Garten an der Rückseite, der auch einem Schloß gut angestanden hätte, zeigt die Rangerhöhung der Aufgabe: «Krankenhäuser werden gewöhnlich in einer anmuthigen und freyen Gegend errichtet, worin gesunde Luft wehet, und wo die wohlthätigen Sonnenstrahlen ungehindert jeden Kranken-Saal bescheinen, und erwärmen können. [...] Ähnliche Ansprüche machen die Gärten, die solche Gebäude umgeben. Keine traurige Bilder, die zum Tiefsinn einladen, keine finster überwölbten Alleen, in die die Sonne nie eindringt, und wo ein feichte Luft wohnet. Kein Gegenstand, der an den Tod oder an sonst einen Schmerz erinnert sind ihnen eigen. / Überhaupt sollte die Natur in diesem Garten, in ihrem schönsten Gewande erscheinen, und ihre leidende Bewohner, die ihren Genuß so lange entbehren mußten, nicht allein durch innere Reitze, sondern auch durch Ansichten in die angränzende Landschaft, angenehm überraschen. Ein solcher Garten müßte daher das Krankenhaus so nahe wie möglich, und wie hier der Plan zeiget fast ganz umgeben, und einschlüßen.»[33]

Auch der Anschluß des Hospitals an die Stadt wäre eines Schlosses würdig. Eine Allee verbindet mit einem von Baumreihen eingefaßten Halbrund vor dem Sendlinger Tor, das auf eine Ringstraße trifft, die dem Zug der alten Wälle folgen und an der Stadtseite von freistehenden Einzelhäusern gesäumt werden sollte. Deren Reihe wäre vor dem Halbrund unterbrochen worden und hätte diesem den Charakter eines Vorplatzes für das Krankenhaus gegeben.

Die umfänglichste und konsequenteste Stadterweiterung gab es aber nicht im Südwesten der alten Stadt, sondern im Nordwesten, im Anschluß an das residenznahe Kreuzviertel und längs des Königsweges nach Nymphenburg. Als 1807 mit der Planung der Maxvorstadt begonnen wurde, suchte man

42. Ludwig von Sckell, Entwurf für die Bebauung des Krankenhausareals vor dem Sendlinger Tor, 1812, Bayerisches Hauptstaatsarchiv

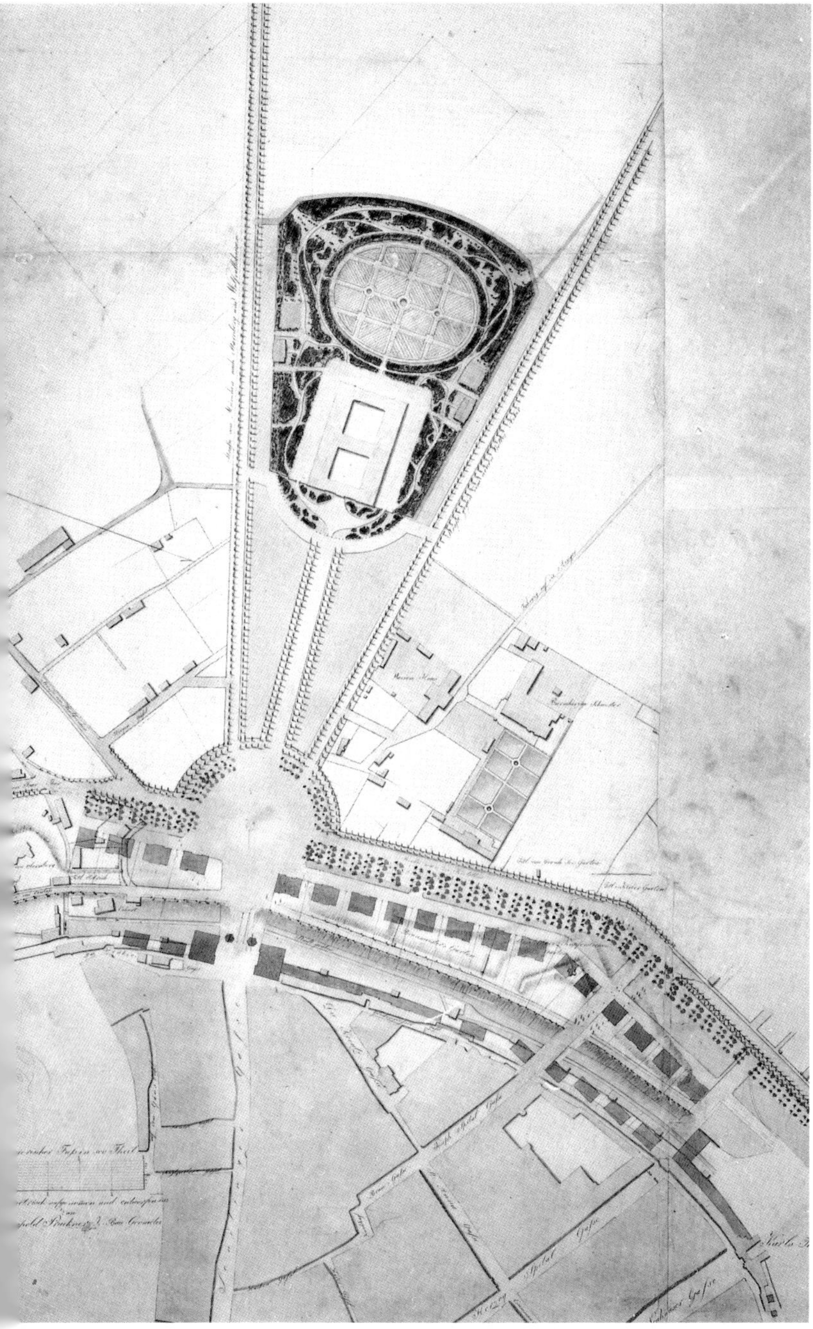

den Anschluß, aber auch eine Alternative zur Altstadt, die noch immer von jahrhundertealten Befestigungswerken umgeben war. Ideen versprach man sich von einem städtebaulichen Wettbewerb, der vielleicht der erste seiner Art in Deutschland gewesen ist.[34] Vierzehn Vorschläge für einen «Generalplan für die Stadterweiterung am Maxtor» wurden eingereicht, der bedeutendste von Ludwig von Sckell. Ihm kamen die Fähigkeiten und Erfahrungen des großen Gartenarchitekten zugute, unregelmäßiges Terrain mit großen Ordnungen zu verbinden, und anders als die Architekten hatte er auch Erfahrung mit dem Grün, das bei der vorgeschriebenen offenen Bauweise für Stadtplanung und Architektur nun zu einem wichtigen Thema wurde. Sckell wollte nördlich der Theatinerkirche und vor dem Hofgarten als würdigen Auftakt für den Fürstenweg nach Nymphenburg einen ersten Platz schaffen. Der definitive Plan der Generalkommission schloß sich an, übernahm aber auch Elemente der anderen Vorschläge, vor allem die eingefügten Plätze, aus denen schließlich die Folge Karolinen-, Königs- und Stiglmaierplatz entstand.

Der Karolinenplatz, heute nur noch in der Grundrißfigur einigermaßen erhalten, war in seiner ursprünglichen Erscheinung eines der Hauptwerke Carl von Fischers. Als der Freiherr von Asbeck 1809 mit dem Bau seiner Wohnhäuser beginnen wollte, kamen dem Innenministerium freilich Bedenken, daß «die Anlage, wie er sie vorhat, soviel ästhetischen Wert haben [mag], als immer sie wolle; es kommt hier vorzüglich auf ihr *Verhältnis zu den künftigen übrigen Gebäuden* des Platzes an. Dieser muß, vermöge seiner Form, nicht ein Aggregat verschiedenartiger und isolierter Teile, er muß ein Ganzes bilden; und nicht von dem parziellen Eindruck einzelner Gebäude, sondern von dem Totaleindrucke, der zu einem Rondell verbundenen Gebäude hängt die künftige Schönheit dieses letzteren ab. Daß die Häuser an diesem Platze nicht in einem verschiedenartigen Styl gebaut – daß sie nicht von ungleicher Höhe errichtet – daß sie nicht in ungleicher Entfernung von der Linie des Rondells angelegt werden; – alles dieß sind unerlässige Forderungen. Wenn ein einziges Individuum den Bau sämtlicher an jenen Platz treffender Häuser übernähme; oder wenn sich deßfalls eine Gesellschaft von

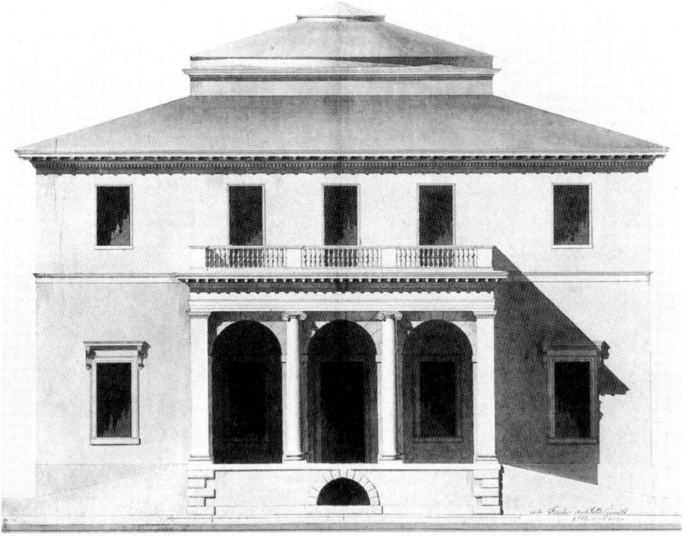

43. Carl von Fischer, Entwurf für das Palais Hompesch am Karolinenplatz, 1812, Architekturmuseum der Technischen Universität

mehreren Individuen vereinigte; so könnte ihrem eigenen Ermessen die Bauart, Höhe und Entfernung, wenn nur hierin eine Gleichförmigkeit beobachtet wird, überlassen werden. Außerdem ist es an der Regierung, an die Stelle der Privatwillkür bestimmte Regeln zu setzen.»[35]

Es gab auch Stimmen für eine geschlossene Bebauung, schließlich aber setzten sich Fischer und seine Bauherren mit ihren höchst modernen Vorstellungen durch. Einzelne, individuelle Häuser entstanden, in Gärten zurückgesetzt und durch das Grün verbunden, jedes anders in Größe und Form, alle aber der Haltung nach ähnlich. Sie standen für ein Leben vor der Altstadt, aber nicht auf dem Lande, und ein Miteinander von Individuen – und vertreten damit ein freilich aufs Wohnen reduziertes Gesellschaftskonzept, das seine engste Parallele (und seine Voraussetzungen?) in den allerdings ungleich weiter ausgreifenden Idealstadtkonzepten hat, die von Claude Nicolas Ledoux 1804 in Paris publiziert worden waren.

Fischer wollte eine Neudefinition städtischen Raumes, aber nicht dessen Auflösung. Deshalb warb er 1816 für eine temporäre Begrenzung der Ausweitung der Maxvorstadt bis sie «im Inneren durch Aufführung zahlreicher Gebäude den Charakter einer Stadt vollkommen angenommen hat, sich mehr und mehr mit ansehnlichen Gebäuden ganz füllet und sich die zwischen liegenden Gärten und Baumgruppen durch eine üppige Vegetation in schönen Massen gebildet haben».[36] Das Palais Hompesch (Abb. 43), das die Richtung wies, besaß außer dem Herrenhaus noch ein Gewächshaus, ein Gebäude für Diener und Wagen und ein Badehaus im hinteren Teil des Grundstücks. Fischer war kein Dogmatiker, sondern bot eine Vielfalt von Lösungen höchst unterschiedlichen Anspruchs, um auf dem freien Markt, der sich damals im Münchner Bauwesen zu etablieren begann, Kundschaft zu werben. Ob die erhaltenen Zeichnungen auch die Ausführungspläne sind, bedarf noch der Klärung. Die Architektur der Zeichnungen ist eindrucksvoll: klare Kuben von glattem Zuschnitt, reduzierte Würdeformen; eine Baukunst, die auf Volumen setzte – und dazu auf eine Architektur des Lichtes und der Schatten (Boullée), deren Wirkungen sich jedoch in der Münchner Wirklichkeit wahrscheinlich nur sehr schwer hätten realisieren lassen.

«Ludwig Augustus»

Zum Jahresende 1801 legte die Akademie der Künste ihrem Kurfürsten einen Bericht über den bayerischen Kunstunterricht zu Füßen: «Nichts kann die Kultur einer Nation geschwinder und sichtbarer darstellen, als ihre öffentlichen Gebäude, Denkmäler und Kunstwerke aller Art.» Überall würden die Künste deshalb staatlich gefördert, «wegen ihrer eigenen Vortrefflichkeit und ästhetischen Kraft, aber auch aus ökonomischen Gründen, hätten sie doch einen «gewaltigen Einfluß»[1] auf Handwerk und Gewerbe, da sie «alle Kunstindustrie, die sich über einen großen Teil der bürgerlichen Gesellschaft erstreckt, leiten, die Glieder derselben unterrichten und durch derselben Fleiß und Geschicklichkeit große Summen, die sonst ins Ausland fließen würden, im Inland zurückhalten». Sieben Jahre später wurde deshalb der Akademie, als einer «Zentral-Anstalt» des Königreiches nicht nur die «Erhaltung und Fortpflanzung der Künste» zur Aufgabe gestellt, sondern auch die Sorge dafür, «den Künsten ein öffentliches Daseyn, eine Beziehung auf die Nation und den Staat selbst zu geben, wodurch sie fähig werden, ihrerseits vorteilhaft auf das Ganze zurückzuwirken, den Sinn für Schönheit und den Geschmack an edleren Formen allgemein zu verbreiten».[2]

Die Erfüllung solcher Forderungen brachte erst die Regierungszeit Ludwigs I. Für ihn war Kunst auch ein Politikum, sah er doch in ihr ein Feld, in dem Bayern die Großmachtstellung erringen konnte, die dem Mittelstaat sonst versagt bleiben mußte. Sichtbarstes und heute meist allein wahrgenommenes Zeugnis von Ludwigs Kunstpolitik ist die Architektur, sofern sie städtebaulich wirksam wurde. Mit Recht aber wurde 1869, unmittelbar nach seinem Tode, in einem Buch über ‹Ludwig Augustus, Koenig von Bayern und das Zeitalter der Wiedergeburt der Künste› hervorgehoben: «Die königlichen Bauwerke des neuen Münchens waren mehr oder weniger Gehäuse für Skulptur und Malereien, und die Architektur sollte hauptsächlich anderen Künsten Wand, Schirm und Dach gewähren. Während Berlin zur Kaserne, Frankfurt zum Comptoir, Leipzig zur Schule sich entwickelte, nahm München den Charakter eines Museums an.»[3]

In zwei Bereichen war Ludwigs Politik besonders erfolgreich: bei den Glasbildern und bei der Erzgießerei.[4] Mit der Glasmalerei wurde eine der charakteristischsten Kunstübungen des Mittelalters zu neuem Leben erweckt und zugleich der bayerischen Kunstindustrie neue Märkte erschlossen. Die erste große Serie von Glasfenstern fand in dem durchgreifend restaurierten Dom von Regensburg Platz. Ein Hauptwerk, heute zerstört, wurden dann die Glasbilder der neuen Mariahilfkirche in der Au, denen zuliebe Ludwig die Zahl der Chorfenster von fünf auf sieben erhöhen ließ. In den fünfziger Jahren des 19. Jahrhunderts gelangten Münchner Glasfenster nach St. Petersburg und Glasgow, nach London und in den Vatikan, aber auch nach Edinburgh, Buffalo und New York.

Noch größeren Ruhm genoß die Münchner Erzgießerei. Johann Baptist Stiglmaier und Ferdinand von Miller waren die Protagonisten. Ludwig Schwanthalers «Bavaria», die größte Bronzefigur seit der Antike, hatte die Welt auf ihre Leistungsfähigkeit aufmerksam gemacht. Ganz offen wollte sich Ludwig hier mit den Herrschern des Altertums messen. Als Miller an den technischen Problemen des «Bavaria»-Gusses verzweifelte – «ein Werk in solchen Dimensionen geht über den Mann, seine Menschenkraft wenigstens reiche nicht mehr hin!» –, nahm der König seinen Gießer beiseite: «Denken Sie an den Koloß von Rhodos, dann an Lysippus, welchem Alexander der Große zum Siegesdenkmal am Granikus fünfundzwanzig Reiterbilder nebst neun kolossalen Statuen auf einmal zu machen übertrug! Das waren ja auch nur schwache Menschen, wie Sie.»[5] Die Bilanz 1869: «Von den beiden hochberühmten Meistern im Erzgusse, Stiglmayr und Miller, gingen bis heute in alle Welt 151 Kolossalstatuen, sechs Reiterstandbilder, acht Erzthore, vier Brunnen, [...] dazu 96 Büsten, 15 gewöhnliche Statuen und 400 bis 500 kleinere Figuren, Tafelaufsätze oder Reliefs. Aufträge aus Italien, Oestreich, Ungarn, Böhmen, Rußland, Finnland, Schweden,

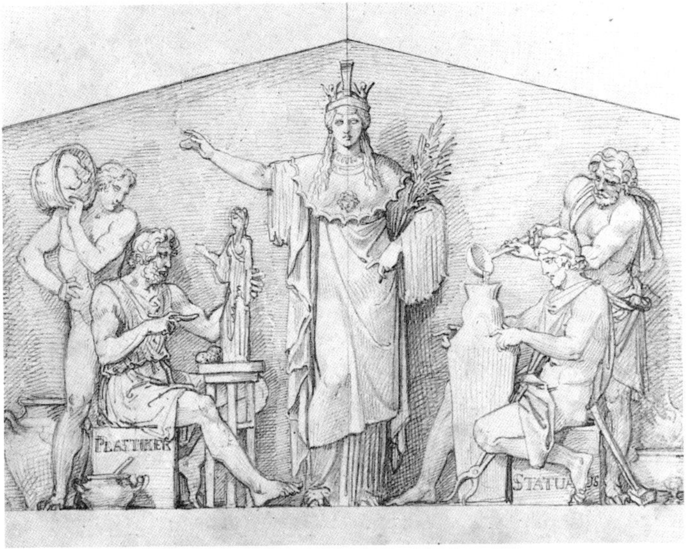

44. Martin von Wagner, Entwurf für den Giebel der Glyptothek, 1818, Martin von Wagner Museum der Universität Würzburg, Ausschnitt

Norwegen und England, aus Nord- und Südamerika, ja bis von Australien beschäftigten die Anstalt seit 15 Jahren ununterbrochen.»[6]

In München selbst wurden vor allem Werke aus Stein gebraucht. Allein an den drei Bauten Ludwigs um den Königsplatz verlangten vier Giebel nach vielfigurigem Schmuck, hinzu kamen Reliefs und an der Glyptothek nicht weniger als 18 überlebensgroße Statuen, die berühmte Bildhauer aus Vergangenheit und Gegenwart darstellen sollten. Da es für derartige Bauten keine Präzedenzfälle gab, mußten die Themen für den Schmuck erst gefunden werden. Wegen des Giebels der Glyptothek (Abb. 44) beriet Klenze sich sogar mit Friedrich von Schelling, schließlich brachte ihn aber eine Abbildung in der italienischen Winckelmann-Ausgabe auf die rettende Idee: «Nämlich Minerva Erganea lehrt die verschiedenen Zweige der Bildhauerkunst ..., Athena steht im Mittel, ihr zur Rechten arbeitet der Töpfer eine griechische Vase (die Töpferei war

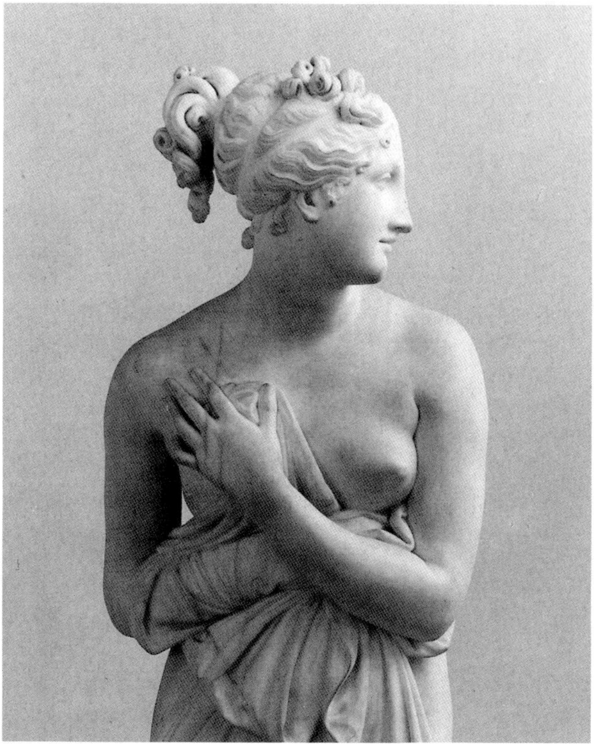

45. Antonio Canova, Venus Italica, 1804ff., Residenz

bei den Griechen ein wahrer Zweig der Kunst und wohl überhaupt ihr Anfang) der architektonische Bildhauer ein Kapitäl und der Plastiker eine Figur in Ton; links ist der Marmorarbeiter Sculptor, der Erzgießer Statuarius und endlich der Zusammensetzer aus verschiedenen Erzen und Stoffen der Thoreuth. Die beiden Ecken füllen zwei Flußgötter der Isar und wahrscheinlich die Donau, vollkommen im antiken Sinne ist dieser Gegenstand, vollkommen passend für den Raum und in reiner deutlicher Beziehung auf die Bestimmung des Gebäudes.»[7] Einen zeichnerischen Entwurf lieferte Johann Martin von Wagner, für die plastische Ausführung wählte der Kronprinz den jungen Nepomuk Haller aus Tirol, der durch seine Modelle für einige der Nischenfiguren positiv aufgefallen war. Auf der Gegenseite des Platzes, im Giebel des Kunstausstellungsgebäudes, regiert Bavaria, begleitet vom Historienmaler, dem Genre- und dem Vasenmaler zur Rechten, sowie dem Bildhauer, dem Erzgießer und dem Münzgraveur zur Linken. Die beiden Giebel der Propyläen haben noch Ehrgeizigeres im Programm: der zur Stadt gewendete Ostgiebel zeigt Ludwigs Sohn Otto, der 1830 König der Griechen geworden war. Seine Begleitung besteht aus dem «Christentum», der «Poesie», der «Geschichtsschreibung» und «Wissenschaft». Hinzu kommen die Allegorien von Krieg, Schiffahrt und Schiffsbaukunst, Landbau und Architektur. Entwurf und Ausführung lagen bei Ludwig Michael Schwanthaler.

In der Bildhauerei waren Ludwig die glänzenden internationalen Erfolge der Erzgießer versagt. Dabei war es eine Statue, Antonio Canovas «Hebe» gewesen, die 1804 bei der ersten Italienreise den Kronprinzen so anrührte, daß er zum leidenschaftlichen Kunstliebhaber wurde (Abb. 45). Auch Canova scheint von dem Jüngling beeindruckt worden zu sein, denn die «Venus Italica», die dieser bei ihm 1805 bestellt hatte, kam trotz der Überlastung des damals gesuchtesten aller Künstler schon 1811 in München an. Bei der Bestellung mögen sich künstlerische und politische Affekte gemischt haben, denn Canovas «Venus» war als Ersatz für die Mediceische gedacht, die Napoleon aus Florenz entführt hatte. Das zweite Exemplar ging deswegen 1812 nach Florenz. Die Münchner Figur hat trotz ihrer exzeptionellen Qualität bis heute nur wenig Aufmerksamkeit gefunden.[8] Auch Ludwig hat sich bald mehr an den zweiten Großen der zeitgenössischen Bildhauerei gehalten, an Bertel Thorvaldsen, den er vergeblich von Rom nach München zu ziehen versuchte. Die beiden Münchner Werke Thorvaldsens, das Grabmal für Eugène Beauharnais in der Michaelskirche und das von akademischer Blässe nicht ganz freie Reiterstandbild Maximilians I. auf dem Wittelsbacher Platz, haben jedoch keine große Wirkung getan. Auch Thorvaldsens Einfluß als Lehrer war gering, weil Ludwig Schwanthaler, «ein vorzüglich Hoffnung gebender, der Bildhauerkunst beflissener Münchener», zwar zweimal nach Rom geschickt wurde, um im Bannkreis Thorvaldsens «antike Ruhe zu erwerben und fleißige Ausarbeitung seiner Werke», aber schon beim ersten Aufenthalt «durch Unmut über das ewige Wiederkäuen der Antike an allem irre» wurde.[9]

Nachdem Thorvaldsen sich verweigerte, hätte Ludwig I. gern den angesehensten der deutschen Bildhauer in seine Residenz geholt. Christian Daniel Rauch aber lehnte ab. Seine Begründung formuliert er in einem Privatbrief an seinen Schüler Heinrich Rietschel: «Das dämonische unheimliche Kunsttreiben des Königs hat mich nie mit wahrer Freude erfüllt, weil das Triebwerk dazu unlauter ist; diese tropische Pflanze auf nördlichem Boden ist durch zu künstliche Mittel herausgesproßt, als daß ihre Lebensdauer in voller Frische lang sein könnte. Wer seit 9 Jahren 56 Klöster erbauen ließ (in unserer Zeit), wer so vieles tut, was der König getan, und wem der milde Geist, der in der Kunst weht, so ganz fehlt, zu dem kann man sich des Schlimmsten versehen.»[10]

Ludwig hatte Rauch mit dem bedeutendsten Auftrag umworben, den er zu vergeben hatte: dem Denkmal seines Vaters vor dem Nationaltheater (Abb. 46).[11] Der Magistrat der Stadt hatte das Denkmal 1820, am zweiten Jahrestag der Verfassung, gestiftet, die künstlerische Verwirklichung aber zog schnell der Kronprinz an sich. Klenze hatte einen Vorentwurf geliefert, den Rauch zum Ausgangspunkt seiner Darstellung nahm. Das Herrschaftssymbol des Thronens wurde dabei zu einem Sitzen, wie es auch einem bürgerlichen Hausvater anstünde, wären da nicht der hohe Sockel und das Szepter. Selbst die Geste der herrscherlichen Allocutio wirkt von den meisten Seiten eher als freundlicher Gruß denn als die Haltung eines Königs, der Gehorsam heischt. Auch die Reliefs, die Max Josephs Herrschertum spezifizieren, betonen die aufgeklärten Züge seiner Regierung. Die Unabhängigkeit der Justiz zu schützen, die Hand über Religion, Wissenschaft und Künste zu halten oder den Ackerbau zu fördern – das alles hätte auch einem bürgerlichen Staatsoberhaupt zur Ehre gereicht.

Die Skulptur ist im frühen und mittleren 19. Jahrhundert nirgends die Gattung der radikalen Umbrüche gewesen. Zu sehr war sie an große Aufträge, an meist öffentliche Orte und damit auch an Themen gebunden, die vielfach eine lange

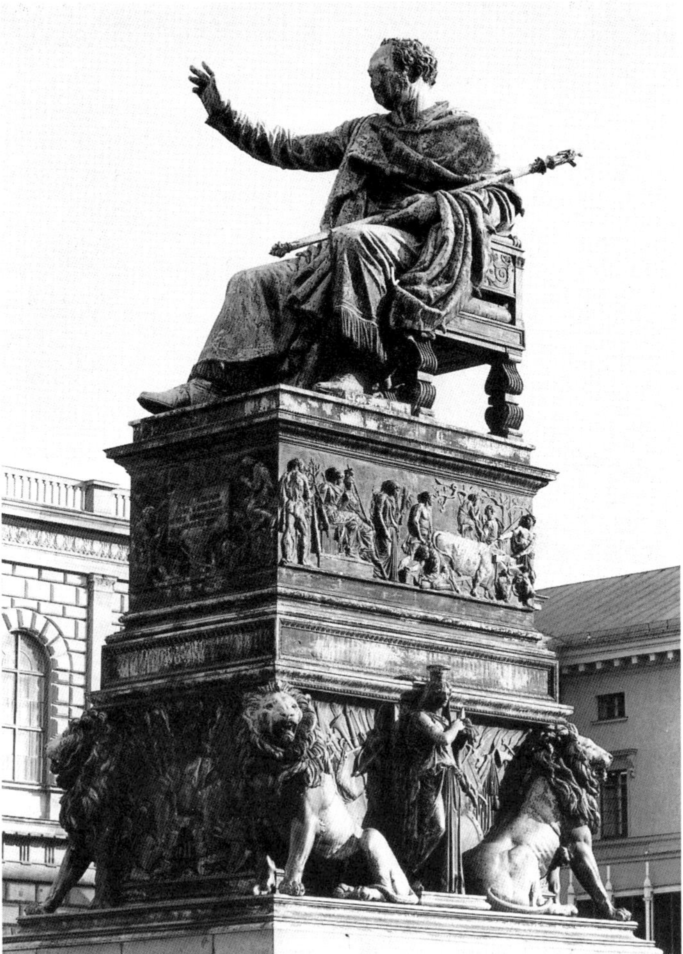

46. Christian Daniel Rauch, Denkmal König Max I. Joseph, 1826 ff.

Geschichte hatten. Der Wegfall kirchlicher Aufträge schränkte die Spielräume ein, und Innovationszwänge, wie die neuen Bauaufgaben sie in die Architektur trugen, hat es in der Skulptur nur in begrenztem Umfang gegeben. Ein Maler konnte notfalls dem Fresko und der ganzen Historienmalerei abschwören und in den Ausstellungen mit Landschaften sein Glück beim Publikum suchen. Aber ein Bildhauer? Ludwig Schwanthaler ist in München das herausragende Beispiel. Zwei oder drei Generationen später hätte er es mit seinem Erfindungsreichtum, seiner literarischen Bildung und seiner Konzilianz gegenüber den Wünschen der Auftraggeber aller Wahrscheinlichkeit nach zu einem sehr erfolgreichen Meister der kleinen Form gebracht. Zu seiner Lebenszeit aber, 1802 bis 1848, mußte er sich mit Themen und Aufgaben arrangieren, die seinem Talent nicht immer entgegenkamen. Ein als Bauherr unersättlicher Auftraggeber überzog ihn mit zahllosen und in der Regel auch noch höchst umfangreichen Bestellungen, was Schwanthalers Wirkungskreis immer mehr auf den Hof beschränkte. Zumindest dreimal ist Schwanthaler aus dieser Beengung ausgebrochen. Als die Statuenfolge der Wittelsbacher Ahnen im neuen Thronsaal der ludovizianischen Residenz großen Beifall fand, wollte er seine Leistung auch in der Öffentlichkeit zeigen. Er bot an, die originalgroßen Modelle zu bronzieren und der Stadt München zu schenken, die sie im Saal des Alten Rathauses aufstellte. Die Kleinmodelle für die im Krieg zerstörten Malerstatuen auf der Attika der Alten Pinakothek ließ er bei Stiglmaier in Erz gießen und feuervergoldet auf den Markt bringen.[12] 1843 schließlich betrieb er mit Nachdruck einen Anbau seines Ateliers, der Museum werden sollte. «Ich bemerke», so trug er der Bauverwaltung vor, «daß ich dieses Atelier nicht als ein Arbeits Lokale benützen werde, sondern nur aus dem Grunde herzustellen genöthigt bin, um die für die K. Bauten gefertigten Statuen und Modelle für künftige Zeiten aufstellen zu können. Ich habe S^e^ Majestät den König bereits hievon in Kenntniß gesetzt, und Allerhöchstderselbe haben nicht nur das Allergnädigste Wohlgefallen hierüber zu äußern, sondern auch die Modelle schon abzutreten Allerhuldvollst geruht.»[13]

Eine der bedeutendsten, vielleicht sogar die charakteristischste Leistung der ludovizianischen Kunst sind die großen Innendekorationen gewesen. Von den Sakralräumen gibt Friedrich von Gärtners Ludwigskirche (Abb. 47) noch eine Vorstellung, bei den Profanbauten müssen heute die zum großen Teil rekonstruierten Räume des Königsbaus der Residenz der Vorstellung aufhelfen, bei deren Wiederherstellung im Detail allerdings oft nur höchst unzureichende Quellen zur Verfügung standen.[14]

Auch für Ludwig I. waren Bau und Ausstattung der großen Trakte im Süden und Norden der Residenz ein ehrgeiziges Unterfangen. Schon bei der Vorplanung hatte der König künftigen Schmuck im Auge. Wie Jahrhunderte hindurch, hatte sich nicht mehr die Dekoration nach der Architektur zu richten, sondern umgekehrt. Zum Beispiel mußte die ursprünglich vorgesehene Dimensionierung geändert werden. Hoch und breit müssen die Räume werden, so die Anweisung des Königs, «sie großartig al fresco historische Gegenstände zu bemalen».[15] Die ursprünglich avisierte Raumgröße sei »schön für französische, nicht aber (und gar die Höhe nicht) für Gemächer altialienischer Art, wie diese vordem in dem bewußten zu bauenden Residenztheil doch werden sollen». Schon die ersten Ideenskizzen Ludwigs enthalten Eintragungen wie «Prunkgemächer al fresco bemahlt mit Marmor Fußböden, porphyrne Tische [. . .]» (Abb. 48).

Ludwig baute als König, aber das Publikum, vor dem er bestehen wollte, war nicht mehr das der anderen Höfe, sondern das der bürgerlichen Kunstkritik und der durch sie vertretenen Öffentlichkeit: «Durch die huldreiche Anordnung Sr. Majestät des Königs ist es dem Publikum (wenigstens unter gewissen, leicht zu erfüllenden Bedingungen) gestattet, den neuen Königsbau in München zu besuchen.» Eintrittskarten gab es unentgeltlich im Gebäude selbst oder im Hause Klenzes. 1834 erschien Ernst Försters ‹Leitfaden zur Betrachtung der Wand- und Deckenbilder des neuen Königsbaues in München›: «Da das Publikum, dem ich das Buch in die Hand gebe, vom sach- und sprachhaltigen Philologen bis zu Leuten reicht, die ihren Namen – in Ermangelung besserer Hülfsmittel – mit einem Kreuz schreiben, so mußte ich, um für den in der Mitte befindlichen, größeren Theil weder zu lang, noch zu kurz zu sein, mich an diesen halten und eine Bildung und Kenntniß voraussetzen, mit Hülfe deren man etwa weiß, daß Aphrodite die allbekannte Venus & Goehte ein neuer deutscher, vor wenig Jahren erst verstorbener Dichter, Sophokles

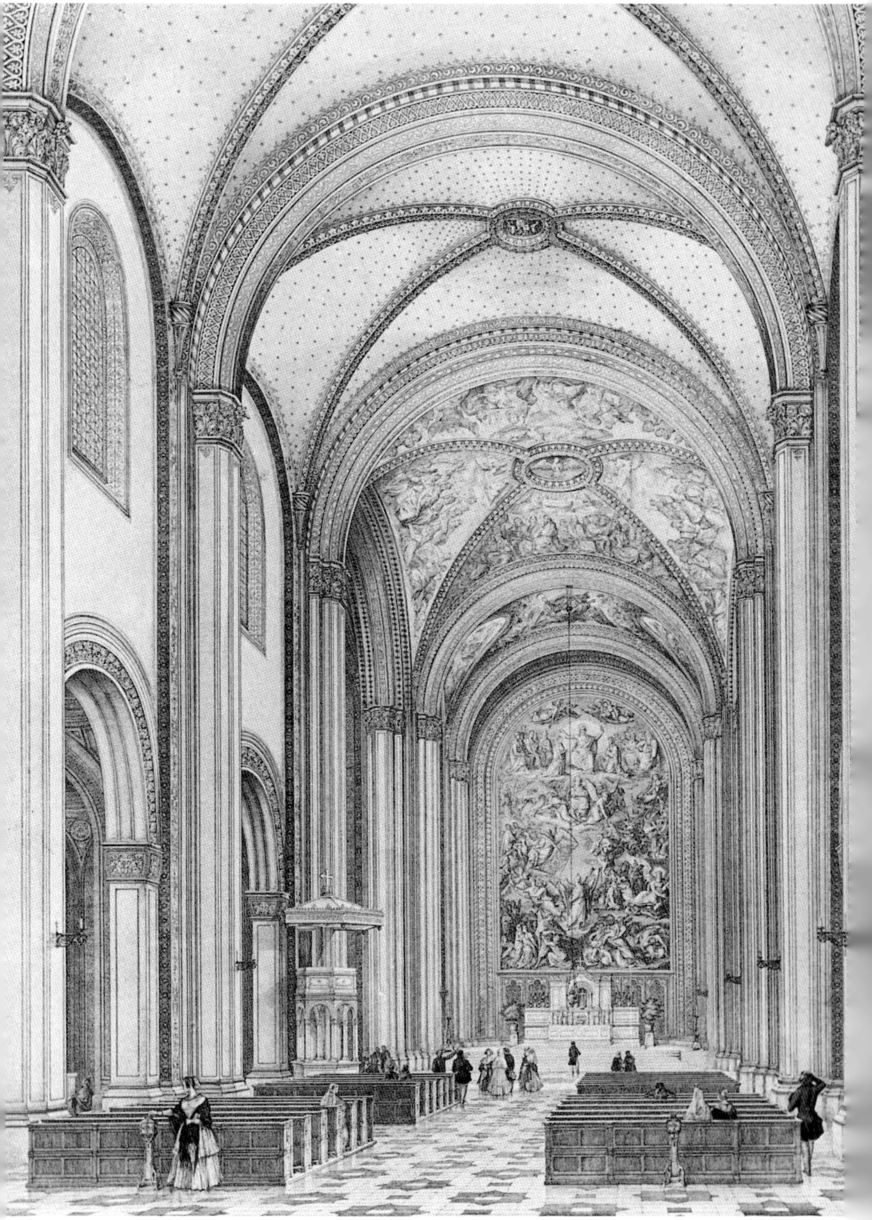

dagegen ein alter, griechischer, längst begrabener ist, an die man aber nicht die Anforderung stellen kann, zu wissen, daß Gaia die Erde sei und daß Wolfram von Eschenbach zu Anfang des dreizehnten Jahrhunderts gelebt habe [...].»[16] Wohl der begrenzten Aufnahmefähigkeit des bürgerlichen Publikums wegen achtete Ludwig bei den Entwürfen so hartnäckig auf leichter Verständlichkeit, daß Schnorr von Carolsfeld bei Klenze Klage führte, «der König wolle ihn bei der Composition in so enge Grenzen schließen, daß alles, was die Sage und Poesie den Gegenständen hinzugefügt hätte, um sie für die plastische Kunst brauchbar zu machen, hinweggerissen würde und ihm nichts übrig bliebe zu malen als *Zeitungsartikel des Mittelalters*».[17]

Die Ausmalung nahm Jahrzehnte in Anspruch, manches hat erst Ludwig II. aus Pietät vollenden lassen. Daß das Unternehmen damals eigentlich schon obsolet geworden war, hat bereits Schnorr erkannt: «Wer weiß, ob über kurz oder lang das ganze Werk vernichtet wird um die Räume zu anderen Zwecken zu verwenden. [...] König Ludwig wollte Großes schaffen, aber besaß eben so wenig die Ausrüstung, die zu solchen Unternehmungen gehört, wie viele seiner erwählten Künstler die Vorbildung. Die Hast des Königs gestattete dann nicht, daß die jungen Künstler sich entfalteten, wie der gute Wille, mit dem sie gesegnet waren, es zugelassen hatte, daß sie auf die Ausführung so kolossaler Werke sich einließen.»[18]

Dabei hatte alles so hoffnungsvoll begonnen. Längst schon, so trug Klenze 1829 seinem König brieflich vor, «hatte ich die Idee, in der Dekoration des Königsbaues eine allgemeine und durchgeführte Beziehung auf den Dichter König, welcher diese Räume bewohnen soll, zu legen und sie so aus der niederen Region willkührlicher Modesachen in die Sphäre der harmonischen Kunstwerke zu ziehen. [...] Daß keines der Zimmer ohne irgend etwas der höheren Kunst, sei es Plastik oder Malerei, bleiben und sein könne, ist wohl an und für sich unleugbar. [...] Daraus entsprang in mir der Gedanke, der ganzen Zimmerreihe des ersten Stocks, auf verschiedene Art

47. Innenraum der Ludwigskirche mit den Fresken von Peter Cornelius, zeitgenössischer Stich

rücksichtlich der Technik ausgeführt, jedoch stets im Arabeskenstyle, eine Dekoration zu geben, welche an den Hauptdichtern Griechenlands und Teutschlands sich festhält, indem jedes Zimmer in seinen wirklich *artistischen* Darstellungen Scenen aus den Gedichten dieser großen Geister enthält.»[19]

Auch Peter Cornelius, in den Augen vieler Zeitgenossen ein zweiter Michelangelo, sollte mitarbeiten. Er gedachte, in zwei Sälen Gedichte von Goethe und von Schiller zu malen und «in diesem Werke den antiken Charakter der Arabesken mit dem in den Gedichten herrschenden modernen Geiste vereinigen [...] zu können».[20] Cornelius selbst ist dann in der Residenz doch nicht tätig geworden, wohl aber malten die von ihm geförderten Freunde und Schüler. Sie sahen sich einer schon im Quantitativen einschüchternd großen Aufgabe gegenüber. König wie Königin brauchten ganze Raumfluchten mit Schlaf-, Wohn-, Schreib-, Empfangs- und Festräumen, in denen von den Fußböden bis zur Decke kein Stück undekoriert blieb. Hinzu kamen Sonderaufgaben wie das Kabinett der vom Hofmaler Joseph Stieler porträtierten bayerischen Schönheiten und der große Thronsaal. Außerdem sollte es zwei Kaisersäle und fünf Nibelungensäle geben. Der Odyssee waren sogar sechs Räume zugedacht, deren 24 Wände je einen der 24 Gesänge des Epos aufnehmen sollten. Die Notwendigkeiten der Programme stießen allerdings nicht immer auf angemessene bauliche Gegebenheiten, denn die Räume waren, je nach Funktion, sehr unterschiedlich groß, so daß keineswegs überall – die in den Dichtungen gegebenen Abfolgen mußten eingehalten werden –, die wichtigsten Szenen auch auf die größten und wichtigsten Wände kamen.

Peter Cornelius hatte schon 1814 seiner Überzeugung Ausdruck gegeben, das unfehlbare Mittel, «der deutschen Kunst ein Fundament zu einer neuen, dem großen Zeitalter und dem Geist der Nation angemessenen Richtung zu geben», sei die «Wiedereinführung der Fresko-Malerei, so wie sie zu Zeiten des großen Giotto bis auf den göttlichen Raffael in Italien war.»[21] Heute ist Cornelius nur Fachleuten ein Begriff,[22] zu seiner Zeit aber war er hochberühmt. Heinrich Heine verglich ihn sogar mit Rubens. In seiner ‹Reise von München nach Genua› fiel ihm 1830 angesichts der «kolossalen Heiterkeit»

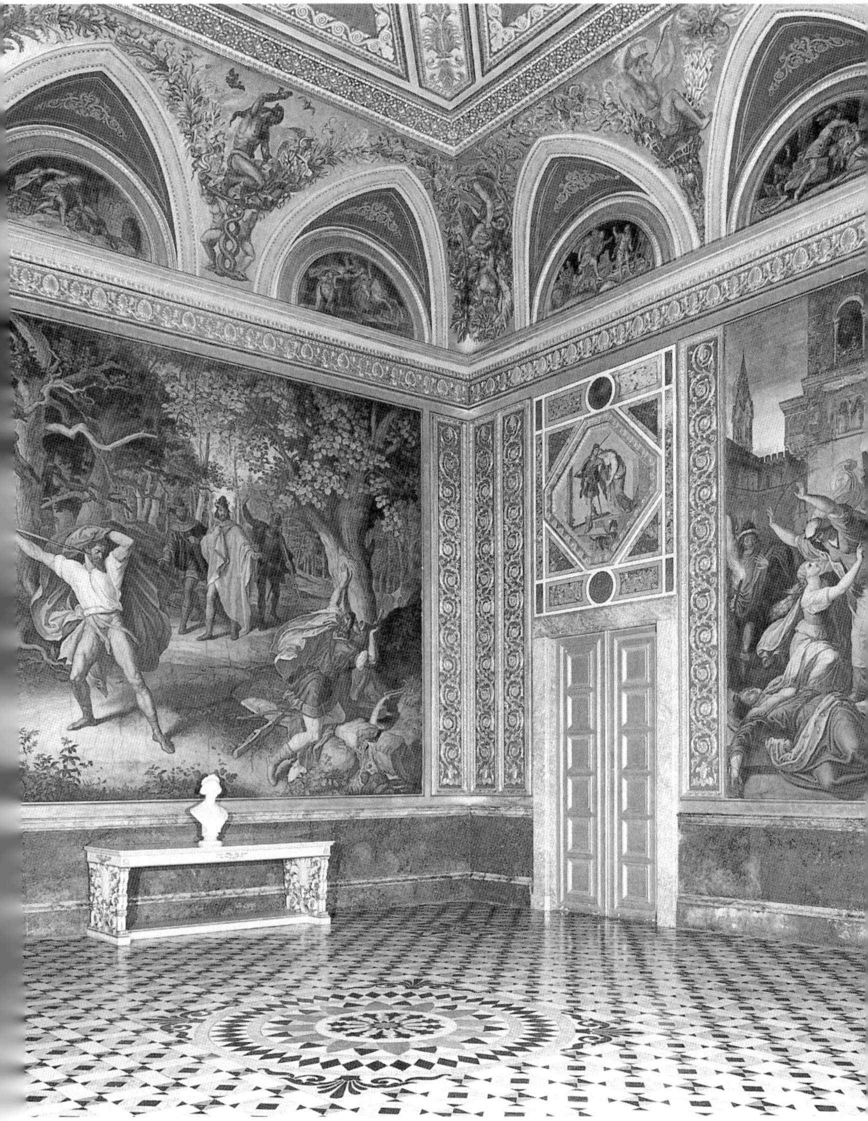

48. «Saal des Verrats» im Königsbau, Fresko «Hagen tötet Siegfried» von Julius Schnorr von Carolsfeld, Dekoration von Ludwig Schwanthaler, Residenz

des Flamen die «vornehme Geringschätzung» wieder ein, «mit der der langhaarige Cornelianer durch den Rubenssaal wandelt». Heine dagegen fand Verbindendes: «In der Produktivität, in der Schöpfungskühnheit, in der genialen Ursprünglichkeit, sind sich beide ähnlicher, beide sind geborene Maler und gehören zu dem Zyklus großer Meister, die größtenteils zur Zeit des Raphael blühten, einer Zeit, die auf Rubens noch ihren unmittelbaren Einfluß üben konnte, die aber von der unsrigen so abgeschieden ist, daß wir ob der Erscheinung des Peter Cornelius fast erschrecken. [...] Betrachten wir seine Bilder, so sehen sie uns an, wie mit den Augen des funfzehnten Jahrhunderts, gespenstisch sind die Gewänder, als rauschten sie uns vorbey um Mitternacht, zauberkräftig sind die Leiber, traumrichtig gezeichnet, gewaltsam wahr, nur das Blut fehlt ihnen, das pulsierende Leben, die Farbe. Ja, Cornelius ist ein Schöpfer, doch betrachten wir seine Geschöpfe, so will es uns bedünken, [...] als seien sie alle eine Stunde vor ihrem Tode gemalt, als trügen sie alle die wehmütige Ahnung des Sterbens.»[23]

Seine erste große Münchner Aufgabe, die Ausmalung der Glyptothek (Abb. 49), begrüßte Cornelius als «Heilmittel gegen die magere Sentimentalität unserer Zeit, gegen die Madonnensucht und Undinenschwärmerei. Da ist die ganze Welt in jenen großen Schöpfungen, selbst Christentum und Christenpoesie. Denken wir immer daran, daß uns Einheit komme in die Geschichte, daß wir die Wurzel, die uns nährt, nicht vom Stamme trennen.»[24] Die Bildfelder gerieten immer wieder zu groß für die Räume, die Figuren zu groß für die Bildfelder und die Einzelformen zu groß für die Figuren. Mit unbeugsamem Willen suchte Cornelius zusammenzuzwingen, was längst auseinandergetreten war: Antike und Christentum, komplexeste Bedeutung und einfachste Lesbarkeit, persönlichste Themeninterpretation und allgemeine Verbindlichkeit. Barocke Traditionen blieben prägend, zugleich aber fand der neueste Stand der mythologischen Forschung Berücksichtigung.[25]

Der Auftrag für das letzte Münchner Werk, das Fresko in der Ludwigskirche (vgl. Abb. 47), das größer ist als Michelangelos «Jüngstes Gericht» in der Sixtinischen Kapelle, kam

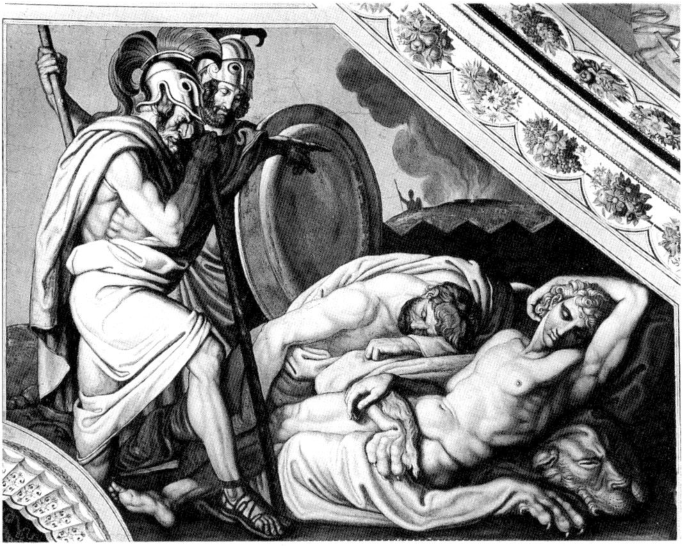

49. Peter Cornelius, Nestor und Agamemnon wecken Diomedes, ehemals Glyptothek, zerstört

1829: «Ich soll nach Vollendung der Glyptothek eine Kirche ausmalen. Schon seit sechzehn Jahren trage ich mich herum mit einem christlichen Epos in der Malerei, mit einer gemalten Divina Commedia [. . .] Das Universum öffnet sich vor meinen Augen. Ich sehe Himmel, Erde und Hölle; ich sehe Vergangenheit, Gegenwart und Zukunft; ich stehe auf dem Sinai und sehe das neue Jerusalem; ich bin trunken und doch besonnen.»[26] Die Zeichnungen und Kartons entstanden in Rom, in Zwiesprache mit Raffael, Michelangelo und Fra Angelico. Während Cornelius an seiner «großen christlichen Konzeption arbeitete, die sich ganz auf die Heilige Schrift basieren würde, vom Abfall der Engel bis zum Ende der Dinge»,[27] ging der Zeitgeschmack über seine Kunst hinweg. Der König folgte und provozierte den Meister zum Rücktritt. Nach der Entlassung lud der König einen der Freunde von Cornelius zu sich: «‹Sie müssen zugeben, Cornelius ist kein großer Maler!› – ‹Dann, Majestät!, ist er mehr als das: er ist ein großer Künstler, ja der größte der lebenden!› – ‹Aber ein Maler muß anderes können, sonst kann ich ihn nicht brauchen!› – ‹Das ist sehr beklagenswert. Und Cornelius geht, und wir werden es schwer empfinden; denn schon seine Gegenwart hält die Künstler auf der Höhe und scheucht von Irrwegen zurück; wir büßen viel ein; aber Ew. Majestät verlieren eine Perle aus Ihrer Krone!› [...] Er wurde sehr heftig. ‹Nicht an Cornelius ist die Kunst in München gebunden! Ich, ich der König, bin die Kunst von München.›»[28]

Als Gegengewicht zu Akademie und königlicher Kunstpolitik gründeten die Künstler 1823 den Kunstverein. Er war einer der ersten und wichtigsten in Deutschland, seine Bedeutung ging erst in der zweiten Hälfte des 19. Jahrhunderts zurück, als mit der Neuen Pinakothek ein ausschließlich der zeitgenössischen Kunst dienendes Museum bestand und sich der tatkräftige Kunsthandel ein leistungsfähiges Ausstellungswesen zu schaffen begann. Die Satzung gab sich egalitär: «Alle Mitglieder haben gleiche Rechte, gleiche nach der Mehrzahl entscheidende Stimmen in den Angelegenheiten des Vereins, gleichen Anspruch auf den Umlauf ihrer Werke in dem Verein, gleiches Recht zur Anschauung der Kunstwerke anderer.» Die Klasseneinteilung des Vereins spiegelt den Aufstieg der in der traditionellen Hierarchie niederen oder gar ignorierten Gattungen. Es gab Abteilungen für Historien- und Bildnismaler, Bildhauer und Medailleure, Architekten, Kupferstecher, Lithographen und Zeichner, Landschaftsmaler, Schlachten-, Tier- und Genremaler, Porzellan-, Miniatur-, Gouachemaler, schließlich die «Kunstfreunde und Kunstliebhaber (solche nämlich, welche die Kunst als Liebhaberei ausüben)».[29]

1843, auf seinem Höhepunkt, erscheint das neue Ausstellungswesen geradezu als Antizipation politischer Demokratie: «Öffentlichkeit ist auch für Kunst und Kunstbildung das Wort des Lebens, das da lebendig macht. Das hat unsere Zeit erkannt, und die Ausstellung und Kunstvereine sind die Mittel geworden, diese Öffentlichkeit zu verwirklichen, der Kunst den Weg in das Leben, dem Leben den Zugang zur Kunst zu öffnen.» Der größere geschichtliche Zusammenhang: «Die Leichtigkeit des Verkehrs, die durch Dampfwagen, Eisenbahnen und Dampfschiffe geteigerte Schnelligkeit, Sicherheit,

Wohlfeilheit der Transportmittel arbeiten diesen Bestrebungen in die Hände, [...]. Die Werke der Kunst sind auf Reisen [...] Künstler und Publikum traten unmittelbar mit einander in Verhältniß [...] Alles Schöne und Werthvolle findet öffentliche Würdigung, öffentliche Anerkennung, und der Künstler, indem er den schönsten Lohn seines Werkes in ihr genießt, sieht zugleich das Werk seines Genies auch materiell nach Verdienst belohnt.»[30]

Schon 1823, bei der ersten Ausstellung des Kunstvereins, dominierten Vertreter der «Landschafts- und der sogenannten Genre- und Anekdoten-Malerey [...] Die Kunst geht nach Brot, wenn sie muß; und ihre Fruchtbarkeit in der bezeichneten Gattung beweiset, daß sie gerade hier am meisten Nahrung gefunden. Wer könnte zwar den großsinnigen Geist eines Fürsten aus unserem Königshaus verkennen, in welchem derselbe ausgezeichnete Talente mit großen Werken historyschen Stiles a fresco beschäftigt. Aber geschichtliche Staffeleygemälde ernsteren Sinnes und größeren Umfangs bleiben vor der Hand im allgemeinen ohne Nachfrage.»[31]

Die schnell sich etablierende Kunstkritik erklärte dem Besucher, was er als Kunstfreund von den gezeigten Bildern zu halten habe und gab damit zugleich dem marktabhängigen Künstler Hinweise, wie zu malen sei. Zwei Beispiele: «Eine stillere, freundliche Scene gibt [...] ein Gemälde des Hrn. Cantius Dillis, nach einer Gegend bey Fischbachau zu genießen. Der schöne Sonnenblick auf dem Hügel, das Anspruchlose, Vertrauliche der Gegend sprechen das Gemüth leise an, während sich der Geist an der ungemeinen Leichtigkeit und Sicherheit der Behandlung, an dieser Durchsichtigkeit und Mannichfaltigkeit der Töne, an den kühlen Schatten in der Buschmasse vergnüget. / Von Hrn. Wagenbauer wurden zwey meisterhaft vollendete Bilder – eine Kuhweide am Flusse Kaml, und ein Sahnhügel bey Planek mit einer Viehheerde zur Ausstellung gebracht. Im Geschmacke eines Paul Potters aufgegriffen, und mit jener Sorgfalt und Ausführlichkeit behandelt, welche diese Gattung voraussetzt, dabey klar und kräftig von Farbe, reihen sich diese Bilder an das Beste ihrer Art. Besonders erfreut in dem einen eine Fülle ungemein vollendeter Pflanzen als Zugabe. / Eine Ansicht der Isar bey

Ebenhausen von Hrn. Warenberger zeigt bey einer glücklichen Wahl des Standpunktes, viel Sinn für Effekt; und eine der schönen Gegenden unseres Oberlandes stellt sich hier, nicht ohne Sehnsucht zu erwecken, in voller Glut der Abendröthe dar.»[32]

Das Hochgebirge blieb in den Bildern meist ferner Hintergrund. Man zeigte die Umgebung der entfestigten Stadt, wie das Publikum sie von den immer populärer werdenden Ausflügen kannte. Später fanden dann auch Seeufer und die Almen der Vorberge ihre Liebhaber. Daß der Blick der Künstler dabei freier wurde und sie das Land immer weniger durch den Filter Ruisdaelscher oder Lorrainscher Landschaftsbilder sahen, irritierte die Kritik: «Die Landschaftsmalerey scheint in München größtentheils mehr Porträtmalerey der landschaftlichen Natur als Erzeugniß freyer Erfindung zu seyn, vielleicht weil die Gebirgsgegenden, die uns nahe liegen, selbst so viel Malerisches und Großartiges haben, daß ihre Betrachtung und Nachbildung der Phantasie einen umfassenden Spielraum gewährt. Freylich leidet darunter das eigentliche Element der Kunst, das Poetische [. . .]. Die Natur bietet oft Gegenstände dar, an welche die menschliche Phantasie kaum hinanreicht, und die glückliche Wahl eines interessanten Augenblicks umgibt auch gewöhnliche Scenereyen mit dem lieblichen Schimmer der Poesie; aber dennoch liegt in der freyen Composition noch etwas Anziehendes für den Geist des Beschauers, weil er nicht blos das Leben der Natur, sondern auch das Weben des künstlerischen Gemüths an ihr erkennt und fühlt.»[33]

Bei den heroischen Bildern des Deutschrömers Joseph Anton Koch, der 1814 mit seinem «Dankopfer Noahs» in einer idealen, von Poussin inspirierten Landschaft einen Akademiepreis gewonnen hatte, waren derartige Probleme noch fern. Die Bilder eines Wilhelm von Kobell (Abb. 50) dagegen mußten geradezu bestürzen. Die Vordergründe sind leer, die Himmel meist wolkenlos, ein klares Morgenlicht wirft lange Schatten. Die Kompositionen bleiben an den Rändern offen und ordnen sich um die denkmalhaft in der Mitte aufgebauten Figuren. Die Kostüme passen zur gezeigten Gegend und sind zu einer wichtigen Quelle der Trachtenforschung geworden,

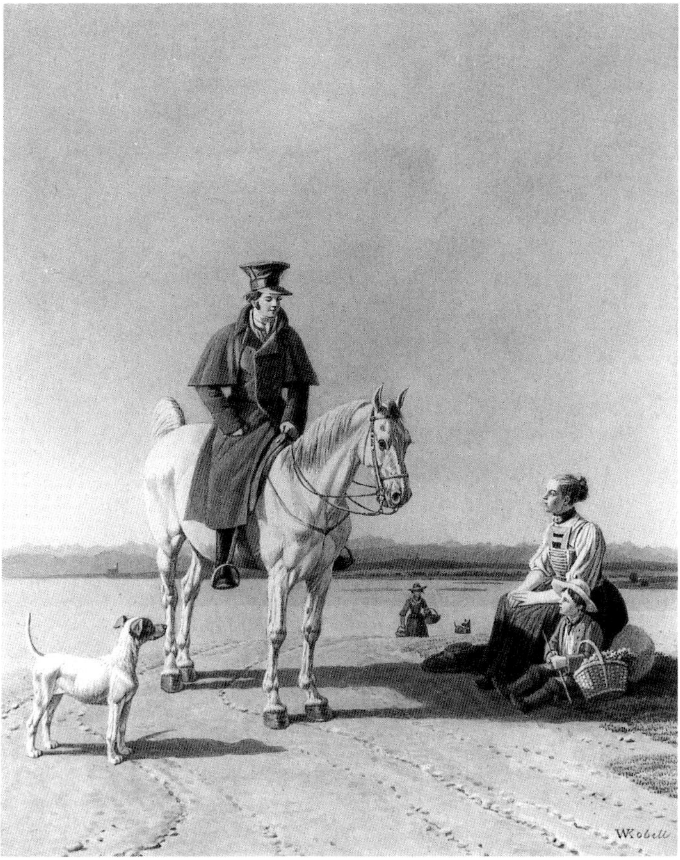

50. Wilhelm von Kobell, Reiter am See, um 1826, Städtische Galerie im Lenbachhaus

während Historiker des Veterinärwesens aus der Präzision der Tierdarstellung Gewinn ziehen. «Kobells Bauern, Jäger, und Soldaten in bayerischer Landschaft sind das Forschungsobjekt für einen ‹Ausländer›, der Gestalten vorfindet, die eigentlich schon der Vergangenheit angehören und im Bilde vor dem Vergessen zu schützen sind.»[34] In dieser von Arbeit freien Feiertagswelt herrscht die blitzblanke Ordentlichkeit biedermeierlicher Interieurs, in der die Figuren aufgestellt sind, wie im Hause die Möbel. Alles Idyllische, Behagliche, Anekdotische ist verweigert.

Die größte Begabung unter den frühen Münchner Landschaftern ist Johann Georg von Dillis gewesen. Seine Pflichten als Kunstintendant Ludwigs ließen ihm jedoch wenig Zeit. Er beschränkte sich auf Skizzen, Studien und kleinformatige Graphik und hatte sein Publikum wohl in einem halböffentlichen Bereich von Freunden, Kennern und Liebhabern. Auch Goethe lobte 1828 die Radierungen, die ihm der Hofmaler Joseph Stieler hatte zukommen lassen: «Gerade solche, kaum bedeutend scheinenden Gegenstände, glücklich aufgefaßt und mit Geschmack wiedergegeben, setzen mich in die angenehmste Empfindung; man gelangt zum Mitgefühl, wie der Künstler, indem er sich mit dergleichen beschäftigte, einer wünschenswerten Gemüthsruhe genossen und solche der Landschaft, dem Himmel, der Erde, Bäumen und Baulichkeiten, nicht weniger dem Wasser mitzuteilen gewußt habe.» Ob Goethe, selber dem Studium der Wolken verfallen, von den Himmelsskizzen gewußt hat, die Dillis vom Fenster seines Amtszimmers am Hofgarten aus geschaffen hatte, ist nicht bekannt und wenig wahrscheinlich.[35]

Ganz anders als für Dillis war die Landschaftsmalerei für Carl Rottmann nicht Liebhaberei, sondern Lebensinhalt, und anders als seine Fachkollegen war Rottmann auch mit dem Staffeleibild nicht zufrieden, sondern drängte an die Wände öffentlicher Bauten wie sonst nur die Historienmaler. Schon auf der ersten Ausstellung des Münchner Kunstvereins fiel er durch Eigenwilligkeit und Begabung auf: «In einem großen Bilde mit der Ramsau bei Berchtesgaden, das die allgemeine Aufmerksamkeit auf sich gezogen, leuchtete eine hohe poetische Auffassung, Sinn für große Formen und Massen, so wie für malerische Wirkungen und ein verschwenderischer Reichtum von Ideen hervor. Man sieht, es ist etwas Bedeutendes damit gewollt, der Künstler ahndet die Geheimnisse der Natur, er ist mächtig angeregt und will wieder mächtig anregen.»[36]

1829 begann Rottmann eine Arbeit, die seinen Neigungen und Fähigkeiten entgegenkam. Für die Arkaden des Hofgartens bestellte Ludwig I. 28 Fresken, in denen, in einer Folge «histo-

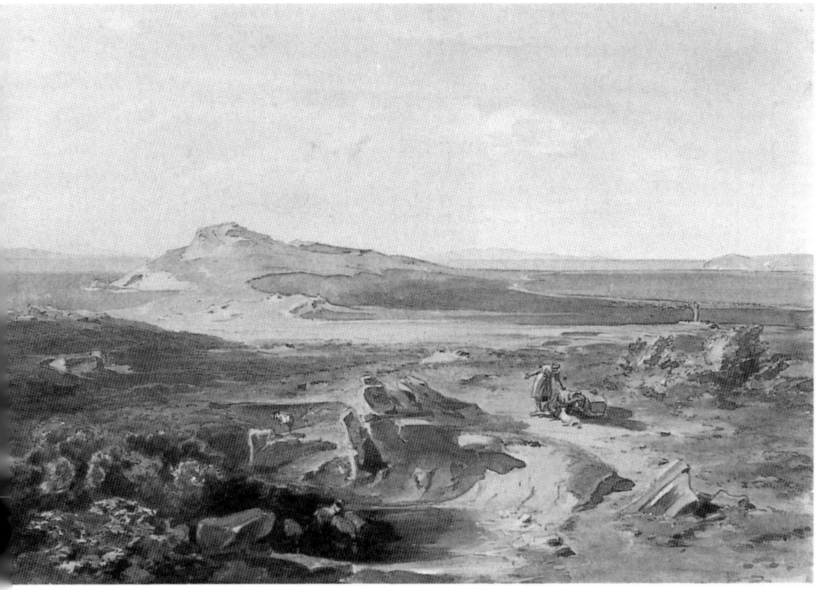

51. Carl Rottmann, Delos, um 1840, Staatliche Graphische Sammlung

rischer Landschaften», berühmte Städte und Orte Italiens darzustellen waren. Das jeweils Individuelle sollte herauskommen, zugleich aber auch «eine solche Landschaft zum höchsten Range historischen Charakters emporgehoben» werden. 1838 bis 1850 folgte Rottmanns Hauptwerk, der Griechenlandzyklus, der auf eine Idee des Königs zurückgeht. Er sollte anfangs im Hofgarten die Italien-Darstellungen ergänzen, später war ein eigener Raum im Kunstausstellungsgebäude am Königsplatz in Aussicht genommen, schließlich kamen die Bilder in einem zentralen Raum der früheren Neuen Pinakothek zu einer vorläufigen Ruhe. Rottmanns Darstellungen entwerfen ein Griechenland, das den meisten seiner Zeitgenossen fremd geblieben sein muß (Abb. 51). Sie zeigen in ihrer Betonung des Elementaren keine frühe, schöpfungsnahe Welt, sondern eine späte. Vegetation und Architektur sind zwar noch vorhanden, aber meist nur als untergehende. Zerstörerische Naturkräfte haben sich die berühmten Stätten griechischer

Geschichte zurückgeholt, die Orte großer Taten sind verwüstet und verlassen, und auch von Naturkreisläufen im Sinne eines beruhigenden «Stirb und werde!» gibt es keine Spur.[37] Die Versöhnung des Menschen mit der Natur, die wohl auch nach Rottmanns Vorstellung das klassische Griechenland ausgezeichnet hatte, bleibt für die Geschichte der Erde peripher und episodisch. Als der Künstler nach der Abdankung des Königs wohl seine Loyalität zu zeigen suchte und in dem Bild «Nemea» Menschen zeigte, die einen Herrscher, vermutlich Ludwig I., begrüßen, entstand das mit Abstand schwächste Werk des Zyklus.

1845 erschien in den ‹Jahrbüchern der Gegenwart› aus der Feder des jungen Anton Springer, eines der wenigen Demokraten unter den ersten deutschen Kunstwissenschaftlern, eine funkelnde Polemik gegen die «Anmaßung der Münchener Schule, eine national und historisch bedeutsame Kunst zu heißen, die Blüthe des modernen Zeitbewußtseins bilden zu wollen».[38] Es fehle «die Basis einer freien Wirklichkeit, eines bewußten Volkslebens». – «Demokratisch sind die gegenwärtigen religiösen und politischen Bewegungen, demokratisch wird auch die Kunst sich entwickeln. Der Schöpfer der ‹glorreichen Kunstaera› in München ist König Ludwig. Demnach ist die Münchener Kunst weniger als lokal, sie ist eine Privatunternehmung.»

Die Vorbilder einer zeitgemäßen Malerei fand Springer in Frankreich und, vor allem, in Belgien, das 1830 durch eine bürgerliche Revolution überhaupt erst entstanden war. Bei Formulierung und Propagierung der nationalen Identität hatten Historienbilder eine bedeutende Rolle gespielt. Einige von ihnen gingen 1843/44 auf Tournee und feierten auch in Deutschland Triumphe. Sie begeisterten mit pathetischem Realismus und opulentem Kolorit. Die Münchner «Stylistik» sah angesichts dieser «vollen Unmittelbarkeit der Existenz» nur noch wie Erstarrung aus. Die Belgier, so ein Kritiker,[39] gäben «Individuen, und zwar scharf ausgeprägte Individuen, welche sich frei und selbstbewußt gehen lassen; und so fühlen auch wir uns frei bei ihrer Betrachtung. Die Münchner dagegen geben nur stylistische, unfreie, unter das Joch des Künstlers geknechtete Gestalten.» Auch der junge Jacob Burckhardt machte sich 1842 Gedanken: «Die deutschen Regierungen, besonders König Ludwig, haben schon so viele Darstellungen aus der vaterländischen Geschichte malen lassen; woher kommt es denn, daß wir hinter unsern Nachbarvölkern zurückgeblieben sind? – Fürs erste genügt es nicht, eine Geschichte gehabt zu haben; man muß eine Geschichte, ein öffentliches Leben mitleben können, um eine Geschichtsmalerei zu schaffen. Sodann sind die großen Gesamtaufträge alle für Ausführung in Fresko geschehen, während unsere Zeit neben dem dramatisch-historischen Inhalt eine individuelle Tiefe des Einzelnen verlangt, die nur der Ölmalerei zu Gebote steht. Und hier fehlt es unsern Malern an den nötigen Mitteln, an Keckheit, an Farbe, an Zeichnung.»[40]

An Keckheit zumindest sollte es in München nicht mehr fehlen, als 1848 Wilhelm von Kaulbach mit den Entwürfen für die Außenfresken der Neuen Pinakothek begann. Thema war die Entwicklung der Kunst, «wie sie, durch seine Majestät den König hervorgerufen, von München ausgegangen». Nach der erzwungenen Abdankung wollte Ludwig die Nachwelt wenigstens an sein Mäzenatentum erinnern. Schon die ersten Entwürfe aber gerieten Kaulbach zur Satire. Die Außenwände des neuen Museums bekamen eine Szenenfolge, die auch einer Streitschrift gegen den Münchner Kunstbetrieb als Illustration hätte dienen können und mit ihren Sticheleien nicht einmal vor dem Bauherrn haltmachte, von dessem Wohlwollen Kaulbach lange profitiert hatte.[41] Sein erster großer Erfolg war das Bild «Die Zerstörung Jerusalems durch Titus» gewesen, von dem Naglers Künstlerlexikon schon 1838 eine Beschreibung gab: «Oben erscheinen auf Wolken die vier Propheten Jesaias, Jeremias, Ezechiel und Daniel. Die sieben Engel schweben mit flammenden Schwertern als Vollzieher des göttlichen Strafgerichtes nieder, und links vom Beschauer hat die Bedrängnis, die Qual des Hungers, die Verzweiflung, welche der Matrone aus Bethezob den eigenen Säugling morden läßt, den höchsten Grad erreicht. Die Anführer der Juden, Johannes von Gischala und Simon, des Gioras Sohn, erscheinen in der Ruhe der Unmacht. [...] Sie [...] hatten die furchtbare Erfüllung beschleunigt. Trotz der hartnäckigsten

Verteidigung mußte die Stadt untergehen, und das alte Heiligtum [. . .] fiel in Schutt zusammen. Der Tempel steht in Flammen, und Vespasians Sohn zieht von der anderen Seite des Bildes über die zerbrochenen Mauern ein. Der hohe Priester [. . .] gibt sich den Tod. Zu seinen Füßen sitzen und liegen Leviten mit ihren Harfen und anderen Geräten. [. . .] Im Vordergrund rechts zieht eine Christenfamilie aus der Stadt. Aus dem Gefäße der Gnade, dem heiligen Gral, den Engel tragen, strahlt ihnen das Geheimnis ihres Glaubens, und himmlischer Frieden ist mit ihnen. Gegenüber wird der ewige Jude von drei Dämonen aus der Stadt gejagt.»[42]

Was Kaulbach abging, waren die koloristischen Effekte, auf welche die belgischen Bilder dem Publikum Appetit gemacht hatten. Carl Theodor von Piloty, aus Brüssel, Antwerpen und Paris mit der neuesten Salonmalerei vertraut, entsprach diesem Bedürfnis. 1855 gelang ihm mit «Seni vor der Leiche Wallensteins» (Abb. 52), von Ludwig sofort erworben, der Durchbruch. Schiller war damals der Heros des deutschen Theaterpublikums, seine Stücke beherrschten auch in München die Bühne. Und als Bühnenszene hat Piloty die Situation aufgefaßt, wobei er nicht nur als Maler brillierte, sondern auch als Dramaturg und Requisiteur. Was bei Schiller hinter der Bühne bleibt, kommt nun an die Rampe. Trat Schillers Seni «mit allen Zeichen des Schreckens aus der Galerie – ‹O blutige entsetzenswerte Tat!›» –, so steht der Seni Pilotys gefaßt, beinahe zufrieden, daß seine Warnung eingetroffen ist. Senis Haltung, seine Düsternis und im Kontrast dazu die Lichtgestalt Wallensteins, die Glocke auf dem Teppich, die dem Helden keine Hilfe mehr brachte, die Geheimpapiere, die er nicht mehr brauchen, die Bücher, die er nicht mehr studieren wird, die Tür, durch die die Mörder gekommen waren, der Faltenwurf, das Glänzen und Schimmern der Stoffe, der Leuchter mit der Fortuna, die dem Toten den Rücken kehrt, die erloschenen Kerzen, die christusähnliche Haltung des Toten, der schon zur Aufbahrung hergerichtet scheint, das alles galt dem Publikum nicht als Ergebnis nüchternen Kalküls, sondern als in Kunst gefaßte Wirklichkeit.

Gegen Paukenschläge wie diesen konnten stillere Temperamente wie das des Moritz von Schwind, der sein Atelier in der

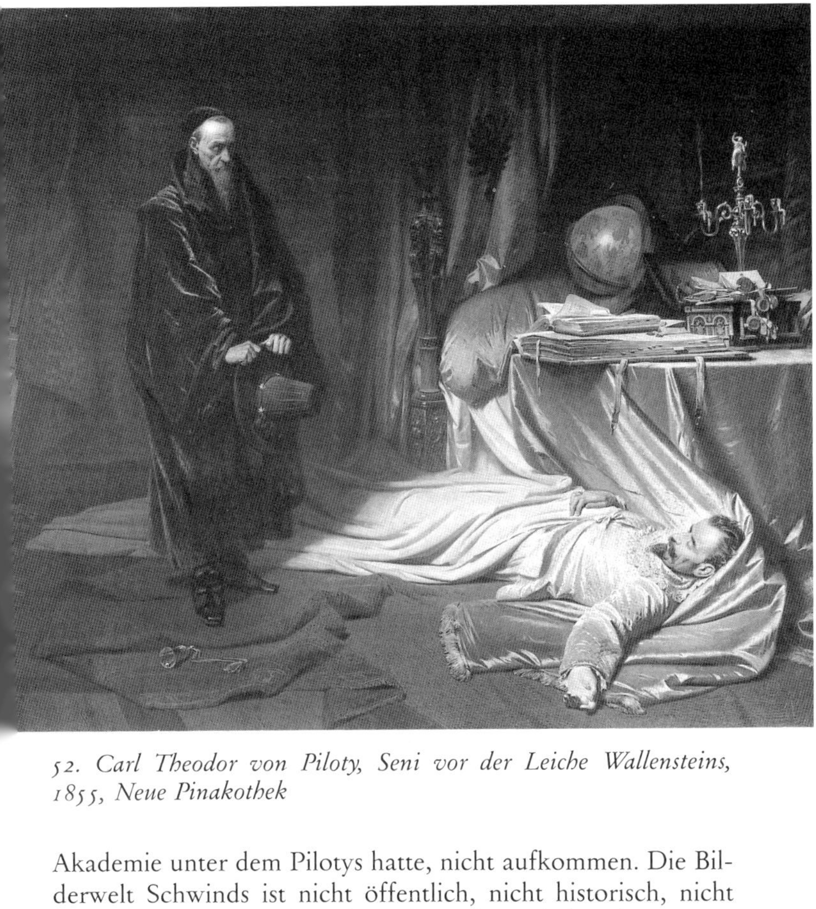

52. Carl Theodor von Piloty, Seni vor der Leiche Wallensteins, 1855, Neue Pinakothek

Akademie unter dem Pilotys hatte, nicht aufkommen. Die Bilderwelt Schwinds ist nicht öffentlich, nicht historisch, nicht monumental und auch nicht pathetisch. Möbel und Kostüme zeigen Gegenwart an, aber es ist eine Gegenwart abseits der Metropolen, der großen Verkehrswege und der gesellschaftlichen Konflikte. Es ist eine erträumte Welt der Enklaven sozialen Friedens und privaten Glücks, in der Entwürfe wie jener der «Symphonie» einen Ort hätten: «Das Ganze wäre zu denken als die Beethoven betreffende Wand eines Musikzimmers, da doch alles einen Zweck haben soll, und basiert daher billig auf einem Beethov'schen Musikstück: Fantasie für Klavier, Orchester und Chor in C, das einzige, das so instrumentiert, also im Bild zu erkennen, überdies noch auf dem Notenheft einer Sängerin angeschrieben ist. Auf diesem musikalischen Boden bewegt sich das ganze Geschichtchen billig in vier Theilen, die den vier stereotypen Teilen einer Symphonie – Symphonie, Andante, Scherzo und Allegro – analog sind: Probe des Musikstücks auf einem Haustheater von einem zusammengerafften Orchester und eben solchem Chor, bei welcher die Sängerin eines kleinen Solos, die aufsteht, oh kühne Handlung! die Aufmerksamkeit eines jungen Mannes erregt – eine Begegnung ohne Annäherung – ein kleiner Maskenball, auf dem unser Paar seine Gefühle ausspricht, und zum Schluß ein Moment der Hochzeitsreise, wo der beglückte Mann seiner Frau das Schlößchen zeigt, in dem sie wohnen werden. Übereinstimmend mit dem Chor, der ein Lobgesang auf die Freuden der Natur ist, ist das Ganze umgeben von Wald und Luft (den vier Winden) und in den verbindenden Verzierungen sind Tageszeiten, die Wohltaten des Bades und des Gebürgstaues, die Lust des Reisenden u. dgl. angebracht. Ganymed als Sinnbild des erwachenden Frühlings bildet ziemlich genau den Mittelpunkt.»[43]

1862 berichtete Schwind seinem Lehrer Cornelius von «einer Sammlung lyrischer Blätter [. . .], die seit meiner Jugend bis jetzt – in guten Stunden entstanden – gegen vierzig an der Zahl, ein zusammengehöriges Ganzes bilden. Ein Bändchen Gedichte unter dem Titel ‹Reisebilder› wäre etwas Ähnliches, Modernes, Antik-Romantisches durcheinander.»[44] Wie Eichendorff blieb auch Schwind einer früh gefundenen Thematik treu. Immer neu und ohne sichtbare Ermüdung durchwanderte er die vertrauten Bildwelten. Meist gibt er Orte am Rande oder Interieurs in Häusern, Städten und Wäldern, abwechslungsreich, aber ohne Überraschungen, vertraut, aber nicht langweilig, wohlig, aber nicht spießig.

Bei Carl Spitzweg, der oft mit Schwind in einem Atemzug genannt wird, war das anders. Seine Idyllen sind nur scheinbare. Schon beim zweiten Blick enthüllt sich eine Philisterwelt, in der die Anekdote nicht selten zum Giftpfeil wird. Die Bewohner der meist im Sonnenglast oder im Mondschein liegenden Spitzwegschen Gärten, Städtchen und Landschaften sind fast immer beschädigte Existenzen, und nicht wenige sind bis ins Physiognomische deformiert. Als Maler war Spitzweg, persönlich selber ein Hypochonder von Graden, alles andere als ein Kleinbürger. Seinen Bildern, die er in hartnäckiger Opposition zu den immer riesigeren Formaten der offiziellen Münchner Malerei demonstrativ klein hielt, ist auch heute noch anzusehen, wie gründlich er sich in Paris umgetan hatte. Sein Kolorit war für lange Zeit das reichste, freieste und modernste, das in München im Gebrauch war. Auch die Auseinandersetzung mit der Gesellschaftskritik in der Graphik von Grandville und Daumier hat erkennbare Spuren in Spitzwegs Malerei hinterlassen.[45] Nur ist alles ins Skurrile und Kauzige einer obsolet gewordenen Kleinstaatenwelt übertragen, und dies, obwohl das München, das Ludwig I. und Maximilian II. schufen, mit den zeitgenössischen europäischen Metropolen weit mehr gemeinsam hatte als mit den Kleinstädten der Spitzwegschen Bilder.

Keiner seiner Vorgänger, nicht einmal Maximilian I., hat so viel an der Residenz gebaut wie Ludwig I. Pläne zu umfassenden Erweiterungen und Neuordnungen hatte es schon im 18. Jahrhundert gegeben. Ein großes Modell in der Residenz zeugt noch heute von den Vorschlägen, die François Cuvilliés 1764/66 entwickelt hatte. Später mühte sich Maximilian Verschaffelt, der besonders den Nordosten bearbeitete, und 1809 präsentierte Carl von Fischer Schauzeichnungen eines stattlichen Platzes im Osten. Auch für den Süden der Residenz, wo sein Theater im Entstehen war, entwarf er eine Fassade für den «Real palazzo Monaco», zu dem die Residenz geworden war, nachdem Napoleon die Wittelsbacher 1806 zu Königen erhoben hatte. Typologische Anregungen suchte Fischer bei Königsarchitekturen wie der Ostfassade des Louvre oder den Bauten an der Place de la Concorde.[46]

Ludwig I. dagegen zog bei der Suche nach Vorbildern nicht nur Königsbauten in Betracht, sondern auch bürgerliche Architektur, solange sie nur kunsthistorisch prominent war und ihm persönlich gefiel. Am Max-Joseph-Platz war das Florentinische der gemeinsame Nenner, die Postfassade erinnert an Brunellescos Findelhaus, die Residenz an die Palazzi Pitti und Rucellai. Eine politische Verbindung zwischen München und Florenz gab es zu Ludwigs Zeiten nicht. Zusammenhang stiftete allein die private Begeisterung des Fürsten für die Florentiner Baukunst, die er ausschließlich ästhetisch sah. Hinweise auf die historischen Hintergründe beeindruckten ihn nicht einmal dann, als der widerstrebende Architekt listig das Reizwort des Republikanischen ins Spiel brachte. Klenze wies darauf hin, daß «dieser florentinische Republik-Styl, so charakteristisch und schön er auch an und für sich ist, dennoch durchaus nicht für unser Klima paße, ohne Modificationen unterworfen zu werden, welche ihm vieles seiner Eigenthümlichkeit und Schönheit rauben» werde. Vorausgegangen war eine gemeinsame Italienreise, auf der «über den Styl des Äußeren viele [. . .] Ideen gesammelt, und an vielen Gebäuden [. . .] Einzelheiten zur allenfallsigen Nachahmung und Anwendung bezeichnet» wurden. Im ersten Entwurf hatte Klenze «für das Äußere zwar den Styl der römischen Paläste gewählt, diesen indessen aus den ursprünglich griechischen Elementen auch dieser römischen Architektur und aus eigenen Erfindungen so modificiert, daß das ganze wohl eine eigentümliche Création genannt werden dürfte». Der König akzeptierte zunächst, zog aber kurz darauf seine Genehmigung zurück: «[. . .] schön, sehr schön ist jeder Theil, nur beysammen in einem Gebäude dürfte nicht erwünschtes Ergebnis herauskommen, weil Einklang fehlen würde.»[47] Komplementär zur Residenz förderte Ludwig aber auch so durch und durch bürgerliche Bauprojekte wie das Odeon, in dem er zwar über eigene Zimmer verfügte, nicht aber über eine eigene Loge. Als Primus inter pares saß er in der ersten Parkettreihe eines Saales, den Klenze wie einen überdachten antiken Platz gestaltet hatte. Das Odeon diente zu «Feyerlichkeiten, welche für das Innere der königlichen Residenz nicht geeignet sind, zu Bällen und Concerten». Es stellte eine der charakteristisch neuen Bauaufgaben dar, die sich aus der Residenz gelöst hatte und nun in der Stadt einen Ort und eine Architektur suchte. Eine Zeitungsnotiz am Tage der Eröffnung berichtet, das Odeon habe «schon seit mehreren Tagen eine Menge Neugieriger angezogen, um den neuen Tempel des Vergnügens [. . .] in seinem Inneren zu schauen, dessen die Hauptstadt [. . .] so bedürftig war [. . .] Diesen neuen Versammlungsort des gebil-

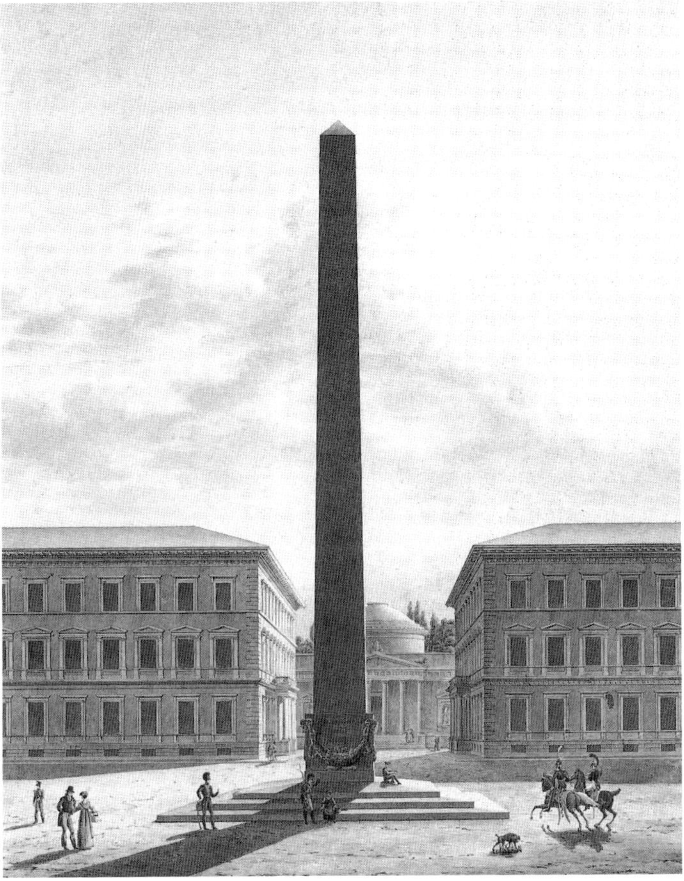

53. Leo von Klenze, Entwurf für ein Armeedenkmal auf dem Odeonsplatz, 1818, Staatliche Graphische Sammlung

deten und eleganten Publikums dankt es den wohlwollenden Gesinnungen des Königs.»[48]

Im Landtag hatte man kein Verständnis, denn der König hatte die Innenausstattung des Odeons aus dem Etat für die Landesverteidigung finanziert. Mit 116 gegen acht Stimmen wurde ihm 1831 die Entlastung verweigert: «Der Landbewohner könne wenig Interesse dafür aufbringen, daß man in

München tanze, singe und sich im eigenen Glanz sehen lasse in einem Gebäude, dessen Herstellungskosten sich auf beinahe dreimal hunderttausend Gulden beliefen, während es in der Provinz an Schulhäusern gebräche, Irrenanstalten fromme Wünsche blieben, die Akten der Gerichte wegen mangelhafter Registratur verfaulen würden oder die Gefängnisse völlig unzulänglich seien.»[49]

So unangefochten der Konzertsaal und das Äußere, je für sich genommen, bei den Besuchern waren –, funktional war das Odeon ein Fehlschlag. Der Fassadenharmonie wegen mangelte es schon an Türen – die Fußgänger hatten ursprünglich nicht einmal einen eigenen Eingang –, und innen fehlte es an Treppen. Da es eine eigene Typologie noch nicht gab, konnte die neue Institution in einem Gehäuse Unterschlupf finden, das sein Architekt, Leo von Klenze, der städtebaulichen Symmetrie wegen als Pendant zum Palais des Herzogs von Leuchtenberg entworfen hatte und als Teil eines Ensembles, von dem Klenze dem Kronprinzen 1818 vor allem die Bildwirkung (Abb. 53) nahezubringen suchte: «Die architektonische Poesie des Entwurfs liegt im Kontraste der einfachen riesenhaften Obeliskenform, welche rein und kräftig wie Kristall (der Natur Säule) dem Boden entsproßt, und namentlich auf dem gewählten Standpunkte (doch auch auf den anderen 3 Seiten) gleichsam einen focus von Architektur zum Hintergrunde hat, wo sich Palläste Säulen Tempel und Kuppel zusammendrängen. Rechts und links das Hotel Leuchtenberg und sein Pendant im Grunde – die Bestimmung weiß ich noch nicht, aber diese Art von Composition wünsche ich sehr.»[50]

Sein Gesellenstück als Bauherr hatte Ludwig, zum Teil noch als Kronprinz, am Königsplatz abgelegt.[51] Nach den Begriffen der Zeit lag das Gebiet weit vor der Stadt, weshalb es viel Kopfzerbrechen machte, eine Nutzung zu finden. Für Wohnungen war dort kein Bedarf, und auch die Bauten des Staates gehörten in die Stadt. 1809 dachte man deshalb an eine Kaserne, eine Garnisonskirche, eine Kadettenschule und ein Invalidenhaus, doch stellte sich heraus, daß für so viele Menschen nicht genügend Wasser verfügbar war. 1812 wurde der Bebauungsplan überarbeitet: in der Mitte öffentliche Bauten, an den vier Ecken je ein Privathaus. Den nördlichen Mittelplatz ließ sich der Kronprinz reservieren, der sich dort vielleicht schon sein Skulpturenmuseum vorstellte. Durch geschickte Käufe brachte er fast das ganze Areal in seinen Besitz, so daß er bald ungehindert planen konnte.

1816 wurde die Glyptothek begonnen, der eine Kirche gegenüberstehen sollte. Eines der ersten selbständigen Museumsgebäude der Welt, leitete es eine neue Epoche fürstlicher Selbstdarstellung ein, in der Kunst, vom Sammlungsstück über die Innendekoration bis zur städtebaulichen Gestaltung, wichtiger wurde als Feldzüge und Staatsverträge.

Die Art und Weise von Ludwigs Vorgehen war höchst autokratisch, die Inhalte aber gehören eindeutig ins bürgerliche Zeitalter. Ganz so liberal wie am Karolinenplatz sollte es jedoch nicht mehr zugehen. Klenze wollte die Bauten auch nicht isoliert ins Grüne stellen, sondern den Platz architektonisch fassen, weil er ihn als Binnenraum verstand, nicht als Teil einer städtebaulichen Sequenz, die von der Stadt überleitet ins freie Land. Die Mitte ließ er einen Meter absenken, um den Gebäuden durch den Anstieg «das gehörige Ansehen zu geben [...]. Da nun aber auch noch die Nothwendigkeit, die Stadt irgendwo zu schließen sich darstellte, so glaubte ich hierzu keine Stelle günstiger als die eine Seite dieses Königs Platzes, und folgt darin dem Beispiel der schönsten Städte der Welt, welche wie Rom, Turin, Paris, Berlin etc. an den Stadt Thoren gleich die imposantesten Plätze und Bau-Anlagen zeigen.»[52]

Beim größten städtebaulichen Projekt des Königs, bei der Ludwigstraße, lagen die Verhältnisse komplizierter. Ludwigs Zielsetzungen waren stark von abstrakten ästhetischen Vorstellungen bestimmt. Es zählte das Bild, die Wirkung auf das Kunstpublikum und damit die Fassade, weniger die Wirklichkeit. Funktionen und Benutzer wurden oft erst in einem zweiten Schritt gesucht und gelegentlich sogar erzwungen. Selbst Nötigung war kein Tabu, wenn es um das Lieblingsprojekt des Königs, die Ludwigstraße ging. Die Weigerung der Stadt, für die als überflüssig empfundene Ludwigskirche zu zahlen, beeindruckte ihn deshalb wenig. Notfalls werde er die gerade nach München verlegte Universität wieder abziehen, und wenn dies nichts fruchte, werde auch der Hof die Stadt verlassen.[53]

Die Situation vor dem Schwabinger Tor bedurfte schon lange einer urbanistischen Klärung. Die Zufahrt von Norden war gewunden und mühsam, die Anbindung der neuen Achse vom Königs- und vom Karolinenplatz nicht präzisiert. Mehr als zehn Meter hohe Wälle, alte Wegerechte und komplizierte Besitzverhältnisse mußten entmutigen. Ein erster planerischer Durchbruch gelang 1815 Ludwig von Sckell, der die neue Straße und die Schwabinger Landstraße in einem vor dem Schwabinger Tor neu geschaffenen Platz zusammentreffen ließ.[54] Von Sckell, der den neuen Bereich durch Baumreihen ordnen wollte, gab es aber nur einen Grundriß. Architektonisch geformte Räume brachte erst Leo von Klenze ins Spiel. Er konzipierte geschlossene Plätze und Straßenfronten, wie es sie in den Großstädten Paris und Rom gab, ganz unbekümmert darum, daß es die Großstadt hinter diesen Kulissen auf irgendeine absehbare Zeit in München nicht geben würde.

An der Ludwigstraße entwarf Klenze die Fassaden, der Grundriß hingegen war Sache des Hausbesitzers und seines Baumeisters. Die Abwechslung, die Klenzes erster Häuserreihe den Charakter einer «gewachsenen» Straße gab (einer italienischen freilich, nicht einer aus dem alten München), stellte auch das Bedürfnis der Bauherren nach Unterscheidung zufrieden. Dem König aber erschien dies alles zunehmend als kleinlich. Klenzes Einwände, «München sey nicht Rom und Herr Meyer, für den das Haus errichtet wird, kein Farnese oder Pitti»,[55] konnten ihn nicht beeindrucken. Vergeblich trug Klenze vor: «Die günstigen Verhältnisse der römischen und florentinischen Fassaden treten in Deutschland nie, und volle Freiheiten nur selten ein. Die Armut der Bauherren, das klein gemessene nordische Bedürfnis, die Not, der wenigen Sonne und Licht von außen Eingang zu verschaffen, die inneren Räume im Winter heizen zu können, sind ebenso viele Hindernisse gegen den Reiz italienischer Fassaden.» Dagegen der König: «[...] die Entschuldigung, daß der Baulustige das Zimmer nur so oder so hoch haben will, soll nicht mehr angeführt werden von nun an. Denn darum setze ich nicht fest, daß Häuser nach Ihrem Plan gebaut werden, um zu niedere

Stockwerke errichtet zu sehen [...]. Die Fenster weiter auseinander, lieber Klenze, ohne welche das Große nicht großartig, wodurch auch das Kleine ebenso erscheint. Es kann und soll auch bei unseren Bürgerhäusern angewendet werden.»[56] Um den Monumentalitätsbedürfnissen des Herrschers Genüge zu tun, wurden schließlich mehrere Häuser hinter einer einzigen, Palastbau suggerierenden Fassade zusammengefaßt. Für private Bauherren war das keine attraktive Lösung, weshalb diese Häuser denn auch von Bauunternehmern zur Vermietung errichtet wurden. Es bedurfte der ökonomisch modernsten Wohnform des frühen 19. Jahrhunderts, um die Fiktion zu stützen, an der Ludwigstraße stünden Adelspaläste wie am Corso in Rom.

Die Fiktion währte nicht lange, denn die «Schwierigkeiten, für die Straße Bauliebhaber zu bekommen, mehren sich jetzt so», berichtet Klenze 1829 dem Monarchen, «daß es wahrscheinlich keine Kleinigkeit ist, dafür Façaden zu entwerfen, welche dem hohen und strengen Kunsturteil Euw. Majestät»[57] entsprechen. Ludwig löste sich aus der Abhängigkeit von privaten Bauherren und ließ staatliche oder doch staatsabhängige Institutionen den Fortgang seiner Straßenprojekte sichern. Ein neuer, jüngerer Architekt, Friedrich von Gärtner, sollte ihm dabei zur Hand gehen, für den störrischer werdenden Klenze gab es an der Ludwigstraße nichts mehr zu tun. Schon bald vertraute aber Gärtner seinen Freunden die gleichen Klagen an, wie der so heftig befehdete Vorgänger. Die Zeichnungen der Fassade für die Staatsbibliothek (Abb. 54) wurden mit entschiedenen königlichen Strichen zu dem «großartigsten Gebäude in München» zurechtgestutzt, das Ludwig vorschwebte. Gärtners Klage: «Der König geht nun einmal nicht von der Idee ab, sie in einer Front aufbauen zu lassen, ohne Vorsprung, ohne Säule, ohne Portikus, lauter rundbogige Fenster à la fiorentina, kein Aufbau oder Mittel- oder Seitenerhöhung, kurz eine langweilige Bücherkaserne. [...] Der Palazzo Ruspoli steckt ihm im Kopf und auf meine Bemerkung, daß dieser gerade die Hälfte so lang sei, also nicht so leicht so monoton aussehen könnte, freute sich Seine Majestät und rieb sich die Hände.»[58] Die Besucher brauchten für den komplizierten Weg zum Lesesaal angeblich einen eigenen

Führer, weil das eindrucksvolle Treppenhaus dem König vorbehalten blieb, und auch die Bibliothekare mußten Abstriche machen, denn ihr bahnbrechendes Funktionskonzept wurde vom Tisch gewischt. Sie wollten Magazin und Lesesaal verbinden und in ein Quadrat als Lesesaal einen Vierflügelbau in Form eines griechischen Kreuzes einschreiben. Dieser Grundriß mit seiner kürzeren Fassade hätte aber die Ludwigstraße nicht schnell genug vorangebracht. Johann Schmeller, einer der großen Bibliothekare des Jahrhunderts, vertraute 1836 seinem Tagebuch an, böse Zungen raunten, der Bau sei ohnehin nur unternommen worden, «um ein gutes Stück der neuen, großartigen Straße, welche des Königs Namen trägt, auszufüllen. [...] Daß er in jeder anderen, nicht an diesem Platze, nicht in dieser darmartigen, gerade der Wetterseite ausgesetzten Front hätte ausgeführt werden müssen, habe ich, wie viele, von Anfang an, zu sagen nicht unterlassen. Meine Stimme wurde immer für nichts geachtet oder mit dem Gewaltspruch niedergeschmettert: ‹Der König will's!›»[59]

Ludwigs wichtigste Architekten fühlten sich gefördert, aber auch mißbraucht. Einen Herrscher, der – im Vergleich zur Größe des Landes – so viel bauen ließ wie Ludwig I., gab es in ganz Europa nicht. Andererseits führte die Nähe, die der König zu seinen Künstlern hielt, auch zu Konflikten. Ludwig war ein echter Dilettant, einer, der viel verstand, originelle Ideen hatte und sie auf unorthodoxe Weise verwirklichte, aber zugleich auch einer, der allzu oft meinte, alles besser zu wissen. In seinen nur auszugsweise veröffentlichten Memorabilien, die den Untertitel tragen ‹Farben an dem Bilde, welches sich die Nachwelt dereinst von König Ludwig machen wird›, ließ Klenze in dunklen Stunden seiner Verzweiflung freien Lauf. 1841: «Den gothico-germanischen Kitzelnerv erweckte zuerst der Dom von Köln, den hellenischen der Poseidon-Tempel und den römischen das Colisäum, aber ebenso konnten andere Seitenzweige des architektonischen Nerven [...] in Thätigkeit gesetzt werden, welche später der Anblick dieses oder jenes Monoments auf das Auge des Königs machten, und das ist die ganze Geschichte seiner Kunstbestrebungen in nuce [...] so flatterte er schmetterlingsartig von einer architektonischen und artistischen Blume auf die andere. Genießen

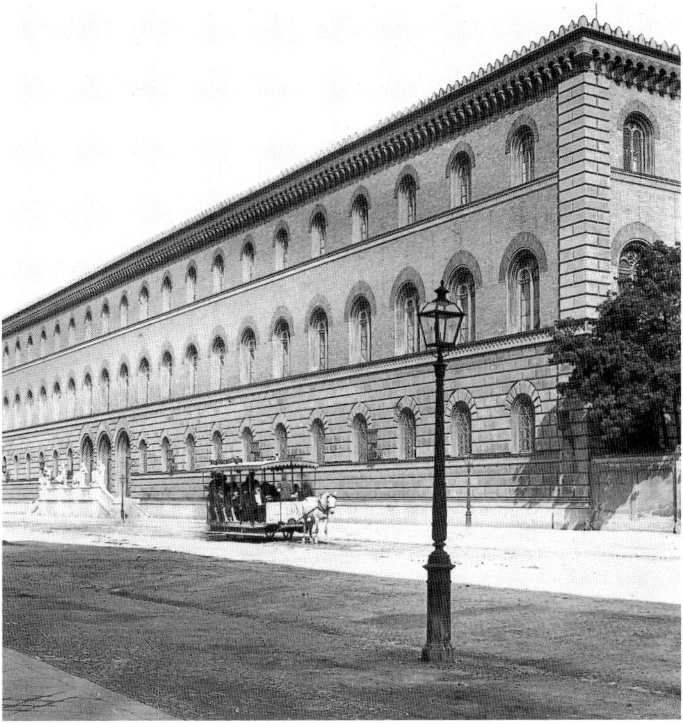

54. Friedrich von Gärtner, Staatsbibliothek, begonnen 1827

und Verlassen sind bei diesem Spiele consequent aufeinanderfolgende Dinge, und ein vollendetes Gebäude ist ihm nichts mehr als eine abgenossene Geliebte [. . .] So hat der König das Beste, was in mir war [. . .] stets unterdrückt und in eine falsche Bahn gezwungen.»[60]

Als er in Ungnade gefallen war, meinte Klenze: «Ich fühlte und glaube es noch, daß ein tiefes Gefühl, ein ernstes feuriges Wollen, in unserer Zeitperiode vielleicht keine Künstler mehr als den trefflichen Schinkel und mich dazu geeignet gemacht hätte, etwas Tiefes, Ernstes und Rationelles für Kunst und namentlich Architektur zu wirken, aber Sophokles sagt wahrlich mit vollem Rechte: ‹Ein jeder der zu einem König geht, der wird, so frei er zu ihm kam, sein Knecht!› Und so hat der

König Ludwig das Beste, was in mir war, [...] stets unterdrückt und in eine falsche Bahn gezwungen.»[61] Trotzdem ist es höchst fraglich, ob Klenze, dem die exzeptionelle Begabung eines Schinkel versagt war, unter Berliner Bedingungen auch nur annähernd soviel hätte erreichen können wie in München. Des Königs Ansprüche und Ideen schufen Gelegenheiten und Herausforderungen, die Klenze, bei dem, ganz anders als bei Schinkel, eine von den Aufträgen unabhängige künstlerische Entwicklung kaum zu erkennen ist, von sich aus wahrscheinlich nicht einmal gesucht hätte. Auch Friedrich von Gärtner, der die Besserwisserei seines Königs mehr als einmal beklagte, hätte einen Bau wie die Salinendirektion an der Ludwigstraße wohl kaum entworfen, hätte der König ihm nicht so gnadenlos in den Entwürfen für die Staatsbibliothek herumgestrichen und ihn dadurch herausgefordert, sich für diesen ersten reinen Verwaltungsbau Bayerns (1838–1843) produktiv mit Heinrich Hübschs 1828 publizierten Theorien des Rundbogenstils als der zeitgemäßen Architekturform des 19. Jahrhunderts auseinanderzusetzen und dabei auch Anregungen von Schinkels Berliner Bauakademie zu einer materialspezifischen Backsteinarchitektur fruchtbar werden zu lassen.[62]

Die Verbindung von Hartnäckigkeit und Sprunghaftigkeit kennzeichnet auch den Kirchenbau Ludwigs I.[63] Der neobyzantinische Raum der Allerheiligen-Hofkirche verdankt seinen Stil einem Reiseerlebnis von 1823, als der Kronprinz in der Capella Palatina zu Palermo die Christmette hörte: «Solch eine Schloßkapelle will ich haben.» – «Der Goldgrund», erinnerte sich Klenze, «die Gemälde, das sonderbar phantastische Verhältnis des Ganzen, der Rest eines ehrwürdigen Althertums, die geschichtlichen Erinnerungen, welche sich an sie knüpfen und die heilige Handlung bei mitternächtlicher Beleuchtung hatten auf den Kronprinzen einen [...] gewaltigen Eindruck gemacht.»[64] Da Klenze die Palermitaner Kapelle baukünstlerisch unvollkommen schien und er für eine Hofkapelle Emporen brauchte, hielt er sich bei der Ausführung an S. Marco in Venedig.

König Ludwig dachte schon bald an weitere Kirchen. 1827

ließ er den zweiundzwanzigjährigen Ziebland wissen: «Ich bin gesonnen, dem Apostel der Deutschen und Bayern, dem hl. Bonifatius, in München eine Kirche zu bauen und zwar in Form einer Basilika. Für diesen Bau habe ich Sie erwählt; da ich aber dieses Gebäude so recht in dem Geiste und der Form einer Basilika zu erhalten wünsche, schicke ich Sie auf mehrere Jahre nach Italien; studieren Sie mir dort fleißig die in diesem Land befindlichen Basiliken und legen Sie mir dann Pläne dazu vor. Die Grundsteinlegung wird aber erst im Jahre 1835 am Tage meiner silbernen Hochzeit stattfinden. Dabei aber stelle ich gleich jetzt Bedingungen: die Basilika muß als Seitenstück der Glyptothek gegenüber zu stehen kommen und im griechisch-korinthischen Style gehalten sein; sie soll fünf Schiffe und ungefähr die Größe der dreischiffigen Basilika in Ravenna, S. Apollinaris in Classe, bekommen. Die Bausumme soll 400000 fl. nicht überschreiten.»[65]

Den Bürgern der Au, damals eine noch selbständige Vorstadt mit eher schlechtem Ruf, dachte Ludwig 1830 keine Hofkirche zu, weshalb dort eine von ihm geringer geschätzte Stilart, die gotische, genügen konnte. Es war zudem keine Kathedralgotik, für die er sich entschied, sondern die bayerische der Hallenkirchen. Nur für den Turm blickte man über die Landesgrenzen, nach dem Freiburger Münster. «Von den Großbauten», heißt es 1847, «welche Bayerns König ebensowohl dem öffentlichen Bedürfnis als auch der fruchtbringenden Idee widmete, unserer Gegenwart in Monumenten der verschiedensten Stile gleichsam alle Glanzepochen der Baukunst vor das Auge zu rücken, ist wohl das mit strenger Konsequenz im besten altdeutschen Style durchgeführte Auer Gotteshaus nach seiner äußeren Erscheinung das reizendste, nach seinem Inneren das eindrucksvollste.»[66] Der junge Joseph Daniel Ohlmüller, den Ludwig als Architekten ausersehen hatte, mußte sich erst einarbeiten. Er scheute «keine Kosten, Städte mit derley Denkmälern im altteutschen Style, wie Augsburg, Ulm, Landshut, Regensburg etc. zu besuchen, um mir Rath bey dieser uns vaterländischen doch außer Uebung gekommenen schwierigen Bauart zu erholen [...]».[67] Solche Studien waren im zeitgenössischen Kontext durchaus nichts Konservatives. In einer Publikation von 1886 heißt es: «Unter der Leitung dieser Architekten [Ohlmüller und Ziebland] und durch die Mitwirkung vieler anderer ausgezeichneter Künstler bei der inneren Ausstattung, wurde die Auer Kirche ein modernes Bauwerk von hervorragender Bedeutung, welches schon dadurch in der neuen Architekturgeschichte eine besondere Stellung einnimmt, als sie eine der ersten Kirchen war, welche im Spitzbogenstyl des 14. Jahrhunderts in deutscher Bauweise errichtet, die halb vergessene, halb mißachtete Kunst unserer Väter wieder in glänzender Weise zu Ehren brachte.»[68]

Der Stilpluralismus war aber nur eine von mehreren Facetten der ludovizianischen Modernität, die Architekten wie Kritiker von überall nach München blicken ließen. Eine andere war die breite Anwendung der rationalisiertesten Entwurfsverfahren der Zeit. Schon Carl von Fischer hatte sich der Methodik von Jean-Nicolas-Louis Durand bedient, bei Gärtner ist sie in den seriellen Rundbogen seiner Fassaden, besonders am Blindeninstitut und am Damenstift, auch außen unübersehbar, und bei Klenze bestimmte Durandsches Entwerfen nicht nur die Grundrißfiguren, sondern auch Fassaden wie die des Palais Leuchtenberg, die mit ihren gegenüber den italienischen Vorbildern stark reduzierten Wandteilen auch etwas von dem Raster spüren läßt, mit dessen Hilfe sie gezeichnet wurde. Die Einheit von Entwurfsverfahren und Formensprache ging verloren, die bis dahin nach dem Dekorumsprinzip geregelten Korrelationen von Architekturform und Bauaufgabe lösten sich auf, während zugleich neue Aufgaben der Kultur, der Wohlfahrt oder der Verwaltung und bald auch der Industrie Anspruch auf zeitgenössische Gestaltung erhoben.[69]

Der junge Gottfried Semper blickte nach München, als er 1834 in seiner ersten Programmschrift der zeitgenössischen Architektur die Diagnose stellte. Seine Grundthese: «Nur einen Herrn kennt die Kunst, das Bedürfnis. Sie artet aus, wo sie der Laune des Künstlers, mehr noch, wo sie mächtigen Kunstbeschützern gehorcht. Ihr stolzer Wille kann wohl ein Babylon, ein Persepolis, ein Palmyra aus der Sandwüste erheben, wo regelmäßige Straßen, meilenweite Plätze, prunkhafte Hallen und Paläste in trauriger Leere auf die Bevölkerung harren, [...] – das organische Leben griechischer Kunst ist nicht ihr Werk, es gedeiht nur auf dem Boden des Bedürfnisses und unter der Sonne der Freiheit.» Um sich herum fand Gottfried Semper nur Dekadenz: «In dem Gefühle ihrer Schuld und gedrängt von den Gläubigern hilft sich die halbbankerotte Architektur durchs Papier und bringt zweierlei Sorten davon in Umlauf, um sich wieder zu erholen. Die erste Sorte sind die Durand'schen Assignaten, die dieser Schachbrettskanzler für mangelnde Ideen in Kurs setzt. Sie bestehen aus weißen Bögen, die nach Art der Stickmuster oder Schachbretter in viele Quadrate geteilt sind, auf denen sich die Risse des Gebäudes ganz mechanisch ordnen. [...] Die zweite Papiersorte, die in der allgemeinen Ideennot nicht minder zu statten kommt, ist das durchsichtige Oelpapier [...]. Der Kunstjünger durchläuft die Welt, stopft sein Herbarium voll mit wohlaufgeklebten Durchzeichnungen aller Art und geht getrost nach Hause, in der frohen Erwartung, daß die Bestellung einer Walhalla à la Parthenon, einer Basilika à la Monreale, eines Boudoir à la Pompeji, eines Palastes à la Pitti, einer byzantinischen Kirche oder gar eines Bazars in türkischem Geschmacke nicht lange ausbleiben könne [...]. Was für Wunder aus dieser Erfindung erwachsen! Ihr verdanken wir's, daß unsere Hauptstädte als wahre extraits de mille fleurs, als Quintessenzen aller Länder und Jahrhunderte emporblühen, so daß wir, in angenehmer Täuschung, am Ende selber vergessen, welchem Jahrhundert wir angehören.»[70]

Eine «behagliche große Stadt»

Im letzten Drittel des 19. Jahrhunderts wurde München Großstadt, zumindest der Zahl der Einwohner nach. Die bauliche und planerische Auseinandersetzung mit dieser Entwicklung hat Gestalt und Selbstverständnis der Stadt nachhaltig geprägt, und Theodor Fischer konnte auf breite Zustimmung rechnen, als er 1925 den Wunsch formulierte, München bleibe hoffentlich «das, was es ist, nämlich die behagliche große Stadt, in der einer, der es will, die Großstadt, und ein anderer, der so will, die Kleinstadt findet».[1]

Am Anfang dieser Entwicklung allerdings stand nicht der Wunsch nach einem Sowohl-als-auch, sondern eines der ehrgeizigsten urbanistischen Projekte des 19. Jahrhunderts.[2] In München sollte nämlich nichts weniger gelingen, als die historischen Stile zu einer höheren Synthese zu bringen, gleichzeitig die Stadt durch neue Anlagen mit ihrer natürlichen Umgebung zu verbinden und, nicht zuletzt, als neue Großstadt mit den internationalen Metropolen in Wettstreit zu treten.

Am Anfang stand die Stilfrage. Noch als Kronprinz fragte Maximilian II. 1832 bei Ludwig Schorn, dem führenden Münchner Kunstkritiker, an: «Muß man in der Baukunst, um etwas Treffliches zu schaffen, immer ausschließlich einem reinen Stile folgen, oder ist es einem schöpferischen Geist erlaubt, aus den verschiedenen das Beste wählend, etwas Originales zu bilden?»[3] 1839 bat er Schinkel um ein Gutachten. Dessen Antwort auf die «Fragen in Beziehung eines characteristischen, dem Fortschritt in der Zeit passenden Baustyls» fiel zurückhaltend aus. Es werde vor allem «darauf ankommen, einen Gegenstand zu erdenken, der der vorrückenden Zeit unentbehrlich wäre, derselben ganz genügte und der den Fortschritt nicht allein deutlich zeigte, sondern ihn auch nach seinem inneren Gehalte fortzubilden imstande wäre». Bei jedem Versuch einer Verschmelzung müsse «ein strenges Prinzip der Charakteristik der Hauptaugenmerk bleiben». Auch ein Kunstwerk, das in einem der historischen Stile gehalten sei, müsse «ein ganz neues Element bei sich haben», denn nur dieses neue Element sei es, «was ihm das Interesse für die bestehende Welt gibt, welches das Mehr aus dem bestehenden heraustreten läßt und dadurch das Bestehende mit einer neuen Farbe verschmilzt und den Reiz eines lebendigen Geistes darüber ausgießt». Konkrete Vorschläge seien fast unmöglich, «und es bleibt immer das sicherste Mittel sich nach einem Talent umzusehen, das durch beständiges practisches Arbeiten die Versuche über den Gegenstand [...] zu einem Grad der Vollendung emporwachsen läßt, der eine Befriedigung giebt und die Aussicht eröffnet, daß der an diesem Gegenstand sich aussprechende Styl von der Art sei, eine fernere Vollendung zuzulassen».[4] Schinkels Vorschlag: Man möge eine neue Bauaufgabe entwickeln und dann einen Wettbewerb nach Lösungen suchen lassen. Als König folgte Maximilian diesem Rat. Ein «Athenäum» sollte auf den Isarhöhen die zeitgemäße «Akropolis» werden. Die Erwartungen an «die Anfertigung eines Bauplanes zu einer höheren Bildungs- und Unterrichts-Anstalt betreffend» waren hoch, die Ergebnisse enttäuschend. Die zwölfseitige Broschüre, in der die Ziele formuliert waren, mußte freilich auch Gutwillige entmutigen. Um zu «einer neuen, natur- und zeitgemäßen, volks- und volkseigentümlichen [...] Baukunst» und einer «nationalen Neugestaltung der Architektur zu gelangen» wünschte der Auslober ein Bauwerk, «in dessen gesammter Erscheinung der Charakter der Zeit so recht unverkennbar seinen verständlichen Ausdruck fände, in welchem die Ideen und Bestrebungen der Gegenwart sich verkörpert sähen und bei dem zugleich die seitherigen Erfahrungen der Architektur, die [...] Fortschritte der Technik, die gesammte Errungenschaft der Vergangenheit an constructiven und ornamentalen Vorbildern, das außerordentlich erweiterte Feld des Materials [...] dem Zwecke wie dem Charakter des Gebäudes selbst angemessen [...] benützt wären.»[5]

Der Architekt sollte «Grundplan und die von der Oertlichkeit, dem Klima und Baumaterial bedingte, auf die Gesammtgliederung und die ornamentale Einzelgestaltung des Bauwerks rückwirkende Konstruktion, mit den höheren Anforderungen jener Ideen in lebendigen Einklang zu bringen». Und «weiß er den Charakter praktischer Zweckmäßigkeit und heiterer Behaglichkeit mit dem der Einfachheit und Schönheit zu verbinden; so kann es nicht fehlen, daß das Gebäude [. . .] ein schönes Ganzes bilden werde». Außerdem sollte er «bei dem Entwurf dazu das Formenprinzip der altdeutschen, sogenannten gothischen Architektur, und beim Ornament die Anwendung deutscher Thier- und Pflanzenformen nicht ganz aus den Augen lassen». Und im ganzen erwartete man, es werde «alles Frostige, Schwerfällige, Düstere und Strenge vermieden, dem leichten und heiteren Schwunge der Formen und Verhältnisse dagegen ein weites Feld [. . .] dargeboten sein».[6]

Die gebaute Maximilianstraße hat mehr Spott als Zustimmung gefunden, wobei die eigentliche Leistung, die im Städtebaulichen liegt, für allzu selbstverständlich genommen wurde. Der altertümliche Name «Forum» läßt allerdings auch wenig ahnen von der Modernität der Konzeption, bei der des Königs Begeisterung für das fortschrittliche London und das zeitgenössische Paris nicht ohne Folgen blieb. In München entwickelte Friedrich Bürklein die maßgebenden Ideen: «[. . .] Garten (öffentlich) – die Mitte haltend zwischen Park und gewöhnlichen Alleeanlagen – wie dies erreicht scheint durch die ‹Champs-Elysées› in Paris. [. . .] Die Anlage eines großen öffentlichen Gartens mit Vergnügungsplätzen, ausgestattet mit schönen Alleen zwischen Fahr- und Fußwegen, mit reizenden Blumenparterres und Bosketts ist ein Bedürfnis. In der Hauptform eines römischen Forums angelegt, ein würdiger Bauplatz für öffentliche Bauten und Monumente, ein Korso, ein Sammelplatz der gebildeten Welt. Gleich den ‹Champs-Elysées› in den entfernteren Teilen zwischen Privatgebäuden: Konditoreien, Kaffee- und Speisehäuser, Säle für Musikfeste, Volkstheater, Zirkus, öffentliche Bäder etc. etc.»[7]

Die Anlehnung der maximilianeischen an die europäischen Metropolen wäre ungleich anschaulicher geworden, wenn der König sich auch mit seinen Plänen für den Max-Joseph-Platz hätte durchsetzen können, wo er einen öffentlichen Wintergarten aus Glas und Eisen nach Pariser Vorbild zu errichten gedachte. Sein Oberhofmeister 1852: «Man denke sich eine mit Glas eingedeckte Galerie, Basar oder Pariser Durchgang, von der Sonne oder dem Ofen erwärmt, diese den Einwohnern Münchens während der rauhen Jahreszeit dienende angenehme Promenade ist mit Verkaufsläden für Bijouterie, Quincaillerie und Modewaren versehen und enthält ein Lesekabinett, ein Café, eine Restauration. [...] Daß ein solches Etablissement in der Mitte der Stadt sein müßte, versteht sich von selbst.»[8] Die Gegner des Projektes obsiegten jedoch: «Der Wintergarten ist ein schöner und frommer Wunsch ... aber ihn allgemein zu machen, das geht zur Zeit in München noch nicht. Es fehlt im Allgemeinen der bessere und höhere Sinn, und solch einen Platz nur bestimmten Klassen von Menschen zu öffnen, erzeugt Haß und Rachsucht von Seiten des niederen Publikums. Die Realisierung dieser Idee muß jener Zeit überlassen werden, wo bereits der Wohlstand bei dem größeren Publikum in München eingekehrt ist.» Verwirklicht wurde nur ein privater Wintergarten «für die allerhöchsten Herrschaften und ihre Umgebung».[9]

Die Münchner bekamen ihren Glaspalast (Abb. 55) in der Nähe des Bahnhofs, auf dem Gelände des Alten Botanischen Gartens. Er war der erste Nachfolgebau von Paxtons Londoner Wunderwerk auf dem europäischen Kontinent. Der Kritiker des ‹Deutschen Kunstblattes› befand: «Der Glaspalast ist seinem Zwecke gemäß, wesentlich eine Architektur des Innern, und diesem Innern fehlt es denn auch, wie allem wahrhaft Zweckmäßigen, nicht an eigentümlichem, bedeutsamem, ja poetischem Reiz. In dem allseitig eindringenden Lichtstrom findet der Geist dieser nach allseitiger Erleuchtung ringenden Zeit seinen unwillkürlichen und unverkennbaren Ausdruck. [...] – dieser Widerschein allgemeiner Aufklärung schließt auch das Spiegelbild der allgemeinen Unruhe, der flackernden, flunkernden, buntscheckigen Zerstreutheit und Zerfahrenheit in sich. Es fehlt dem Glaspalast die künstlerisch harmonische Betonung, das gesammelte Licht, und muß ihm fehlen, weil seinem Material von vornherein der plastische Körper, die architektonische Masse abgeht. Darum bleibt der architektonische Eindruck des allerwärts durchbrochenen, durchlöcherten Gebäudes durch und durch der des Gerüsthaften, Provisorischen. [...] Dies ist keine Zeit der dauernden, ideengesättigten und maßvollen Lebensformen, welche sich in monumentalen Bauwerken verkörpern lassen, dies ist vielmehr

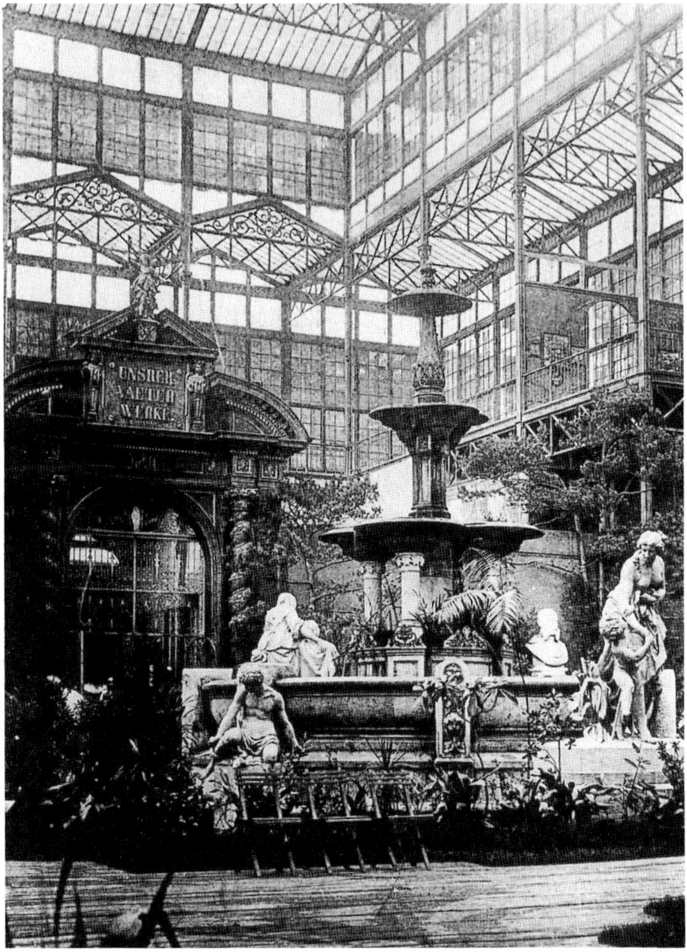

55. Innenansicht des 1931 abgebrannten Glaspalastes, 1854, die Brunnen heute auf dem Weißenburger- und dem Orleansplatz

eine rastlose, irrende, suchende Übergangsperiode, und alles, was sie aus innerstem Bedürfnis zu bauen vermag, ist nicht Haus, nicht Palast, nicht Kirche, sondern prägt nur den Charakter ihres unstätten Seins, ihrer geistigen ‹Durchgangspunkte› aus, es ist mit einem Wort eine Art von Bahnhof.»[10]

Der Held einer kleinen Schrift von 1854, ‹Pimplhuber in der Industrieausstellung›, besuchte den Glaspalast mit seinem Freund Tatschler: «Orgel- und Klavierspiel, Wasserrauschen und vibrierendes Lustgetöne schlagen an das Ohr. Wunderbare Wirkung. Pimpl (nimmt den Hut ab.) Große Industrie! Heiliges materielles Interesse! Wunderthätiger Gewerbfleiß! Mächtiger Kunstsinn. Ueberall gegenwärtiger Spekulationsgeist! Unsichtbares Band der Völker! Allmächtiger Annäherungs- und Verkehrsbetrieb! Herrliche Erfindungsgabe. Mit einem Wort: Neunzehntes Jahrhundert! Sei mir gegrüßt! Du bist die Krone aller bisherigen Epochen, der Gipfel der Zeitrechnungen. Mit klopfendem Herzen betrete ich deinen Tempel, um dich anzustaunen in dem kleinsten Drahtstift wie in der allgewaltigen Dampfmaschine! [...] Wenn unsere Intelligenz noch nicht auf dem Culminationspunkt angekommen ist, dann weiß ich nicht, wohin wir noch kommen sollen; dann ist der liebe Gott selbst nicht mehr sicher vor unserer Industrie ... Mit jedem Morgen danke ich Gott, daß er aus mir keinen alten Römer, sondern einen Einwohner von München gemacht hat, und mich jetzt leben läßt, in dieser vielbewegten, und wenn auch theuern, so doch äusserst merkwürdigen Zeit.»[11]

Als Ludwig II., der spätere «Märchenkönig», 1864 den bayerischen Thron bestieg, fand er in seiner Hauptstadt noch andere technische Großbauten vor. Der Bahnhof von Friedrich Bürklein, eine freundliche Frührenaissancefassade aus farbigen Klinkern, dahinter eine monumentale Holzkonstruktion als Halle, stand schon seit 1847/49. Die Maximiliansgetreidehalle, die sich beim Viktualienmarkt über vierhundert Meter bis fast zur Müllerstraße erstreckte, hatte Stadtbaurat C. Muffat als an den Seiten offene Eisenkonstruktion mit basilikalem Querschnitt konzipiert. Zu den ersten Bauplänen, die dem neuen König vorgelegt wurden, gehörten die für das neue Polytechnikum an der Arcisstraße. Die Pläne Gottfried Neureuthers schienen dem Monarchen reicher als angemessen, so daß die relative Zurückhaltung der ausgeführten Technischen Hochschule vielleicht den ersten Beitrag Ludwigs II. zur Münchner Baukunst darstellt (bei der Kunstakademie war es in den siebziger Jahren das knappe Geld, das den Architekten zur Sparsamkeit zwang). Die Architektur sollte erzieherisch sein bis in die Materialien, die aus ganz Bayern zusammengetragen wurden, um den jungen Technikern «etwas von dem Reichtum an guten Bausteinen zu zeigen, welche in den verschiedenen Teilen des Landes vorkommen und noch nicht genügend verwendet werden, obwohl die Benützung derselben durch die in den letzten Jahren entstandenen Eisenbahnen sehr erleichtert ist». Reliefs und Bilder sollten den Studierenden die geistigen und geschichtlichen Grundlagen ihres Tuns vor Augen stellen.[12]

Die Beschäftigung mit Gottfried Sempers Entwürfen für ein Richard-Wagner-Festspielhaus war für Ludwig II. nicht nur königliche Pflicht, sondern persönliche Leidenschaft. Auch dabei ging es um eine Architektur, die ganz anders ist als die, die sich heute mit Ludwigs Namen verbindet (Abb. 56). Anfangs hatte man sogar noch ein zweites, provisorisches Theater ins Auge gefaßt, das im Glaspalast unterkommen sollte. Ludwig konnte sich aber gegen das Kabinett, den Hochadel und die Münchner Öffentlichkeit, die im Dezember 1865 bereits die Ausweisung Wagners erzwungen hatten, nicht durchsetzen. Der König konzentrierte sich nun auf den Monumentalbau, obwohl der Komponist diesen wegen der langen Bauzeit und der hohen Kosten eher fürchtete und den Plan seines Architektenfreundes hinter den Kulissen sogar sabotierte. Sempers Holzmodell vom September 1866 zeigte den berühmtesten Theaterarchitekten des 19. Jahrhunderts auf der Höhe seines Könnens. Die Hauptfunktionen sind lapidar disponiert: das Halbrund des Zuschauerraumes, darüber das Bühnenhaus, rechts und links Seitenflügel mit den Treppenhäusern und Gesellschaftsräumen. Mit diesem Theater hätte Ludwig II. der Prospektarchitektur des Maximilianeums ein Bauwerk an die Seite gestellt, das weder seine Bestimmung noch seinen Stil erst suchen mußte. Das Theater sollte auf der Isarhöhe stehen und das Ziel einer Straße werden, die nach Sempers Idee in der Verlängerung der Brienner Straße durch den Hofgarten und das Lehel geführt worden wäre, dann die Isar überbrückt hätte, um schließlich bei dem neuen Festbau zu ihrem Ziel zu gelangen.

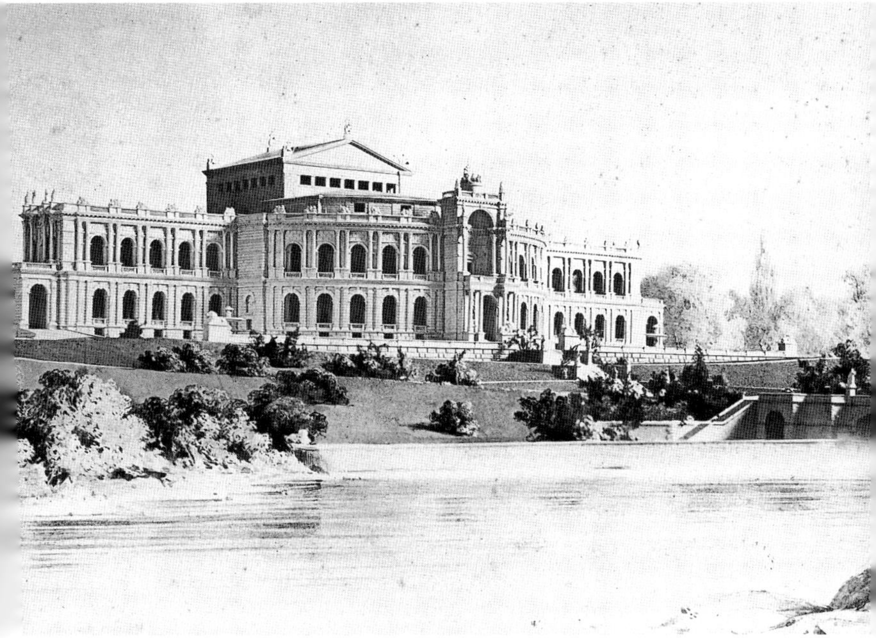

56. Gottfried Semper, Entwurf für den Richard-Wagner-Festbau am Ostufer der Isar, 1865, zeitgenössische Fotomontage

Dazu ist es nicht gekommen, weil der König resignierte und sich in seine Residenz zurückzog, bevor er München schließlich ganz den Rücken kehrte. Über den westlichen Flügel des Festsaalbaus ließ er einen Wintergarten bauen (Abb. 57): «Er stellte eine indische, herrliche Landschaft dar, welche durch ein sehr gelungenes Bild (Hymalaya-Gebirge) abgeschlossen wird.» Modernste Bühnentechnik sorgte für Illumination, sogar die künstlichen Lotosblumen waren beleuchtbar: «Die Wirkung der ganzen Anlage erinnert lebhaft an die hängenden Gärten der Semiramis und muß gleich reizvoll sein, mag dieselbe nun abendlich durch bunte Ampeln dämmerhaft erhellt werden, mag die goldige, wirkliche Sonne oder der träumende Mond in eigener Person seinen flimmernden Strahl durch den Horizont von Glas auf diese kunstreiche Natur hereinsenden.»[13]

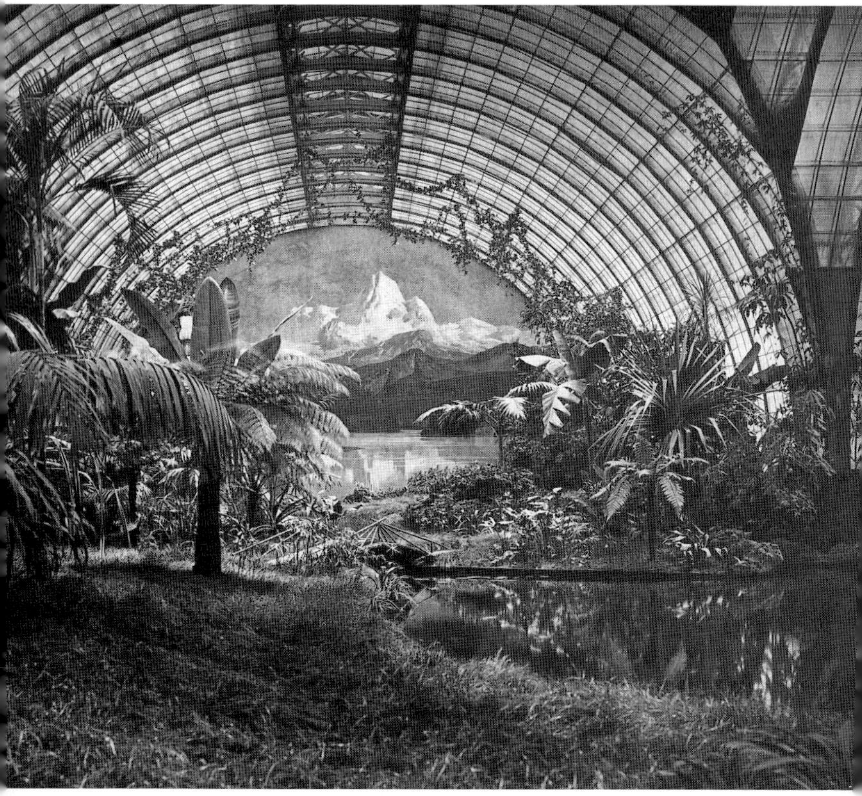

57. Wintergarten Ludwigs II. auf dem Dach des Festsaalbaus der Residenz, 1867, zerstört

1912 gab die Jahresversammlung des ‹Verbandes Deutscher Architekten- und Ingenieurvereine› Gelegenheit zu einer Bilanz. Auf mehr als achthundert Seiten stellte die lokale Sektion ihren Gästen ‹München und seine Bauten› vor. Für die Bauten des Hofes brauchte man keine zehn Seiten, für die städtischen Bauten hingegen gut zweihundert, und bei den Privatbauten waren es noch einmal vierzig mehr. Zu den Aufgaben, die private Bauherren wahrnahmen, gehörten: «Kirchen, Pfarrhäuser, Friedhofsbauten; Theater- und Saalbauten; Wirtschaften, Hotels und Cafés; Vereinshäuser; Geschäftshäuser, Verwaltungsgebäude und Banken; Geschäfts- und Wohnhäuser; Das Mietshaus; Das Familienhaus; Kleinwohnungsbauten; Pavillons, Gärten und Grabdenkmale.» Die meisten Bauaufgaben waren hundert Jahre zuvor noch unbekannt. Die Stadt baute: «Verwaltungsgebäude; Gebäude für Erziehung und Bildung; Gebäude für Wohltätigkeit und soziale Wohlfahrtspflege; Gebäude für sanitäre Zwecke, a) Badeanstalten, b) Bedürfnisanstalten, c) die städtischen Krankenanstalten – d) die Gebäude und Anlagen für das Bestattungswesen; Gebäude für Feuerlöschwesen; Gebäude für Handel und Marktverkehr; Stadterweiterung und Staffelbauordnung; Öffentliche Park- und Gartenanlagen; Brunnen und Denkmäler; Wasserversorgung; Kanalisation; Wasser- und Brückenbau; Straßenbau; Gasanstalt; Elektrizitätswerke; Straßenbahn.»[14]

Die Gesamtentwicklung der Stadt war nach Ludwig I. zunächst vor allem eine Sache der Spekulation. Erst am Ende des 19. Jahrhunderts ermöglichten eine effizientere Verwaltung und die 1904 erlassene Staffelbauordnung eine Steuerung, die nicht nur die Interessen des privaten Kapitals im Auge hatte.[15] Im Aussehen unterschieden sich die neuen Viertel beträchtlich. Um den Gärtnerplatz etwa waren noch um 1865 die Auflagen eines 1830 fixierten Bebauungsplanes zu erfüllen. Dessen Geometrie fand ein Echo in der spätklassizistischen Gleichförmigkeit der Fassaden, die vergessen lassen, daß hier nicht mehr ein König seine Hauptstadt erweiterte, sondern Banken und Privatiers ihr Geld anlegten. Die Gruppe um den Baron Karl von Eichthal, den Mitbegründer und Teilhaber der ‹Ostbahnhofgesellschaft›, bestimmte in den siebziger Jahren auch das «Franzosenviertel». In den Mietskasernen für die Arbeiter des 1854 eingemeindeten Haidhausen ist die Herrschaft von Geometrie und «geschlossener Bauweise» noch ungebrochen. Doch wird sie differenziert, denn der städtische Baumeister Arnold Zenetti, der die Pläne zeichnete, wechselte bei der Breite der Straßen und auch bei der Form der Plätze. Konzentration auf das Wohnen und ein geometrischer Grundriß kennzeichnen auch das etwas später entstandene Wiesenviertel. Dort aber wurde den Zahlungskräftigen, die sich seit den achtziger Jahren zwischen Festwiese und

Innenstadt anzusiedeln begannen, eine offene Bauweise mit opulenteren Mietshäusern geboten, bei denen detaillierte städtische Vorschriften zu beachten waren: Geschmackvolle Architektur wurde zum Beispiel verlangt, gewerbliche Nutzung hingegen so gut wie verboten. Die Höhe der Bauten war ebenso fixiert wie die Tiefe der Vorgärten (9 bzw. 6 Meter) oder die Höhe der Hinterhäuser. Grenzmauern waren in den Vorgärten untersagt, und als Einfriedung mußten Eisengitter auf Steinsockeln gewählt werden, damit der Blick auf die Fassaden frei blieb.

Als in Nymphenburg unter Federführung der Baufirma Heilmann & Littmann eine «Familienhäuser-Colonie» errichtet wurde, die ihre Käufer im «gebildeten Mittelstand» suchte, ging es weniger repräsentativ zu. Der Prospekt stellte den «Gelehrten, Künstlern, Pensionisten und Rentnern», die er vor die Stadt locken wollte, die «ruhige vornehme Nachbarschaft» zu Schloß Nymphenburg vor Augen, vergaß aber auch die Bademöglichkeit in der nahen Würm und die guten Zug- und Pferdebahnverbindungen nicht, die auch bei dem «idyllischen Landleben» und viel «freundnachbarlichen Vierteln» die Verbindungen zur Innenstadt nicht abreißen ließen.[16]

Weiter westlich, schon außerhalb des damaligen Burgfriedens, entstand seit 1892 die «Villen-Kolonie Neu-Pasing I». Ihr Gründer, August Exter, konnte seiner Kundschaft, zu der auch der Vater von Franz Marc gehörte, ein Wohnen in «frischer, reiner Luft» anbieten, «dem Menschengewühl, dem Wagengerassel, dem Trambahngetöse Münchens entronnen», einen «glücklich behaglichen Zustand auf eigener Scholle». Auf relativ großen Gartengrundstücken bot er schlüsselfertige Landhäuser an. Bei deren Form zeigte Exter sich geschmeidig: «Es ist nicht beabsichtigt, städtische Villen zu errichten, ebensowenig, nach einigen Schablonen eine große Anzahl von Häusern fabrikmäßig herzustellen. Jedes Haus soll vielmehr eine besondere Gestalt erhalten.» Man baute deshalb nicht auf Vorrat, sondern auf Bestellung. Die in dem Gebiet um die Marschner- und die Orthstraße noch zahlreich erhaltenen Häuser bieten heute geradezu einen gebauten Katalog der beim damaligen bürgerlichen Publikum geschätzten architektonischen Möglichkeiten.[17]

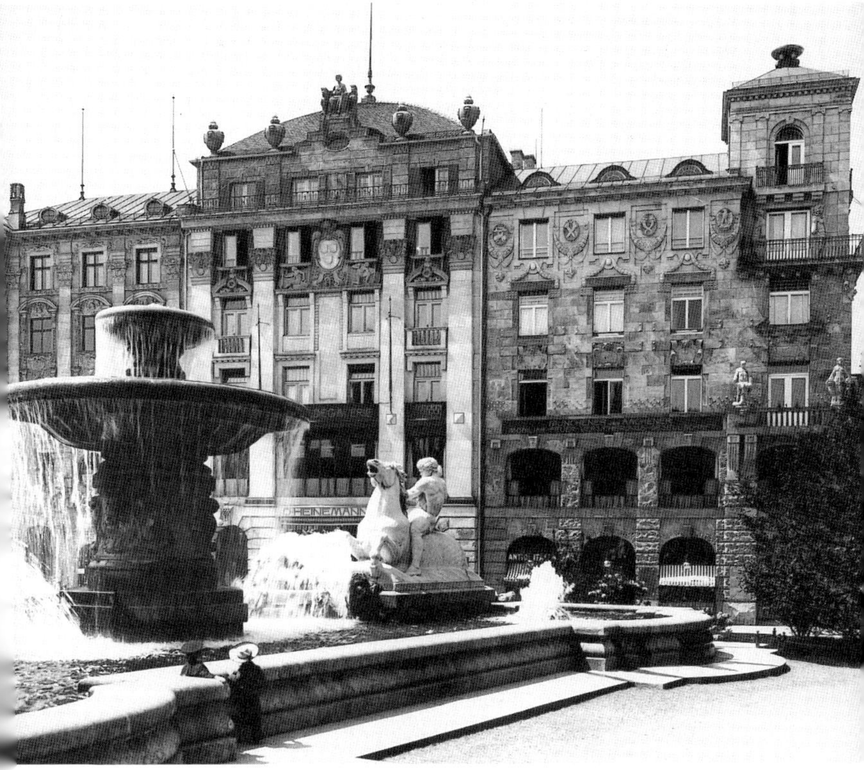

58. Maximiliansplatz mit Adolf von Hildebrands Wittelsbacher Brunnen, 1895, und Emanuel von Seidls Gebäude der Galerie Heinemann, begonnen 1903

Die erste Generation, die in diese Siedlungen zog, lebte nicht nur metaphorisch in Kolonien der Großstadt, denn so gut wie alle lagen sie in dem freien Land, das noch um die Jahrhundertwende nicht nur Schloß Nymphenburg umgab, sondern auch das neue Schwabinger Krankenhaus, die Friedhöfe, das Dantebad oder den Dom-Pedro-Platz. Nicht einmal die Schwanthaler Höhe war bebaut.[18] Der Kolonisierung des Umlandes, in deren Vollzug sich die Lücken innerhalb weniger Jahrzehnte schließen sollten, korrespondierte die Neugestaltung der Innenstadt und eines Teils des ehemaligen Mauergürtels, der bedeutenden Schmuck bekam. «Der Festeingang Münchens», so 1917 der berühmte Kunsthistoriker Heinrich Wölfflin, «ist da, wo Hildebrands Brunnen steht [Abb. 58]. Der Bahnhofsplatz sagt niemandem etwas; das Rondell des Karlstors öffnet zwar die Hauptader der Stadt, ist aber zum bloßen Durchgangspunkt geworden. Wenn man indessen links einschwenkt, der Lenbachplatz sich auftut, die Maximiliansanlagen sichtbar werden und davor die hellen Marmorfiguren mit den rauschenden Wasserbecken, dann weiß man, daß man in München ist, dem heiter-festlichen Vorort Süddeutschlands. Der Platz hat etwas ungemein Lebendiges und Natürlich-Prächtiges. Alles greift ineinander. Es ist als hätte der Brunnen von jeher hier gestanden. Und sollte dem einen oder anderen eine Erinnerung an römische Anlagen aufsteigen, so wäre das kein fremder Ton: an wie vielen Stellen der Stadt muß einem in den Sinn kommen, daß München am Anfang der Alpenstraße nach Italien liegt!»[19]

Seine Entstehung verdankt das 1895 enthüllte Monumentalwerk freilich nicht künstlerischer Italienseligkeit, sondern der Vollendung der städtischen Wasserversorgung. Nach schweren Choleraepidemien hatte der von Maximilian II. nach München berufene Max von Pettenkofer im schlechten Wasser den Hauptschuldigen gefunden und eine Kampagne in Gang gesetzt, die München am Ende des Jahrhunderts zu einem Muster progressiver Stadthygiene machte.[20] Von solcher Progressivität läßt die Gestalt der Anlage wenig ahnen. Einem Wandbrunnen ähnlich schließt sie den Lenbachplatz, im Rükken aber hat sie nicht Architektur, sondern die Schmalseite des Parks, in den Carl von Effner das Areal der geschleiften Befestigung verwandelt hatte. Hildebrands Brunnen erst macht aus dem Zusammentreffen von Straßen einen Platz, der seinerseits Teil einer Folge neuer großstädtischer Stadträume war, die vom Bahnhof über den Justizpalast und den Maximiliansplatz zur Residenz führte. Ihr bedeutendster Innenraum war das feudale Café Luitpold an der Brienner Straße, das städtebauliche Kernstück aber der Lenbachplatz, wo mit Friedrich von Thiersch, Albert Schmidt, den Brüdern Seidl und Martin Dülfer die Elite der Münchner Architekten baute und wo durch das Künstlerhaus, den nahen Ausstellungspalast und die

Prachtbauten der Kunsthandlungen Heinemann und Bernheimer auch die «Kunststadt München» ihr vielleicht vitalstes Zentrum hatte.

Was als Altstadt, damals wie heute, die Fremden anzieht, war ebenfalls ein Resultat gründerzeitlichen Städtebaus. Genuine ältere Bausubstanz gab es dort auch vor dem Zweiten Weltkrieg schon fast nur noch bei Monumentalbauten, das übrige war den Bedürfnissen des Fahrzeug- und des Fremdenverkehrs zum Opfer gefallen. Der eine benötigte breite Straßen, der andere ein möglichst «typisch altmünchnerisches» Erscheinungsbild. Da dem real vorhandenen alten München beides abging, mußte ein neues altes München geschaffen werden. Der städtische Verwaltungsbericht für das Jahr 1894 begeisterte sich: «Mächtig pulsiert das Leben des Verkehrs durch die Straßen einer großen Stadt. Die alten Bestände, dem intimen Sinne der Vorfahren und dem verhältnismäßig geringen Verkehr zur Zeit der Anlage des alten Straßennetzes entsprechend traulich zusammengerückt, vermögen dem flutenden Strom des modernen Lebens, dessen Forderung nach freier, ungehemmter, individueller Bewegung, nach Licht und Luft in unbeschränkter Fülle nicht mehr zu genügen. Das alte Kleid ist zu enge und muß geweitet werden. Die Verkehrsrichtungen verlangen neue Bahnen oft mitten durch bebaute Quartiere zum schlanken Anschlusse an jenseits der letzteren weiterführende Straßenzüge, es müssen Verkehrswege verbreitert, Ecken beseitigt, Plätze verändert oder neugeschaffen werden [. . .]. So ändern sich fortwährend die Bilder in buntem Wechsel; wo Straßen und Plätze sich dehnten, erheben sich ragende Gebäude, und Gebäude fallen, um Straßen und Plätzen Raum zu machen.»[21]

Dieses Unternehmen war so erfolgreich, daß schon nach kurzer Zeit das neue alte München in solchem Maße nicht nur das Image, sondern auch die Identität der Stadt zu bestimmen begann, daß karge Restbestände wie die Fassaden am Sebastiansplatz heute (und wohl auch damals schon) als Fremdkörper wirken. München bekam eine moderne Altstadt, aber keine moderne City, und Großstadtarchitektur wie die von Otto Wagner wäre hier ebenso unvorstellbar wie Berliner

Gründerprunk. Die Verbindung von Straßenerweiterung und neuer Altstadtarchitektur war in der Eindeutigkeit ihres Kalküls nicht nur sehr modern, sondern auch sehr münchnerisch. Der mittelalterliche Stadtgrundriß wurde in den Hauptzügen nicht aufgehoben, in der Feinstruktur aber blieb so gut wie nichts beim alten.[22] Die Neubauten gaben sich behäbig, volumen- und formenreich. Immer wieder zu malerischen Gruppen, «wie gewachsen», arrangiert, prägen sie heute das Bild von München. Dabei war die alte Altstadt selbst an Orten wie dem Platzl alles andere als «gemütlich» gewesen. Noch die Architektur, die die frühen Fotografen vorfanden, unterschied sich nicht grundsätzlich von der des Sandtnerschen Stadtmodells. Lapidare, glatte, meist fast schmucklose Baukörper dominierten.[23] Schon Bauchungen fielen auf, und plastischen oder architektonischen Schmuck gab es fast nur bei den Bauten des Adels und den Kirchen. Jedes Viertel hatte architektonisch wie sozial eine klare Physiognomie. Nun aber wurden sie mittels des neuen Straßennetzes nicht nur enger verbunden, sondern dank der neuen Gestaltung auch immer ähnlicher. Statt eines Kreuz- oder Graggenauviertels gab es nun *die* Altstadt. Selbst das Büro Heilmann & Littmann, dem mit der Anatomie an der Pettenkoferstraße eine der wenigen auch in der Form überzeugend modernen Bauten gelang, schlug beim Hofbräuhaus einen betont altdeutschen Ton an, dem sich die Nachbarn anschließen mußten, sollte hier doch «ein Fingerzeig» gegeben werden, «wie derartige Platzbilder auch in unserer Zeit noch zu schaffen sind durch rechtzeitig aufgestellte Pläne für die Gesamterscheinung seitens der einschlägigen Behörden».[24]

Das Büro hatte ein «Gesamtfassadenbild» für die Ostseite des Platzl entworfen, der städtische Baurat Hans Grässel eines für den Norden. 1917 sprach Grässel vor dem ‹Architekten- und Ingenieurverein› über «Die Erhaltung des Charakters der Stadt München». Seiner Hauptforderung, «der Vermeidung von Bestrebungen auf Internationalität», war da längst Genüge getan. In der Konkurrenz mit Wien oder Berlin, so führte er aus, könne nur ein charaktervolles München bestehen, «das bestimmte individuelle gleichbleibende Gepräge [...] und die dauernde Eigentümlichkeit»,[25] vermöge derer sich die Stadt klar von anderen unterscheide. Grässels Ausgangspunkt ist bereits, als sei dies selbstverständlich, das neue Alt-München.

In solcher Wahrnehmung besteht München fast nur noch aus der Altstadt, großräumige städtebauliche Zusammenhänge wie die an der Äußeren Prinzregentenstraße oder an den Isarkais werden kaum noch gesehen.[26] Die eindrucksvolle großstädtische Flußlandschaft, die um die Jahrhundertwende zwischen Max-Josephs-Brücke und Wittelsbacherbrücke entstand, ist bis heute für viele Münchner Terra incognita. Der Maler Hans von Bartels hat sie dargestellt, als sie noch im Werden war (Abb. 59).[27] Sein Bild ist kein Meisterwerk, aber doch ein respektabler Versuch, in der Vogelschau zusammenzufassen, was in der Wirklichkeit nur sukzessive erlebt werden kann. Die natürlichen Voraussetzungen werden schon im Hintergrund sichtbar, an ihre Bedeutung für Topographie und Geschichte der Stadt erinnert das kräftig herausmodellierte Steilufer vorn links. Die im Stadtgebiet sich vollziehende Transformation des Gebirgsflusses in ein schließlich gebändigt wie ein Kanal abfließendes Gewässer wird ebenso anschaulich wie die doppelte Zugehörigkeit der Brücken zur Stadt und zum Fluß. Von den Querachsen, die den Osten von München an das Zentrum heranholen, hat der Maler die des Prinzregenten in den Mittelpunkt gestellt, wobei er nicht die architektonisch gefaßten Teile und das Nationalmuseum heraushob, sondern die Parkanlage auf der Bogenhausener Seite, die die naturwüchsige Landschaft in die einer städtischen Anlage verwandelt hatte. Nur eben angedeutet sind die den Fluß begleitenden innerstädtischen Raumfolgen, etwa die aus Thierschplatz, Forum an der Maximilianstraße und Mariannenplatz, etwas deutlicher erkennt man die Straßen und Wege, die diese städtische Flußlandschaft mit einem zweiten Verbindungsnetz überziehen.

Einmal im Entstehen, zog das Gebiet auch neue Bauten an, von denen das auffälligste, das ausdrücklich als Blickfang komponierte Müllersche Volksbad von Karl Hocheder (Abb. 60), erst nach einigem Hin und Her und wohl gegen den Willen des Stifters an seinen Platz am Fuße des Rosenhei-

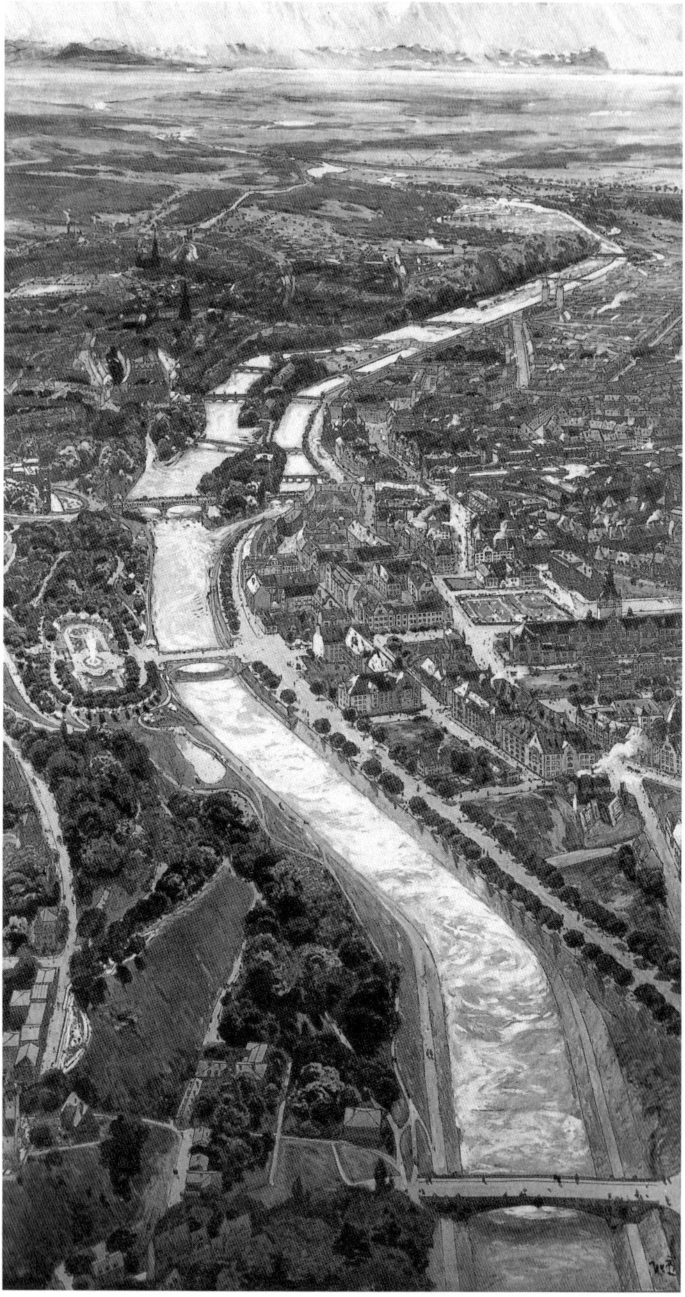

mer Berges kam. Auch mit der neumünchnerischen Neigung, den Einzelbau als Teil möglicher malerischer Städtebilder zu konzipieren, war der Zivilingenieur Karl Müller nicht glücklich: «Daß man nämlich aus einem Gebäude, welches einem gewissen Zwecke zu dienen hat, immer ein ganzes Landschaftsbild zu machen bestrebt ist, wodurch der eigentliche Charakter des Gebäudes total verloren geht. Wer wird aus dem Seidl'schen Projekt zum neuen National-Museum, welches [...] aus einer Gruppe von Häusern und Häuschen p. p. besteht, ein Museum erkennen wollen?»[28]

Gabriel von Seidl, ein Sohn der Stadt, galt schon den Zeitgenossen als der münchnerischste unter den Münchner Architekten. Aus der lokalen Perspektive waren die Unterschiede zu Georg Joseph von Hauberrisser, Hans Grässel, Friedrich von Thiersch oder Theodor Fischer beträchtlich, ganz zu schweigen von dem asketischen Historismus der Ursulakirche von August von Thiersch oder den Lizenzen der Fassaden von Martin Dülfer, der den Part des örtlichen Enfant terrible übernommen hatte. Vor einem weiteren Horizont gesehen schrumpfen die Unterschiede allerdings beträchtlich. Die meisten der Münchner Architekten waren in mehreren Stilen sattelfest, und die Neigung zu einer formenreichen, locker disponierenden Bauweise war ihnen ohnehin gemeinsam. Keinem aber ging alles so gefällig von der Hand wie Gabriel von Seidl. Fritz Schumacher, der ihm einige Jahre assistierte, berichtete von einem Arbeitszimmer «gleichsam getäfelt mit Pappkästen, die nach Begriffen geordnete Photographien enthielten; auf diesem Material spielte er mit unfehlbarem Gedächtnis wie auf einer Klaviatur, und so konnte er bei allem, was er zeichnete und anordnete, sofort irgendein Bildchen auftauchen lassen». Die Innenräume des Bayerischen Nationalmuseums sind das reichste Zeugnis solchen Schaltens und gerade darin ein eigenständiges Werk, «denn die alten Motive ordneten sich», so Schumacher, «stets dem lebendigen Gedanken ein und bei der Durchbildung wurden sie neu geschaffen. In dieser Durchbildung zeigte sich Seidls Meisterschaft. Wenn wir ihm

59. Hans von Bartels, Isarbrücken, 1903, Heilith und Wörner Bau AG

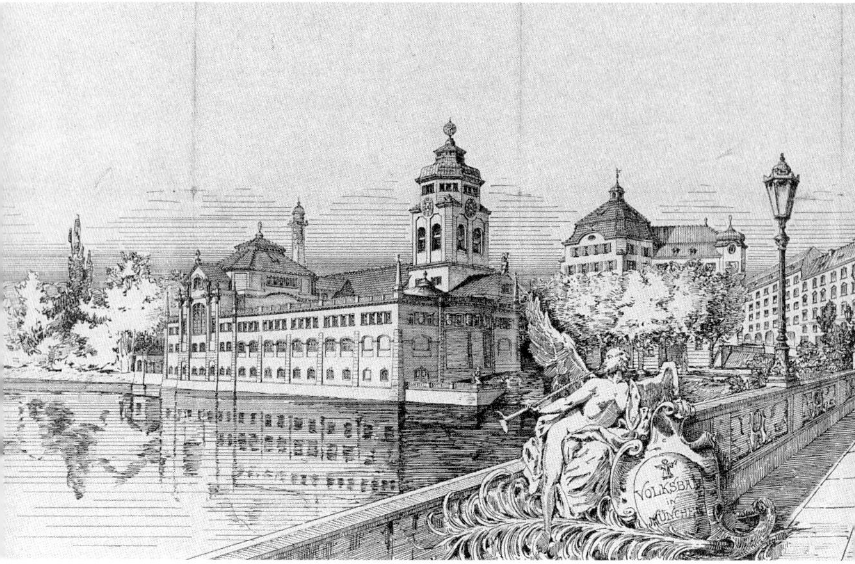

60. Karl Hocheder, Skizze zu einem Volksbad in München, 1895

ein Dutzend Naturdetails in Kohle vorbereitet hatten, die alle übereinander auf einer großen Tafel hingen, und er kam nun mit seinem Blaustift und fuhr mit sicherer Hand an ihnen herunter, Blatt für Blatt, wie einen Abreißkalender mit unglaublicher Geschwindigkeit erledigend, dann sahen wir die Sicherheit einer Vorstellungswelt, die man sich nur selber schaffen, nicht anderen absehen kann.»[29] Seidl verstand zudem seine Bauten schon im Entwurfsstadium als Teil malerischer Stadtbilder. An dem in enger Abstimmung mit dem Freunde Lenbach entworfenen Haus des Künstlervereins gab es zwar in einem strengen Sinn nichts wirklich Altmünchnerisches, und die markanten Giebel sind sogar bei einem Bau aus dem norddeutschen Helmstedt abgekupfert, neu-altmünchnerisch aber ist neben der sorgsam kalkulierten Einbindung in die von Albert Schmidts Synagoge dominierte Umgebung auch die Opulenz des Inneren.

Daß die Münchner Baukunst sich so sehr dem Dekorativen verschreiben würde, war noch 1887 nicht selbstverständlich, als Friedrich von Thiersch den Auftrag für den Justizpalast (Abb. 61) erhielt, und diesen «würdigen Monumentalbau» zunächst ganz im Sinne der von Semper und Neureuther vorgestellten Neurenaissance entwarf. Erst 1888/89 ging Thiersch zum Barock über, ohne an Grundriß und Kubatur viel zu ändern: «Für die Wahl dieses Stils war die größere Freiheit des Ausdruckes und größere Beweglichkeit der Formen ausschlaggebend; auch waren für die Gestaltung der Verkehrsräume, so namentlich des großen Haupttreppenhauses, die Formen vorzüglich geeignet, wie sie sich ja auch in den glänzenden Beispielen früherer Zeiten – man denke an die Treppen- und Saalausbildungen des Wiener, Würzburger, Münchner Barocks und betrachte die Vestibüle und Haupttreppen der Schlösser von Brühl, Würzburg, Schleißheim, Ansbach u. a. – in hervorragender Weise bewährt hatten.»[30] Theodor Fischer blieb kritisch: «Treppenhäuser, äußerst charakteristisch für die Barockkunst, Räume als Durchgang, werden Ziel und Selbstzweck, sogar, wie in der Mittelhalle des Justizpalastes, zum Kern und Stern des Ganzen.»[31] Sie sind jedoch keine Kopien, denn geradezu demonstrativ zeigen sie ihre Glaskuppel vor, und auch in der Stadtsilhouette meldet sich der Justizpalast unzweideutig als ein Werk des 19. Jahrhunderts zu Wort, das ältere Baukunst zum Vorbild hat, nicht aber als Vorlage benutzt. Wenige Jahre später war der Neubarock in der Umgebung derart alltäglich geworden, daß Thiersch sich abrupt neu orientierte: «Es fiel die Wahl auf eine von der des Palastes vollkommen abweichende zeitlich frühere Stilart, die etwa der ausklingenden Gotik unserer heimischen Bauweise entspricht, und die Vorbedingung in sich trug, durch lebhafte Umrißbildung aus den stillosen und toten Baumassen der umliegenden Privatgebäude den Neubau vorteilhaft heraustreten zu lassen.» Einer Reaktion von solcher Heftigkeit angesichts des modischen Verschleißes der historischen Stile, die sogar die Einheitlichkeit der städtebaulichen Wirkung preisgab, konnte Theodor Fischer nicht folgen. Noch in der Gedenkrede auf seinen Freund hat er davon gesprochen.[32]

Fischer selbst war schon früh zum Städtebauer geworden. Das Denken in Kontexten, die nicht nur szenographisch verstanden sind, sondern als Räume, beeinflußt auch seine Einzelbauten. Hier wie dort waren kühne Neuerungen seine Sache nicht, wohl aber besonnenes Abwägen, ein von allen Extremen sich fernhaltendes Beruhigen und Klären, dem Einfachen und Vernünftigen zugewandt.[33] Seine Grundrisse waren für Münchner Verhältnisse eher kompakt. Nach oben allerdings gruppiert er freier, und das verbindet ihn mit seinen Kollegen, mit denen er auch die Ablehnung der ästhetischen Moderne teilte. Sein Polizeipräsidium im alten Augustinerkloster ist organisatorisch ein durchaus moderner Großbau, an der Ettstraße aber nimmt man ein eher kleinteiliges Ensemble wahr, das nur wenig vom Volumen und der Effizienz der Anlage ahnen läßt, der Sitz der Polizei präsentiert sich eher als ein Ort bürgerlicher Arbeit denn als einer staatlicher Machtausübung.

Die besten Bauten Fischers sind seine Schulen (Abb. 62). Neuartige Gebäude für die von Stadtschulrat Georg Kerschensteiner propagierte Arbeitsschule waren auch vor Theodor Fischer schon gebaut worden. Karl Hocheder hatte für diese Pädagogik, die neben das Lernen aus Büchern gleichwertig das Werken, das Zeichnen und das Turnen setzte, in der Volksschule an der Kolumbusstraße[34] einen Typus gefunden, der den bis dahin üblichen geschlossenen Block mit hierarchischer Innendisposition durch eine Baugruppe ersetzte. Sie ordnet sich um den Schulhof und zeigt nach außen die Turnhalle und einen hohen Uhrturm vor – unmißverständliches Zeichen, daß die Schule statt der Kirche städtebaulich Mittelpunkt des Viertels sein und den Tagesablauf bestimmen sollte.

Eine besonders glückliche Hand bewies Fischer am Elisabethplatz. Dieser liegt im Zentrum eines Bezirks, der den Städtebauer Fischer so intensiv beschäftigt hatte, daß er, seinem Vorgesetzten zufolge, zu «unserem Glaubensbekenntnis» geworden war. In dieser Schule gelang Fischer eine selbst bei ihm seltene Balance von Selbstbewußtsein und Bescheidenheit. Bauteile und Funktionen werden differenziert – man erkennt durchaus, wo die Klassentrakte, damals nach Geschlechtern getrennt, sich befinden und wo die Turnhalle –, gleichzeitig aber werden alle Teile in den Umrissen, in der Putzgliederung, im allgemeinen Habitus einander wieder so angenähert, daß

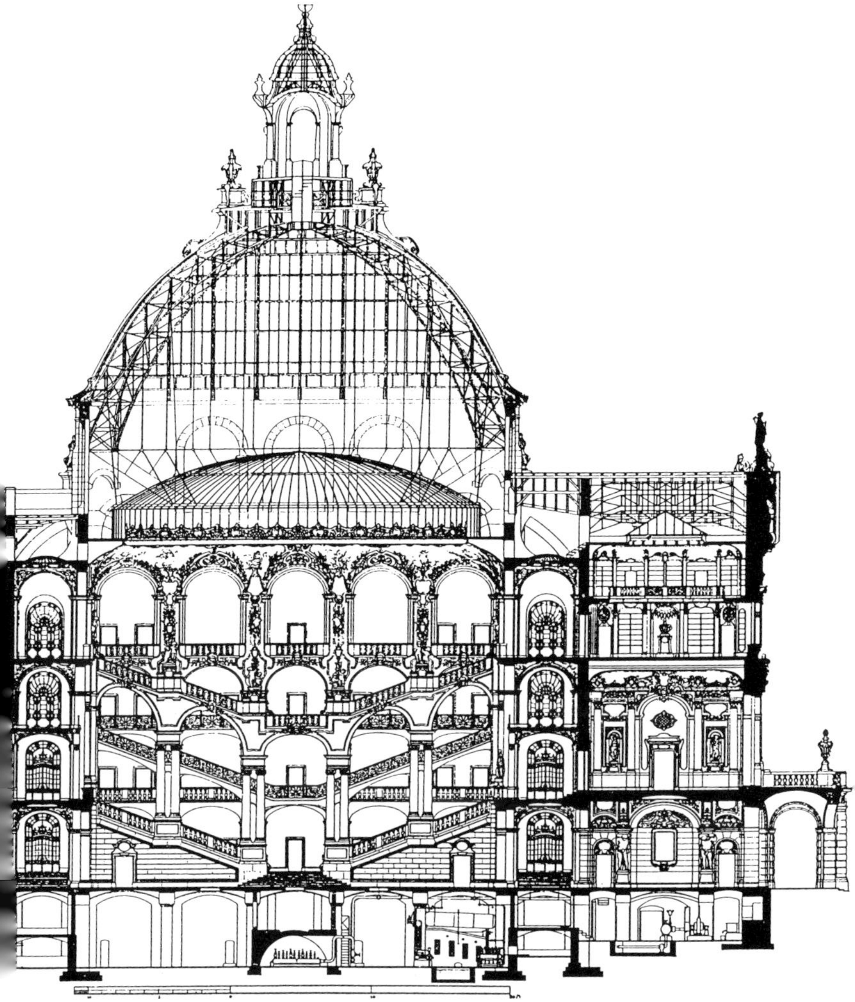

61. Friedrich von Thiersch, Justizpalast, Querschnitt, begonnen 1887, Ausschnitt

sie sich als Teil eines Ganzen zu erkennen geben. Selten kann man sich das Ineinander von Architektur und Städtebau so anschaulich vergegenwärtigen wie hier, wo Fischers Städtische Mädchenrealschule Karl Hocheders Gisela-Gymnasium zum Nachbar hat und wenige Schritte nach Süden die geometrischen Straßenraster der ludovizianischen Maxstadt beginnen.

Ähnlich wie dort, wenn auch um einige Kreuzplätze und Diagonalstraßen reicher, sollte es auch in den von Stadtbaurat Zenetti in den siebziger Jahren alignierten Erweiterungsgebieten aussehen.[35] Die entscheidende Zäsur kam mit einem 1892 ausgelobten Ideenwettbewerb, der im Zeichen der Gestaltungsdebatten stand, die 1889 Camillo Sittes schmales Büchlein über den ‹Städtebau nach seinen künstlerischen Grundsätzen› ausgelöst hatte. Die Münchner Auslober wollten von den Einsendern vor allem Auskünfte über die Möglichkeiten von Verbindungen zwischen dem Zentrum und den Vororten und zwischen diesen Vororten selbst. Eine Detaillierung untergeordneter Straßen allerdings sollte der Zukunft vorbehalten bleiben. Bei den projektierten Straßen war «mit Rücksicht auf das gesundheitliche und ästhetische Interesse und die Bestimmung und Bedeutung der Straßen auch das Bausystem anzugeben – geschlossen oder offen, mit oder ohne Vorgärten –, hiezu etwaige besondere Baubeschränkungen, ebenso ob Alleen oder Reitwege, ebenso wo zur Verbindung der durch die Eisenbahn getrennten Theile der Stadt Unter- oder Ueberfahrten angelegt werden sollen. In die bestehenden oder neu beantragten Straßenzüge sind größere und kleinere Plätze einzufügen, wie der Verkehr und die Gesundheit der Bewohner es wünschenswert machen. Die freien Plätze sind je nach ihrer Lage und Bedeutung mit Gartenanlagen zu zieren, auch größere Parkanlagen sind mit aufzunehmen. Auf Anlage von Kinderspielplätzen ist ebenfalls Rücksicht zu nehmen. In dem Plane sind auch öffentliche Bauwerke, als Schulen, Märkte und Markthallen, Kirchen, Friedhöfe, Badeanstalten usw. ins Auge zu fassen und anzugeben, auch besondere Quartiere für die Industrie, für Landhäuser, für Arbeiterhäuser zu bezeichnen.»[36]

Nachdem keine der Einsendungen ganz befriedigte, schien der Stadt ein Generallinienplan unausweichlich, für dessen

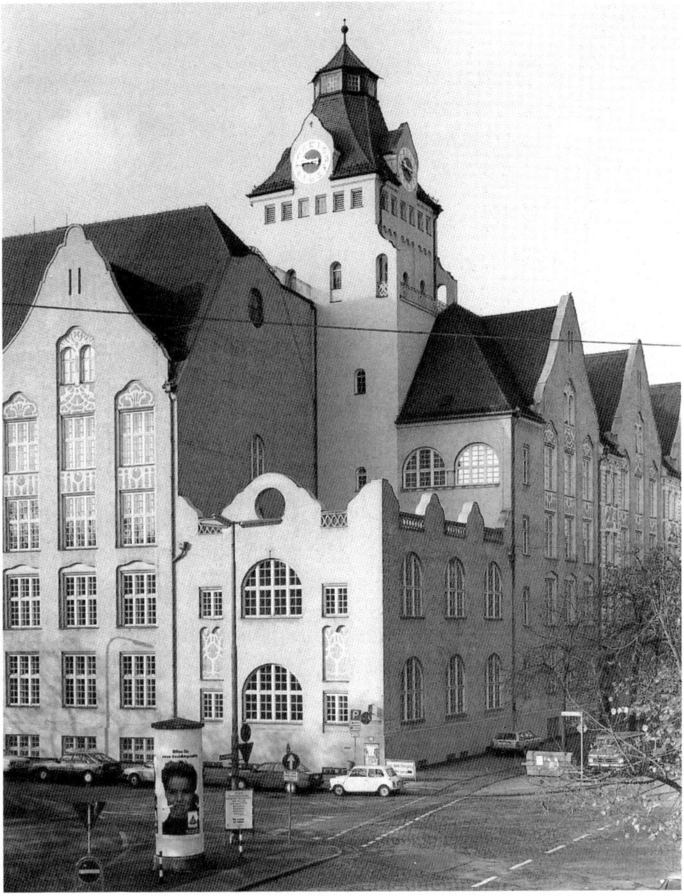

62. Theodor Fischer, Mädchenrealschule am Elisabethplatz, begonnen 1900

Erarbeitung eine neue Stelle geschaffen wurde. Der künftige Inhaber sollte nicht nur die besten Ideen der eingereichten Entwürfe in einem Gesamtkonzept zusammenführen, sondern sein Augenmerk auch mit Intensität auf die konkreten lokalen Bedingungen richten, ohne die ein differenziertes und feinkörniges Planen nicht möglich ist. Unter anderem verlangte man von ihm eine «genaue Würdigung der bestehenden Verhältnisse nicht nur der sofort und jedem in die Augen fallenden, sondern auch der erst nach eingehender Prüfung erkennbaren. [. . .] Auch die bestehenden Grundbesitzverhältnisse sind sorgfältig zu würdigen. [. . .] Der Stand der Bayerischen Gesetzgebung hinsichtlich der Straßenanlagen läßt dies als besonders wichtig erscheinen. In Bayern haben die Städte kein Zwangsenteignungsrecht für Ortsstraßen. [. . .] Daß noch viele andere wichtige Gesichtspunkte genau und sorgfältig zu würdigen sind, z. B. Niveauunterschiede, Beschaffenheit des Untergrundes ect., soll nur nebenbei bemerkt werden. Alle diese Rücksichten, welche eingehende Erhebungen und Studien erheischen, machen es unbedingt erforderlich, daß ein Mann ausschließlich diese Tätigkeit zu seinem Berufe mache und in ständiger Fühlung mit den in Betracht kommenden Organen den Plan bearbeitet.»[37]

Erlebbare Stadträume machte aus diesen hehren Zielen erst die geduldige, phantasievolle und zielstrebige Arbeit des 1893 zweiunddreißigjährig zum Leiter des Stadterweiterungsbüros berufenen Theodor Fischer, die sich in der freien Erfindung malerischer Platz- und Straßenbilder keineswegs erschöpfte: «Die Jahrhunderte haben unserem Boden Linien und Runzeln aller Art eingegraben, die ehrwürdig sein sollten. Was erzählt ein alter Feldweg, was erzählt der Lauf der Grundstücks- und Gemarkungsgrenzen, was berichtet der und jener Hag und Rain, was diese alte Mauer und jener alte Graben? Das alles soll gleichgemacht oder nivelliert werden? [. . .] Geht damit nicht noch mehr verloren, als irgendwie gewonnen werden kann?»[38] Für Fischer war die Besonderheit des Ortes ebensosehr Halt wie Herausforderung. Hinzu kam, daß der Gestalter Fischer sich so weit zurücknahm (oder so weit nach vorne gelangte?), daß Bewohner und Besucher seiner Viertel in Schwabing, Bogenhausen, Gern und vielen anderen Stadtteilen sich dort zwar wohlfühlen, die beim Gehen sich entfaltenden Blickbezüge und Konfigurationen aber nur im Ausnahmefall als Ergebnis städtebaulichen Nachdenkens begreifen.

Die Einzelbauten hat Fischer meist anderen überlassen, den Rahmen jedoch, innerhalb dessen entworfen werden konnte, hat er nicht nur durch den Stadtgrundriß geprägt, sondern auch, weit mehr noch, durch die Bestimmungen der Staffelbauanordnung, deren Entwurf im Jahre 1900, kurz vor seinem Weggang nach Stuttgart, vorgelegt werden konnte.[39] In ihrer synthetischen Kraft bei der Verbindung von städtebaulicher Voraussicht und konkretem Realitätsbezug ist die Ordnung praktisch wie konzeptionell eine der größten Leistungen der deutschen Stadtplanung. Für jedes Gebiet wurde die Bauweise, Staffel genannt, städtebaulich fixiert. Betroffen waren die Höhe der Vorder- wie der Hinterhäuser, die Größe der Höfe, die Abstände und die Länge der Baublöcke. Die dichteste Bebauung war für das Zentrum und die benachbarten Vorstädte eingeplant. Eine Fortsetzung gab es an den wichtigsten Ausfallstraßen und in den Zentren der Stadterweiterungsgebiete. Auch von diesen strahlten wieder Straßen dichterer Bebauung aus. Die Mitte, aber auch die Epizentren Münchens, wurden anschaulich herausgehoben, explosive Entwicklungen verhindert.

«München leuchtete»

Das Licht, in dem Thomas Mann seine Wahlheimat leuchten ließ, war ein ironisches, seine Erzählung ‹Gladius Dei› von 1902, die mit diesem Satz beginnt, eine wenig verschlüsselte Satire auf den Münchner Kunstbetrieb.[1] Die «Kunststadt München» stellte ein Unternehmen von durchaus industriellem Zuschnitt dar, in dem neben Künstlern, Galeristen, Kritikern und Fotografen auch Hoteliers und Gastronomen ihr Auskommen fanden. Im Erfolgsjahr 1888 waren die Fremdenzahlen des Monats August – es kamen 59 194 Besucher – doppelt so hoch wie die des Vorjahres, in dem es keine Große Kunstausstellung gegeben hatte.[2]

Die Kunst, die damals den Glaspalast füllte, ist weitgehend vergessen. Heute zählen fast nur noch die damaligen Außenseiter. Aber auch ihr Werk ist in vielem, und sei es über eine Abhängigkeit durch Widerspruch, eine Facette des Münchner Kunstbetriebs gewesen, aus dessen Bann sich nicht einmal sein entschiedenster Gegner, Wilhelm Leibl, ganz zu lösen vermochte. Ihm, der in München die Anerkennung Gustave Courbets gefunden und auf der Pariser Weltausstellung von 1869 eine Goldmedaille gewonnen hatte, war die Münchner Szene zum Trauma geworden. Ob die Dörfer, in denen er Ruhe suchte, im Dachauer Land, am Ammersee oder in der Gegend von Aibling lagen, ihm wurden sie alle zu Vorposten Münchens. Noch in der Berblinger Kirche bewies die Kunststadt ihre Macht: «Hier, in der freien Natur und unter Naturmenschen, kann man natürlich malen. Bei meiner Anwesenheit in München habe ich mich wieder aufs neue davon überzeugt, daß dort alle Malerei bloß aus Gewohnheit mit schlauer Berechnung, aber ohne alles eigenartige Gefühl und ohne jede selbständige Anschauung betrieben wird. Alle solche Kunst, mag sie nun Historienmalerei, oder Genre oder Landschaftsmalerei genannt werden, ist keine Kunst, sie ist nur ganz oberflächliches Abschreiben von bis zum Überdruß schon Dagewesenem.»[3] Auch auf dem Lande aber malte Leibl gleichermaßen für wie gegen München. Schon seine Thematik, neben den Porträts meist Bauern am Feierabend im Interieur, war eine münchnerische. Unmünchnerisch freilich, wenngleich durch den Widerspruch doch wieder auf München bezogen, war Leibls Obsession, nur im direkten Gegenüber mit dem Modell der Wahrheit auf die Spur kommen zu wollen.

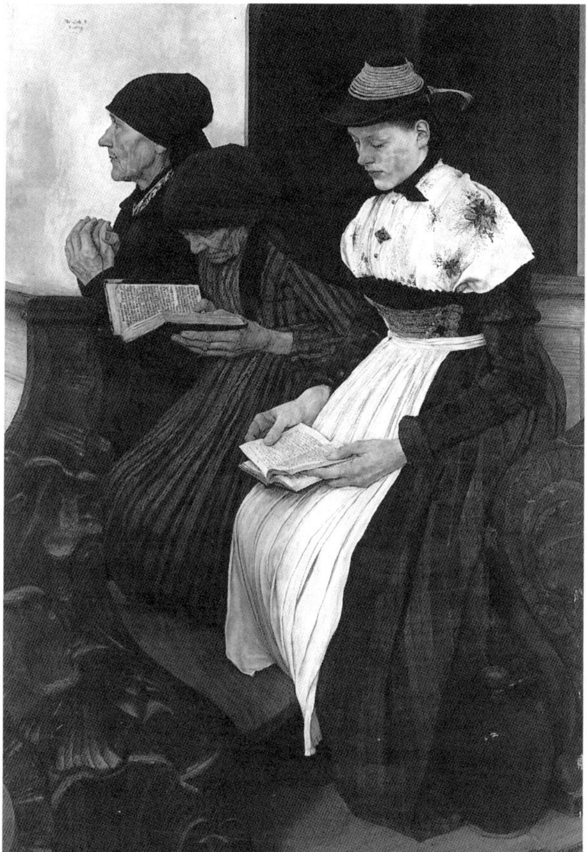

63. Wilhelm Leibl, Drei Frauen in der Kirche, 1878 bis 1882, Hamburger Kunsthalle, Hamburg

Dabei hatte Leibl etwa bei dem Kirchenbild (Abb. 63) die so intensiv studierte Frauengruppe nicht vorgefunden, sondern selbst arrangiert. Die Bäuerinnen wurden bezahlt wie die Modelle in der Stadt, das mit ihnen inszenierte lebende Bild aber wurde studiert, als handele es sich um eine Gesteinsformation. Nur im Winter konnten ihm die Frauen in der ungeheizten Kirche sitzen, über die Jahre veränderte sich ihr Aussehen, und auch Zwangspausen wie die vom November 1880 waren nicht selten, als er die Hände der letzten Figur nicht fertigmalen konnte, «weil die betreffende Person, als ich schon sehr weit damit war, ein Geschwür daran bekam, und den Kopf desgleichen nicht, weil sie eine Augenentzündung bekam». Anders als Leibl blieben den Häuptern des Münchner Establishments Kälte und Dunkelheit erspart. Dem Fotografen wenigstens präsentierten sich seine erfolgreichen Kollegen als Herren. Die «Wirklichkeit», deren scheinbarer Nähe ihren Bildern den Erfolg sicherte, hatten sie sich in Modell und Abbildung ins Atelier geholt. Der eine hatte sich Stroh aufschütten lassen und darauf einen zum Bettler verkleideten Jungen gesetzt, der Meeresspezialist konnte den Flug der Möwen an Fotos und ausgestopften Tieren studieren, und der Spezialist für Altniederländisches hatte sich und seinen kostümierten Modellen das zu malende Interieur sogar als Bühnenbild aufgebaut.[4]

Wie sie wußte sicher auch Leibl, welche Wirklichkeit das Publikum wünschte, anders aber als sie weigerte er sich hartnäckig, diese Wünsche zu befriedigen. Den Klischees, denen der Tiroler Bauernsohn Franz von Defregger (Abb. 64) den Erfolg seiner Bauernbilder verdankte – die Väter würdig, die Alten knorrig, die Mütter besorgt, die Bräute verschämt –, hat Leibl auch in seinem konzilianteren Spätwerk konsequent den Eingang verwehrt. Die zögernde Anerkennung, die ihm dann im Alter schließlich doch noch zuteil wurde, stand zu großen Teilen unter falschen Vorzeichen. Hatte er seiner Mutter von einem Bild geschrieben, es stelle «fünf Bauern dar, die in einer kleinen Bauernstube die Köpfe zusammenstecken, vermutlich (!) wegen eines Gemeindefalles», so wurden daraus nun «Die Dorfpolitiker». Und den «Spargroschen» hielt das großstädtische Publikum für viel typischer als einen «alten Bauern

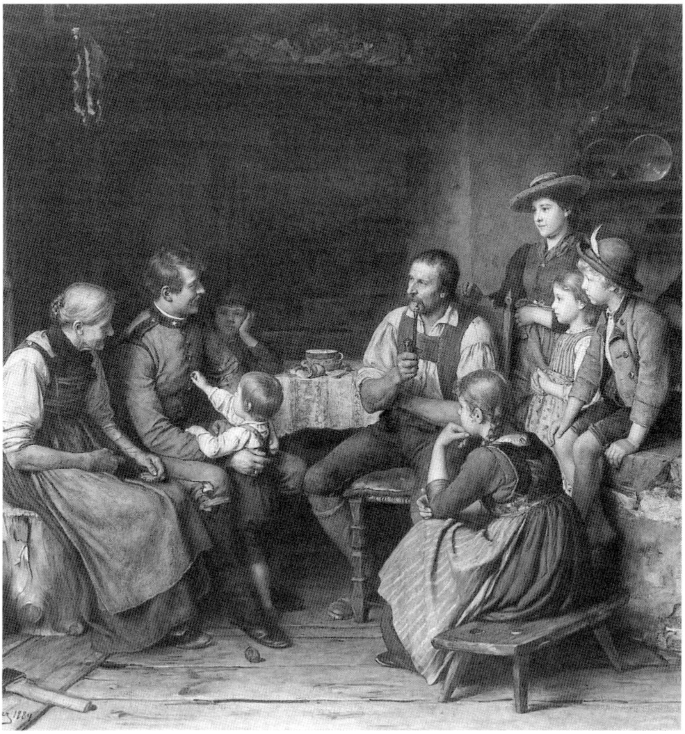

64. Franz von Defregger, Der Urlauber, 1889, Kunsthandel, Ausschnitt

mit gestickter Haube», der «einer dicken Wirtin einen Schnaps zahlt», wie Leibl das Bild beschrieben hatte.[5] Wilhelm Trübner, einer der Malerfreunde Leibls, wußte wovon er sprach: «Schreibt nun ein Maler unter ein Bild, das den höchsten Anforderungen entspricht, ‹Drei Bäuerinnen in einer Kirche›, so hält das der ästhetisch verbildete Laie oder Maler für ein geistloses Kunstprojekt, wohingegen, wenn der Beschauer als Titel darunter liest: ‹Bäuerinnen beten für ihre im Feld stehenden Angehörigen› er es plötzlich für ein fesselnd-interessantes und geistvolles Gemälde halten wird, auch ohne daß die geringste Änderung an dem Bilde vorzunehmen gewesen wäre.»[6]

Leibls Antipode war der Schrobenhausener Steinmetzsohn Franz von Lenbach, der in München in der Rolle des Künstlerfürsten reüssierte, die er zu großen Teilen erst selbst kreiert hatte. Bereits 1867 hatte er seine Schwester aus Spanien wissen lassen, «daß ich nichts Geringeres vorhabe als die ganze moderne Kunst über den Haufen zu werfen, wenigstens eine Revolution in der ganzen Malerwelt hervorzurufen. Dies ginge nun in Paris am besten; aus vielen Gründen bin ich aber entschlossen, in Berlin den Versuch zu machen.»[7] Nachdem er die Revolution anderen überlassen hatte, wurde er schließlich an der Isar seßhaft. Die Kunststadt München und Lenbach waren schon bald nicht mehr voneinander zu trennen. In München fand er den Nährboden für seinen Erfolg, und ohne ihn wäre wiederum München nicht das geworden, was es war: «Als 1904 ein tückisches Leiden ihn dahinnahm», so einer seiner Verehrer, «verlor in seiner warmherzigen Malerpersönlichkeit das alte echte Kunstleben Münchens sein glänzendes Wahrzeichen, und über seiner Abendröte, die so prachtschwer und so heiter leicht gewesen, stieg die Morgenröte von Schwabing empor.»[8]

Ort und Denkmal dieser Symbiose war Lenbachs Haus. «Ich», so schrieb er 1885, «gedenke mir einen Palast zu bauen, der das Dagewesene in den Schatten stellen wird; die machtvollen Zentren der europäischen Kunst sollen dort mit der Gegenwart verbunden sein.» Und 1889: «Meine Villa soll in München ein Mittelpunkt der Künste und der gesellschaftlichen Belange werden.»[9] Außen ließ Lenbach seinen Architektenfreund Gabriel von Seidl italienische Renaissance evozieren. So ungefähr, dies die Botschaft, hätten die Großmeister der Vergangenheit residiert, hätten sie so gelebt, wie das gründerzeitliche Publikum sich dies vorzustellen liebte. Innen entstand ein bei aller scheinbaren Zweckfreiheit außerordentlich funktional kalkuliertes Pasticcio, in dem die Verkaufsausstellung, das Atelier des Genies als öffentlicher Ort und die Gesellschaftsräume sich zu einem Ambiente verbanden, das der Kundschaft nicht nur Bilder anbot, sondern auch die Teilnahme am Leben eines Künstlerfürsten.

Als 1892 Jüngere gegen den Präzeptor der Kunststadt München aufbegehrten, geschah dies nicht, um die Institution, die er verkörperte, zu zerstören, sondern um sie zu erhalten. Zankapfel war die Ausstellungspolitik. Die Etablierten wollten große Kunstausstellungen nur in größeren Abständen, beschickt von möglichst vielen Künstlern aus München und möglichst wenigen Auswärtigen. Die Sezessionisten dagegen befürchteten Stagnation und setzten auf Konkurrenz, hätten doch zahlreiche ausländische Künstler die Welt durch außerordentliche Originalität und Leistungsfähigkeit überrascht: «Es dauerte nicht lange, so galt die Münchener Kunst im Ausland als veraltet. Eine für uns schmerzliche, aber heilsame Wandlung vollzog sich nun im Weltkunstmarkt. Namentlich in Amerika wurde man der alten Münchener Bilder bald überdrüssig und wandte sich der verjüngten, Licht und Luft atmenden Kunst zu, die zumeist außerhalb Deutschlands gepflegt wurde.»[10] Von den später Prominenten unter den Sezessionisten haben die meisten München wenig später verlassen. Bei denen, die blieben, konnte sich nur der Ruhm Franz von Stucks mit dem Lenbachs messen. Selbst die Analogien im Biographischen sind verblüffend, es scheint, als habe sich Stuck sogar bei seinen Lebensentscheidungen an dem Älteren orientiert, um ein zweiter, aber modernerer Lenbach zu werden. Als Maler optierte er für Böcklin, den das Münchner Publikum gerade für sich entdeckte, als Stuck seine steile Karriere begann. Symbolträchtige Themen wie der «Krieg» oder der «Wächter des Paradieses» offerierten Tiefsinn, die Erotika den Ausgleich. Theodor Fontane sah 1891 Unter den Linden eine Ausstellung des Münchner Stars. Einen empörten Besucher – «die Kunst soll doch das Schöne wollen» – wies er ironisch zurecht: «Solch Blech darf man nicht mehr aussprechen, auch nicht mal, wenn man Geheimrath ist.» Sein Ausstellungsbericht an die Schwester zeigt aber, daß er die Stucksche Strategie durchschaute – und mit Augurenlächeln goutierte: «[...] die Ölbilder [...] waren zum Theil wandhoch und stellten den Engel dar, der Adam und Eva aus dem Paradiese treibt. Dieser Cherubim mit dem Flammenschwert ist 3 mal von ihm gemalt worden, 1 mal so zu sagen als Riesenportrait in einer Art räthselvollen Himmelsatmosphäre, lauter dicke weiße, lila- und rosafarbene Klexe, mitunter halbfingerhoch, so daß der Bengel blos in Farben ein kleines Vermögen ausgegeben haben muß; auf dem 2. Bilde hat er, d.h. der Engel, Adam und Eva eben hinausgeworfen und bezieht die Paradieswache als Außenposten; auf dem 3. steht er wieder allein da, am Ausgangspunkt einer perspektivisch sich verengenden Avenue und schließt mit seiner Person eine nur halbhandbreite Paradiesklinse, durch welche das roth und golden leuchtende Paradies in die tannenschwarze Avenue hineinblitzt. Alle drei sind ausgezeichnet, am poetischsten das zuletzt genannte. Viele nennen es ‹Schmierereien› und den Rache-Engel einen ‹Hausknecht›, ich bleibe aber bei meiner Bewunderung.»[11]

Lenbach spielte mit seiner Kundschaft Renaissance, Stuck dagegen Gegenwart. Nicht als Altmeister verkaufte er sich, sondern als moderne Kraftnatur. Viele von denen, die ihn zum Millionär machten, werden seine Inszenierungen für bare Münze genommen haben, er selbst aber wußte genau, was er tat, und läßt das in den Bildern auch erkennen. Dem aufmerksamen Betrachter zeigt er keine Bacchanten, sondern Modelle, die als solche für die Fotos posiert haben, auf die der Meister zurückgriff. Ihre Fröhlichkeit ist so talmihaft und aufgesetzt wie ihre Sinnlichkeit. Der Maler steht neben sich, und gelegentlich hat er das auch gemalt, wenn er sich im Gesellschaftsanzug vor die Staffelei stellte und sich beim Porträtieren porträtierte, wie einst Velázquez, mit dem Unterschiede freilich, daß Stuck keine Königsfamilie vor sich hatte, sondern die stadtbekannte Schönheit, die er hatte heimführen dürfen. Die Festlichkeiten zum fünfzigsten Geburtstag hat er mit sich selbst als Helden 1913 gleich zweimal dargestellt: im Fenster seiner Villa stehend, vom Volke gefeiert, und beim Festsouper, das er, für die Eingeweihten unverkennbar, nach einem Bilde des lang verkannten Francesco Guardi stilisierte, das Hugo von Tschudi wenige Jahre zuvor für die Alte Pinakothek erworben hatte.[12] Stucks Hauptwerk war jedoch die Inszenierung des eigenen Lebens, zu der ihm die Bilder die finanziellen Mittel schaffen mußten.

Das Künstlerhaus des Künstlerfürsten war in der Kunststadt München längst zu einer Institution geworden, als Stuck in der Äußeren Prinzregentenstraße zu bauen begann.[13] Nach außen präsentierte sich eine Mixtur aus Klassik, Moderne und

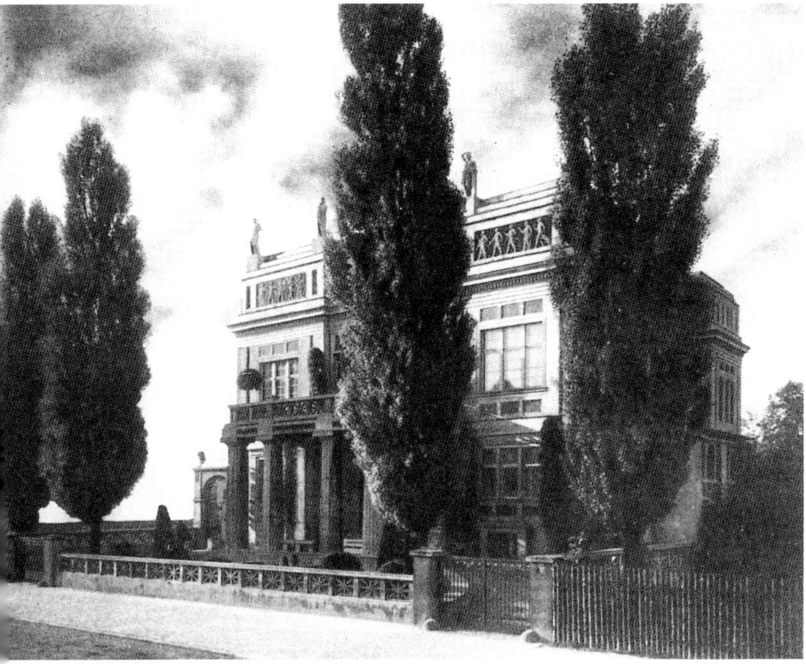

65. Franz von Stuck, Villa Stuck, Fotomontage des Künstlers

Italienischem, in dessen Fotos der Künstler für die Veröffentlichung noch Bäume einretuschierte, die auf Böcklinsche Zypressen anspielten (Abb. 65). Das Innere war ein «work in progress». Sogar Stucks Bestseller, die «Sünde», kam in dieser vulgärästhetischen Kirche zur Ehre des Altars, nachdem eine Kopie des Neapler Orpheus-Reliefs nicht mehr genügend Wirkung tat: Ein Anflug von Blasphemie vielleicht, aber vor allem wohl ein Gespür für die Bedürfnisse des Marktes, der nun einmal von Stuck das Skandalträchtige verlangte wie von Defregger das Bäuerlich-Kernige, von Gabriel von Max das Ätherisch-Hysterische oder von Eduard Grützner das Deftig-Gemütliche.

Als eine der Leitfiguren der Münchner Moderne, die auf Distanz zum wilhelminischen Pomp ebenso Wert legte wie auf

Unterscheidung von den Traditionalisten, war Stuck für die neuen Aufgaben der Zeitschriftenillustration und der Plakatkunst geradezu prädestiniert. Künstlerische Beiträge von ihm wurden denn auch angekündigt, als Georg Hirth und Fritz von Ostini 1896 mit einer ‹Münchner Wochenschrift für Kunst und Leben› vor die Öffentlichkeit traten, die den Titel ‹Jugend› führte. Sie hat einem ganzen Stil den Namen gegeben, obwohl sie selbst im Leitartikel zur ersten Nummer proklamierte: «Ein Programm im spiessbürgerlichen Sinne des Wortes haben wir nicht. Wir wollen Alles besprechen und illustrieren, was interessant ist, was die Geister bewegt; wir wollen Alles bringen, was schön, gut, charakteristisch, flott und – echt künstlerisch ist. Kein Gebiet des öffentlichen Lebens soll ausgeschlossen, aber auch keines in den Vordergrund gestellt werden: hohe, höhere und höchste Kunst, Ornament, Dekoration, Mode, Sport, Politik, Musik und Literatur sollen heute ernst, morgen humoristisch oder satirisch vorgetragen werden, wie es die Situation und der Stoff gerade erheischen. Hierzu sollen alle graphischen Künste, soll der ‹stilvolle Strich›, die ernste Skizze, die Caricatur, die Photographie mobil gemacht werden. Und – ‹wo gute Reden sie begleiten›, d.h. umschwärmt von einem beweglichen Texte, da wird auch die Mitarbeit unserer frischmuthigen Illustratoren, der alten wie der jungen, munter fortfließen.»

Zusammenhang und Rückhalt gab der Bezug zu den Bestrebungen der Lebensreform, die vom Reformkleid über die neue Buchkunst bis zu Reformkost, Wandervogel und moderner Baukunst reichten. Die Welt der ‹Jugend› war eine großstädtische, von den ersten Autos durchfahren, mit Plakaten, die für die neuen Güter warben, aber auch für Kabaretts, für Kunstausstellungen, und, nicht zuletzt, für die neuen Zeitschriften wie die ‹Jugend› und den ‹Simplicissimus›. Häufig wiederkehrende Themen waren die Technik und der Konsum, der reaktionäre Staat und die neue Frau. Deren erste Schritte aus den herkömmlichen Rollen heraus produzierten bei den Männern, einander komplementär, die Pseudodämonie von Stucks «Sünde» und das Bild der radelnden Kameradin in der ‹Jugend›, die später, bei der Einrichtung der ehelichen Wohnung, nicht mehr in der Villa Lenbach nach Anregungen suchen würde, sondern in den Schauräumen der ‹Vereinigten Werkstätten für Kunst im Handwerk›, die seit 1898 hofften, «daß immer weitere Kreise des kaufkräftigen Publikums Lust hätten, sich der neuen, eigenartigen Richtung im Kunstgewerbe zuzuwenden, wenn ihnen nur häufigere und bequemere Gelegenheit geboten würde, sich solche neuen Gegenstände des Innenschmucks anzusehen, und wenn die Preise nicht noch immer höher wären als die allgemein verbreiteten Waren in den bekannten Stilarten.»[14]

Den Initiatoren hatte nicht zuletzt der Erfolg Mut gemacht, den sie 1897 bei der VII. Internationalen Kunstausstellung errungen hatten, wo ihnen in einem Winkel des Königlichen Glaspalastes zwei Kojen zur Ausstellung überlassen worden waren. Ihr Programm war beim Publikum gut angekommen: Auf Modernität sollte geachtet werden, auf «Ursprünglichkeit der Erfindung», auf «künstlerisch und technisch hervorragende Ausführung» sowie auf die «Bedürfnisse unseres modernen Lebens». Von der «Geschmacklosigkeit einer unkünstlerisch gebildeten Masse» wollte man so wenig wissen wie von den Kühnheiten mancher Zeitgenossen, «die über die Grenzen eines künstlerischen Maßhaltens hinausgehen oder unter Verkennung des Materials und in dem Streben nach Ursprünglichkeit Übertreibungen und Verwirrungen zu bilden scheinen.»[15] Mit Peter Behrens, August Endell, Hermann Obrist, Bernhard Pankok, Richard Riemerschmid sowie Theodor Fischer und Martin Dülfer als Architekten ging hier eine Elite ans Werk.

Der Nationalökonom Werner Sombart fand besonders interessant, daß die ‹Vereinigten Werkstätten› «den ersten Versuch großen Stiles darstellen, eine Organisation zu schaffen, um die Durchdringung der gewerblichen Produktion mit künstlerischem Geist auf der Basis der modernen, großindustriellen Wirtschaftsorganisation und somit also auch der modernen Technik zu einer dauernden und selbstverständlichen zu machen».[16] Der Zeitschrift ‹Dekorative Kunst› imponierte vor allem die Vielfalt der Produktion: «Es ist noch kein Jahr verflossen, seit diese Werkstätten bestehen. [. . .] Die vielseitigste Thätigkeit entfaltet sich hier in der Umformung aller unserer Gebrauchsgegenstände, und nichts wird zu gering geachtet, als daß man nicht versuchte, ihm einen neuen künstlerischen Reiz, eine neue zweckmäßigere Gestalt zu geben. [. . .] Die Schreinerei wächst zu einer der vielbeschäftigsten in München heran; die Patinierung der Metalle mußte, um ihr Raum zu machen, schon in ein anderes Haus verlegt werden, ebenso wie die Maschinenstickerei, in der viele emsige Frauenhände an der Herstellung billiger Stickereien tätig sind, um auch diese bisher so sehr mißbrauchte Technik künstlerischen Zielen dienstbar zu machen. Im Zeichensaale finden wir junge

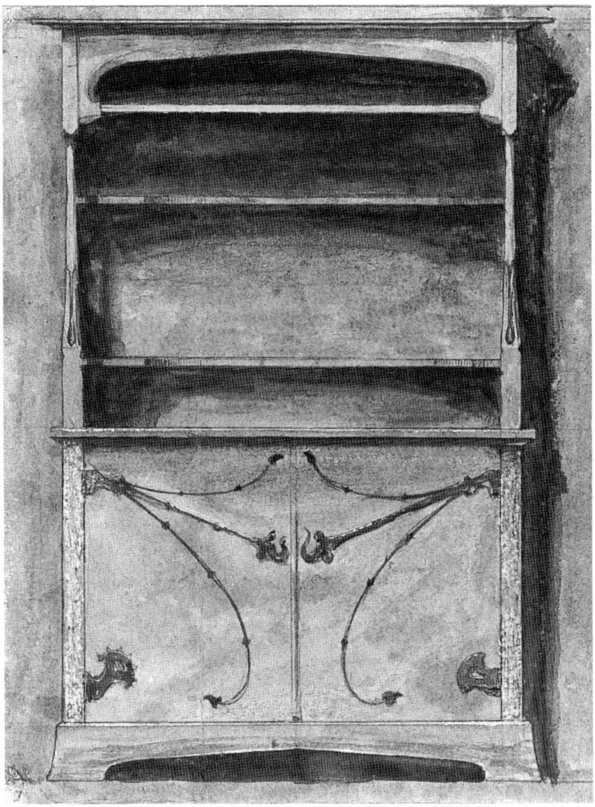

66. Richard Riemerschmid, Entwurf für ein Buffet aus Eibe, 1897, Architekturmuseum der Technischen Universität, Ausschnitt

Leute an der Ausarbeitung verschiedenartigster Entwürfe, dort einer Zimmereinrichtung, hier der Kabinen eines modernen Dampfers. Überall liegen Skizzen für alle möglichen Werke der Kleinkunst, seien sie für Thon oder Glas, für Bronze oder Eisen gedacht.»[17]

Auch solche Reforminitiativen halfen jedoch nicht, die einstige Vormachtstellung zurückzugewinnen. Als 1907 in München der ‹Deutsche Werkbund› gegründet wurde, hatten die besten Köpfe die Stadt bereits verlassen. Eine Ausnahme war Richard Riemerschmid,[18] dem auf der Ausstellung von 1897 ein Büffet (Abb. 66) den Durchbruch verschafft hatte. Heute ist er meist wegen seiner Münchner Kammerspiele in Erinnerung, um die Jahrhundertwende aber gründete sich sein Ruhm vor allem auf seinen Wirklichkeitssinn, und manche Kritiker empfanden sein Bestreben, auch «schlichte, gebrauchsfähige Möbel für das einfache Bürgerhaus zu billigen Preisen geschmackvoll» zu gestalten, sogar als englisch.[19] Das Künstlertum vertraten im Münchner Kunstgewerbe die Freunde von Hermann Obrist. Annäherung von Kunst und Leben hieß für sie, daß das Leben Kunst werden müsse. Zwischen Stoffmuster und Tafelbild, Türgriff und Skulptur war deshalb kein prinzipieller Unterschied. Kein Zufall, daß das berühmteste Werk des Kreises und eine der Inkunablen der damals entstehenden abstrakten Kunst, Obrists «Peitschenhieb», eine Seidenstickerei auf Wolle war. Bedeutung hat diese auch dadurch, daß sie eine künstlerische Wende illustrierte, deren Münchner Vordenker Obrist und sein Bewunderer August Endell waren. Der eine eigentlich Naturwissenschaftler und der andere von Haus aus Philosoph, wurden sie zu Pionieren einer freien, nur den eigenen Gesetzmäßigkeiten gehorchenden Kunst, die sich weder von der Welt alltäglicher Wahrnehmungen beeindrucken ließ noch von den Wünschen des breiten Publikums.[20]

Schon 1896, 15 Jahre vor dem ‹Blauen Reiter›, hatte Endell die neue Kunst vor Augen: «Wer es aber gelernt hat, sich seinen visuellen Eindrücken völlig ohne Associationen, ohne irgend welche Nebengedanken hinzugeben, wer nur einmal die Gefühlswirkung der Formen und Farben verspürt hat, der wird darin eine nie versiegende Quelle ausserordentlichen und ungeahnten Genusses finden. Es ist in der That eine neue Welt, die sich da aufthut. [...] Wen niemals die köstlichen Biegungen der Grashalme, die wunderbare Unerbittlichkeit des Distelblattes, die herbe Jugendlichkeit spriessender Blattknospen in Entzücken versetzt haben, wen nie die wuchtige Gestaltung einer Baumwurzel, die unerschütterliche Kraft geborstener Rinde, die schlanke Geschmeidigkeit eines Birkenstammes, die grosse Ruhe weiter Blättermassen gepackt und bis in die Tiefen seiner Seele erregt haben, der weiss noch nichts von der Schönheit der Formen.»[21]

Obrists Experimente waren stark von seinen naturwissenschaftlichen Studien geprägt. Besonders durch Erich Haeckel fühlte er sich bestätigt, dessen Buch über die ‹Kunstformen der Natur›, 1899 bis 1904 erschienen, eine nur unter dem Mikroskop sich entfaltende Formenwelt bekanntgemacht hatte, die für Obrist Anregung und Bestätigung brachte. Zwischen den tieferen Strukturen der Natur und der am Horizont sichtbar werdenden Kunst der Zukunft, so konnte es scheinen, zeichneten sich fundamentale Gemeinsamkeiten ab. In Bildern und Objekten hat Obrist die Möglichkeiten dieses Zwischenbereiches auszuloten versucht: «Durch rein optisch fesselnde Formenwirkung: Die Gerichtetheit, die Direction. Wohin strebt die Bewegung? Fesselnde Raumausfüllung durch Massenverteilung, Curvenverteilung, Contrast von Masse, Starrheit und lebendigem Schwung. Durch Directionswirkung, Gerichtetheit: Das Ragende, Liegende, Sinkende, Aufstrebende, Stützen, Stürzen, Wogen, Neigen, Fallen, Sinken, Emporschnellen, Biegen, Umwinden, Lagern, gebrochen, geborsten, starren, trotzen, umschlingen, hinstreben, wegstreben, vorwärts, zurück, Wirbel, Spirale erreicht durch Stärkegrade des Schwarzweiß, der Masse, des Druckgrades des Striches.»[22]

Wie Obrists Kunst war auch die von Endell produktives Dilettantenwerk: in der Durchführung im einzelnen oft unzulänglich, in der Konzeption aber frei von allen traditionellen Bindungen. Sein prominentestes Münchner Werk, das Fotoatelier Elvira in der Von-der-Tann-Straße (Abb. 67),[23] trug auch in Thomas Manns ‹Gladius Dei› zum Leuchten Münchens bei: «Manchmal tritt ein Kunstbau aus der Reihe der bürgerlichen hervor, das Werk eines phantasievollen Architek-

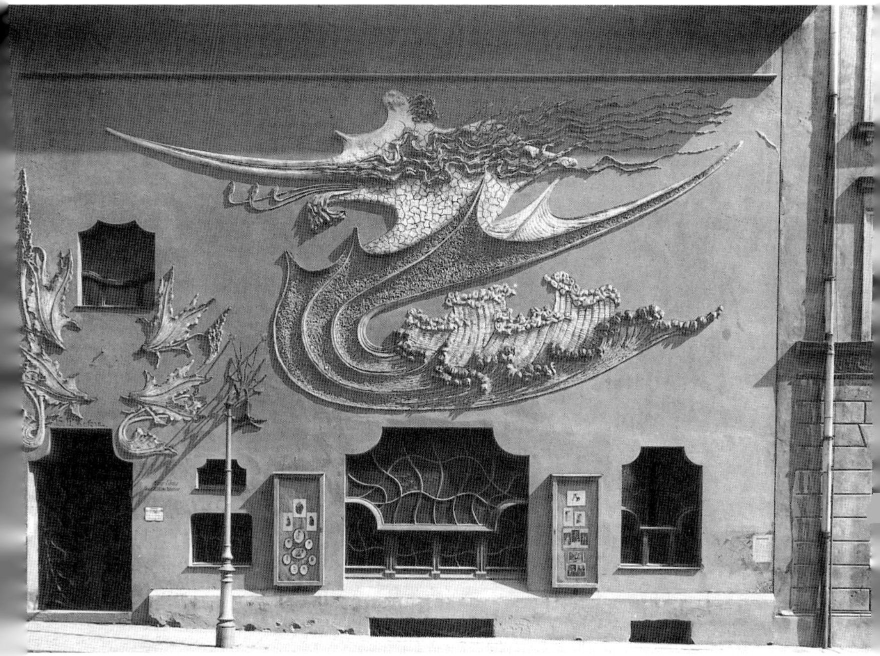

67. August Endell, Fotoatelier Elvira, begonnen 1896, zerstört

ten, breit und flachbogig, mit bizarrer Ornamentik.» Das Fassadenornament, polyvalent zwischen Amöbenhaftem, Florealem und Drachenassoziationen changierend, wurde jedes Jahr neu gestrichen. Im ersten Zustand war die Wandfläche meergrün, das Ornament violett bis türkisfarben.

Obrist und die Seinen verstanden sich in München als Vorhut, nicht als Opposition. So hieß es 1901: «Wenn das Münchener Bürgertum die Erkenntnis gewänne, um was es sich hier handelt, daß hier der erste Akt des Dramas der Kunst der Zukunft gespielt wird, der Kunst, die aus dem Kunsthandwerk zur Architektur und von dieser weiter zur Plastik und wieder zur großen Malerei führen wird – von ihr wird die Zukunft Münchens als Kunststadt abhängen.»[24] Obrist wußte, daß man so weitblickend nicht war: «Die Kunstgewerbetreibenden, zuerst sehr abwartend, haben sich zwar zum Theil mit fieberhaftem Eifer auf das Moderne geworfen, aber noch immer beschränkt sich die Produktion auf mehr oder minder billige Luxus-Geschmacksartikel. Die Architekten warten ab; sie haben ja ihre bewährten Stile. Der Magistrat wartet ab; er hat ja seinen bewährten Architekten und Baugeschäfte. Erst müssen die berücksichtigt werden. Der Hof wartet ab; er hat keine Veranlassung, von seinen bewährten Lieferanten abzugehen. Die Schule wartet ab; sie hat ja ihre bewährten Methoden und bis man weiß, woran man ist mit dem neuen Stil, kann man ja Blümchen nach der Natur zeichnen lassen. So lange das Neue noch klein war, ließen es die offiziell anerkannten Vertreter der Hohen Kunst zur Seitenthüre noch herein [. . .], seit es aber ein großer Junge zu werden verspricht, haben sie die Thore zugemacht.»[25]

1901 illustrierte ein einundzwanzigjähriger Schweizer, der Malerschüler Paul Klee, einen Familienbrief: Eine stattliche Leinwand unter dem Arm, strebte er der Residenz seines Lehrers zu (Abb. 68). Das Prinzregententheater rahmt den Gebeugten. Der Hausherr, der gerade an der Säulenkulisse seines Portikus schiebt, erwartet ihn, ein Hund kommentiert rechts unten auf seine Weise. Ein rückblickendes Tagebuchblatt: «Stuckschüler zu sein, hatte einen guten Klang. In Wirklichkeit war es aber nicht halb so glänzend. Ich kam anstatt mit ganzem Verstand mit tausend Schmerzen und vie-

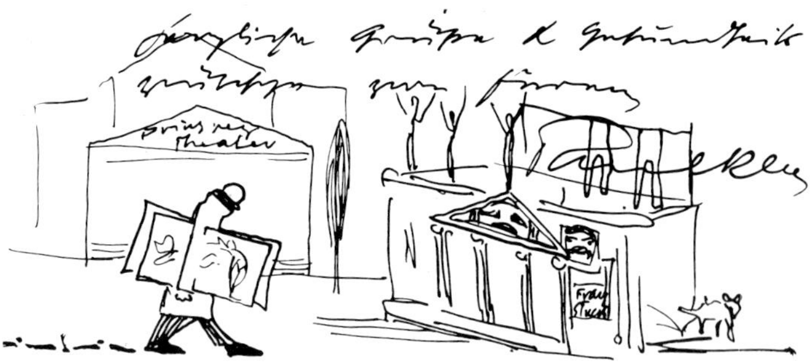

68. Paul Klee, Klee auf dem Weg in die Villa Stuck, Skizze in einem Brief vom 20. April 1900

len Vorurteilen dahin.» Stuck enttäuschte: «Hätte mir dieser Lehrer das Wesen der Malerei so auseinandergesetzt, wie ich es später konnte, nachdem ich immer mehr eingedrungen war, dann hätte ich mich nicht in einer so verzweifelten Situation befunden. Dann überlegte ich, was außerdem von dem einflußreichen Mann noch zu erreichen wäre. Ich brachte ihm Illustrationen zur Begutachtung, die er als originell bezeichnete. Er riet mir, es damit bei der ‹Jugend› zu versuchen. Die ‹Jugend› wollte aber dann nichts von mir wissen.»[26] Auch bei anderen Redaktionen wurde Klee vorstellig, aber dort wünschte man «bei allem Respekt Sachen, die sich dem Simplicissimus mehr anpassen würden. Da ich ein Virtuos keineswegs bin, aber auch nie sein möchte, mußte ich den in wirtschaftlicher Hinsicht angenehmen Gedanken, Simplicissimus-Zeichner zu werden, leider ganz fallen lassen.» Die Jahresbilanz 1906: «In der Stadt der 5000 Maler lebe ich nun so ganz allein für mich.»[27]

Knapp zehn Jahre später aquarellierte Klee den «Föhn in Marcs Garten» (Abb. 69), ein Werk, das durch den Tod des Freundes schon bald zum Erinnerungsblatt werden sollte. Eine bayerische Landschaft, aber künstlerisch so unmünchnerisch wie möglich, nichts von Boden und Schwere, auch nichts Folkloristisches. Und doch fängt das Blatt etwas von der Schwerelosigkeit und Transparenz ein, die für das Land vor den Bergen so charakteristisch sein können, wenn bei Föhn das Nahe fern rückt und das Entfernte zum Greifen nahe scheint. Zugleich ist das Blatt ein sehr bewußtes Formexperiment, das Naturphänomene in quadratische und dreieckige Formen ähnlicher Größe und ähnlicher Konsistenz transformiert, um diese dann, scheinbar ganz locker und nur versuchsweise, zu einer Komposition zusammenzuführen, die der Eigenart der Landschaft weit näher kommt als die Ölbilder der Münchner Landschaftsspezialisten. Möglich war ein derartiges Werk nur, weil man in diesem oberbayerischen Künstlergarten wußte und produktiv verarbeitet hatte, was die internationale Avantgarde bewegte, und zudem das Erlebnis Nordafrikas – «ich und die Farbe sind eins, ich bin Maler» – Klee auch die bayerische Wahlheimat anders sehen ließ.

Auf breitere Anerkennung dort konnte Paul Klee auch 1915

noch nicht rechnen. Bereits 1906 hatte zwar die ‹Sezession› seine radierten Inventionen ausgestellt, aber nur von einem Schweizer Bekannten gab es ein Echo. 1908 und 1909 hatten ihn zwei Van-Gogh-Ausstellungen aufgewühlt – «sein Pathos ist mir fremd, [...] aber er ist sicher ein Genie» –, und 1909 sah er bei der ‹Sezession› Gemälde von Cézanne: «Das größte malerische Ereignis bis dahin.» 1911 schließlich lernte er Wassily Kandinsky kennen, der in Schwabing sein Nachbar war. Lily Klee «geht öfter hinüber, nimmt manchmal Arbeiten von mir mit und bringt Bilder ohne Gegenstand von jenem Russen

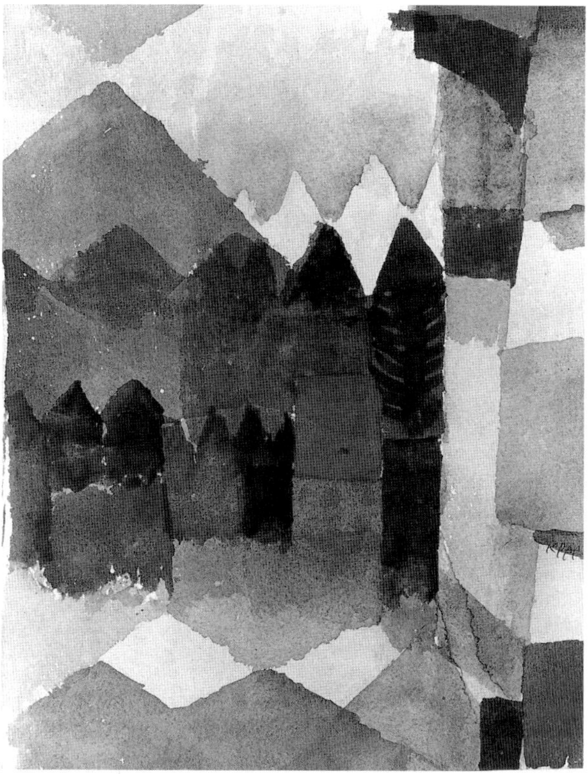

69. Paul Klee, Föhn in Marcs Garten, 1914, Städtische Galerie im Lenbachhaus

wieder zu mir zurück. Sehr merkwürdige Bilder.» Und: «Dieser Kandinsky will eine neue Gemeinschaft von Künstlern zusammenrufen.»[28]

Deren erste Ausstellung kam dann auch in den ‹Münchner Kulturberichten› vor, mit denen Klee sich ein journalistisches Zubrot verdiente: Er sei sicher, ließ er seine Schweizer Leser wissen, daß in der Privatgalerie Thannhauser (Abb. 70) höchstens drei von ihnen ernst geblieben wären. Aber «es gibt nämlich auch noch Uranfänge von Kunst, wie man sie eher im ethnographischen Museum findet oder daheim in der Kinderstube (lache nicht, Leser), die Kinder können's auch, und das ist durchaus nicht vernichtend für die jüngsten Bestrebungen, sondern es steckt positive Weisheit in diesem Umstand. [...] Parallele Erscheinungen sind die Zeichnungen Geisteskranker, und es ist also auch Verrücktheit kein treffendes Schimpfwort. Alles das ist in Wahrheit viel ernster zu nehmen, als sämtliche Kunstmuseen, wenn es gilt, die heutige Kunst zu reformieren. So weit müssen wir zurück, um nicht einfach zu altertümeln.» Der März-Bericht vermeldet dann: «Die rührigen Redakteure Kandinsky und Marc haben diesen Winter schon die zweite Ausstellung veranstaltet, diesmal eine durch Vorträge belebte graphische in den obern Räumen der Buchhandlung Goltz. Dieser Buch- und Kunsthändler bewies den Mut, als erster in seinen Schaufenstern kubistische Kunst auszustellen, Kunst, die man hier noch vielfach für typisch schwabingisch hält (in der Schweiz wohl kaum kennt). Unter Kubismus versteht man die Bestrebungen, das Konstruktive der Formen ausdrucksvoll zu behandeln. Picasso, Derain, Braque, Delaunay heißen diese Schwabinger, die noch weniger wissen wo Schwabing liegt als meine Leser.»[29]

Den ‹Münchner Neuesten Nachrichten› war im September 1910 schon die zweite Ausstellung der ‹Neuen Münchner Künstlervereinigung› zuviel gewesen: «[...] entweder man nimmt an, daß die Mehrzahl der Mitglieder und Gäste der Vereinigung unheilbar irrsinnig ist, oder aber, daß man es mit schamlosen Bluffern zu tun hat, denen das Sensationsbedürfnis unserer Zeit nicht unbekannt ist und die die Konjunktur zu nutzen versuchen. [...] Einmal ist ihre Ausstellung, als Ganzes genommen, konzentrierter Unsinn, dann aber findet man außerdem noch eine Synthese aus sämtlichen Unzulänglichkeiten und nichts weniger als entwicklungsfähigen Manierismen der Kunst aller Völker und Zonen vor, von den kannibalistischen Naturvölkern an bis hinauf zu den Neu-Pariser Decadents.» Und die ‹Kunst für Alle› entrüstete sich: «Der schöne und in Kunstdingen so voll klingende Name München muß einer aus romanischen und slawischen Elementen gemischten Künstlergesellschaft, die obendrein der Münchner Kunsttradition fremd und feindlich gegenübersteht, als Aushängeschild dienen. [...] Man greift sich wie von Sinnen an den Kopf, wenn man vor diesen merkwürdigen Gebilden steht. [...] Alles, was einem Menschen von gesundem Verstand und gebildeter Sinnlichkeit einleuchtet, haben sie von sich abgetan. Sie malen nicht nur die unausdeutbarsten Mysterien, sondern sie schreiben auch geheimnisvolle Dinge über ihre Kunst. [...] Hier wie dort flackert des Tiefsinns unheimliches Feuer. Sie meinen's wahrhaftig ernst und reden sich in überhitzter Phantasie sogar ein, ihre Kunst sei ehrlich ... Leute wie Kubin, Jawlensky, Kandinsky, Erbslöh habe ich einmal für ernste, starke Zukunftswerte der Kunst gehalten. Sie waren damals bei aller Originalität für den gesunden Menschenverstand faßbar, sie malten und zeichneten, sie hatten noch Beziehungen zum Leben. Jetzt phantasieren sie mit Pinsel und Stift wie Fieberkranke, wie Morphium- oder Haschischtrunkene. Stoff und Motiv ist streng verpönt. Ein farbiges Tohuwabohu Kandinskys nennt sich bezeichnenderweise ‹Komposition Nr. 2›, dem Maler fiel wohl selbst kein Titel für diese wahllose Farbanhäufung ein.»[30]

1906 oder 1907 hätten weder Gegner noch Bewunderer Kandinskys prognostizieren können, daß dieser gebildete Vertreter einer gepflegten Münchner Jugendstilmalerei fünf Jahre später neben die radikalsten Erneuerer der Kunst treten würde und sich gerade im Œuvre dieses russischen Edelmanns die schon seit Jahren auch in Schwabing virulente Vision von einer reinen, aller gegenständlichen Bindungen entratenden und nur dem Geistigen verpflichteten Kunst erfüllen könnte.[31] Und doch wäre ohne die nur ihm eigene Verbindung von Weltläufigkeit und Mystizismus, Organisationstalent und

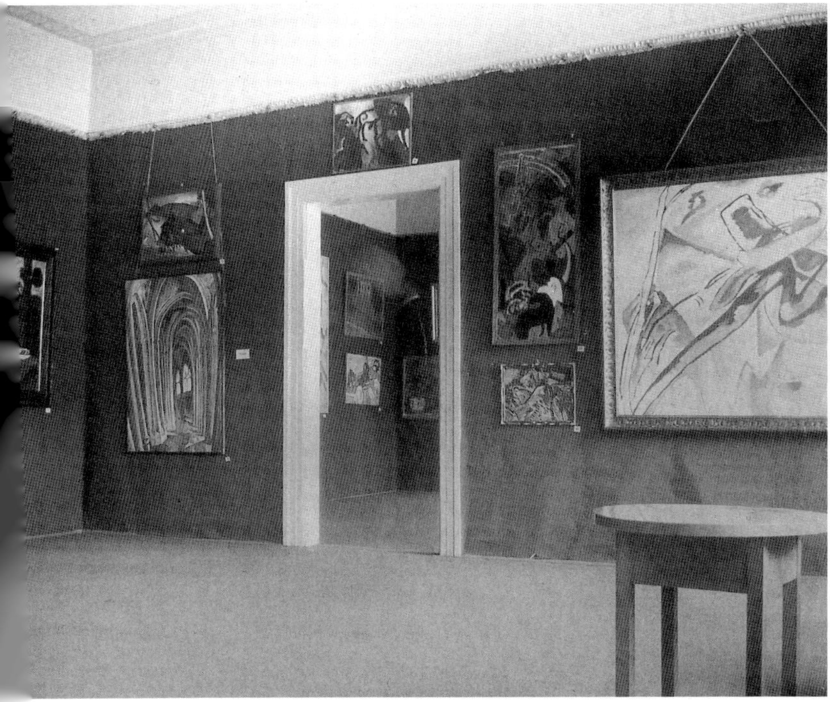

70. Erste Ausstellung des ‹Blauen Reiters› in der Galerie Thannhauser, Dezember 1911, Foto von Gabriele Münter

Charisma die Situation kaum entstanden, die ihn in der Symbiose mit seinen Mitstreitern für einige Jahre zu Bildern befähigte, die ‹eigentlich› – betrachtet man das frühere wie das spätere Werk – jenseits seiner künstlerischen Möglichkeiten lagen. Der nüchterne August Macke blieb zu Kandinsky immer auf Distanz, aber auch er schrieb an Marc über ein Bild des Russen, das zeitweise bei ihm hing, von ihm gehe «auf die Dauer eine Strömung aus, die wunderbar ist. Er ist auch Romantiker, Träumer, Phantast und Märchenerzähler. Aber was er dazu ist, ist die Hauptsache. Er ist voll unbegrenzten Lebens. Die Flächen, über die man hinüberträumt, sprühen und schlafen nie. Seine stürmenden Reiter sind das Wappen, das vor seinem Hause hängt, aber es stürmt nicht nur in Felsblöcken, Burgen und Meeren, auch das unendliche Zarte, Pastorale stürmt, in allen Teilen, in Gelb und Blau und Rosa, im leisen andeutenden Schreiten der Rokokodamen. [...] Das Mysteriöse bei ihm ist unendliches Leben, es ist viel Fröhlichkeit in ihm und viel, viel Ernst.»[32]

Lange wurden die Bilder Kandinskys aus den Jahren vor dem Ersten Weltkrieg einseitig nur als Stationen auf dem Wege zur abstrakten Kunst gesehen.[33] Die Fragmente der sichtbaren Wirklichkeit galten dabei als Schlacken, nicht als Fermente, obwohl der Kandinsky des ‹Almanachs› – anders als der spätere – seinen Lesern keine lineare Entwicklung schilderte, sondern eine Polarität: «Einerseits wird dem Abstrakten die divertierende Stütze im Gegenständlichen genommen, und der Beschauer fühlt sich in der Luft schweben. Man sagt: Die Kunst verliert den Boden. Andererseits wird dem Gegenständlichen die divertierende Idealisierung im Abstrakten (das ‹künstlerische› Element) genommen, und der Beschauer fühlt sich an den Boden genagelt. Man sagt: Die Kunst verliert das Ideal», dies aber, so Kandinsky, sei eine Konsequenz der beiden «Vorgänge, die heute [...] alle Nebenbewegungen in sich auflösen [...] 1. Das Zersetzen des seelenlos-materiellen Lebens des 19. Jahrhunderts, d.h. das Fallen der für einzig fest gehaltenen Stützen des Materiellen, das Zerfallen und Sichauflösen der einzelnen Teile. 2. Das Aufbauen des seelisch-geistigen Lebens des 20. Jahrhunderts, welches wir miterleben und welches sich schon jetzt in starken, ausdrucksvollen und bestimmten Formen manifestiert und verkörpert.»[34]

In seiner «Harmonielehre» ‹Das Geistige in der Kunst› von 1910 hatte Kandinsky das Problematische seines Vorhabens noch gesehen. Es bestand darin, Bilder zu malen, die erst in der Kommunikation, ja Kommunion mit dem gleichgestimmten Betrachter zu sich selbst kamen und zugleich den Auftrag hatten, einer Elite Zugänge zum Reich des reinen Geistes zu eröffnen, die bis dahin allein der Musik vergönnt waren. In einer Zeit des Übergangs aber, die er als Jagen und Chaos diagnostizierte, da Gott gestorben sei und der Himmel leer, befinde sich die Seele dieser Elite «nach der langen materialistischen Periode erst im Anfang des Erwachens», wenn auch

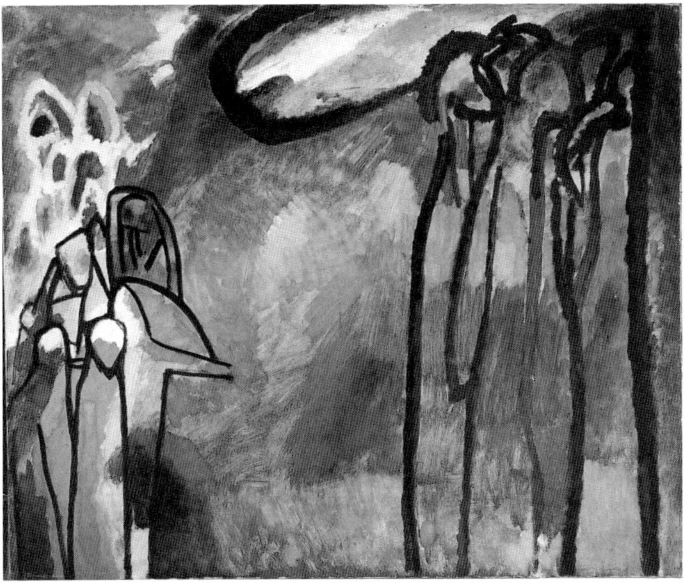

71. Wassily Kandinsky, Improvisation 19, 1911, Städtische Galerie im Lenbachhaus

Entwicklungen wie die Theosophie oder die «Theorie der Elektronen, d. h. der bewegten Elektrizität, die die Materie vollständig ersetzen soll»[35] Hoffnung keimen ließen. «Wenn wir schon heute anfangen würden, ganz das Band, das uns mit der Natur verknüpft, zu vernichten, mit Gewalt auf die Befreiung loszusteuern und uns ausschließlich mit der Kombination von reiner Farbe und unabhängiger Form zu begnügen, so würden wir Werke schaffen, die wie eine geometrische Ornamentik aussehen, die, grob gesagt, einer Krawatte, einem Teppich gleichen würden. Wenn wir aber bedenken, daß die geistige Wendung ein direkt stürmisches Tempo angeschlagen hat, daß auch die ‹festeste› Basis des menschlichen Geisteslebens, d. h. die positive Wissenschaft, mitgerissen wird und vor der Tür der Auflösung der Materie steht, so kann behauptet werden, daß nur noch wenige ‹Stunden› uns von dieser reinen Komposition trennen.»[36]

In der «Improvisation 19» (Abb. 71) wird der eine vor dem

Horizont des Kandinskyschen Œuvres vor allem vertraute Motive finden und das Bild fast so lesen, als hieße es zum Beispiel «Figuren in Landschaft», für andere ist es bis heute Farbkleckserei, für dritte der Blick in eine neue, gegenstandsfreie Welt. Kandinskys Kunst hat nicht nur in der Wirkung Prozeßcharakter, sondern auch in der Interdependenz von Darstellung und Rezeption. Die Relationen werden offengehalten, das Werk erscheint als Station eines prinzipiell unabschließbaren Wechselspiels von Farben und Linien, Entgrenzungen und Verdichtungen, das – scheinbar – auch einen Moment früher oder einen Moment später hätte zum vorläufigen Stillstand gebracht werden können.

‹Blauer Reiter› – das weckte in Wort und Bild (Abb. 72) Erinnerungen und Assoziationen, beschwor Bewegung und Aufbruch, Landschaft und die Blaue Blume der deutschen Romantik. Trotzdem blieb dieser Titel hinter dem Reichtum des Almanachs noch zurück. Von der zeitlichen, geographischen und medialen Reichweite des Inhalts ließ er noch wenig ahnen. In August Mackes Nachlaß fanden sich ein handschriftliches Inhaltsverzeichnis und eine Auswahlliste der abgebildeten Kunstwerke: «Ausgrabungen von Benin, Ägyptische Schattenspiele, Negerkunst, Kinderzeichnungen, Gotische Kunstwerke, Bayrische Glasmalereien u. Votivbilder, Russische Volksblätter und Plastik. u. s. w. Moderne Kunst: W. Burljuk, R. Delaunay, Le Fauconnier, Gauguin, Girieud, Cézanne, Kandinsky, Kokoschka, Marc, Matisse, Münter, Jawlensky, Picasso, Werefkin u. s. w.»[37]

Der Almanach war das Werk von Marc und Kandinsky.[38] Nur sie hatten sich hinreichend aus den eng gewordenen Horizonten der Kunststadt München gelöst. Die Redaktionsarbeit glich einer Entdeckungsreise. Kandinsky ist auf einen der neuen Helden, den «Naiven» Henri Rousseau, erst Ende 1911 gestoßen, und die Maler der ‹Brücke› lernte Marc sogar erst 1912 kennen. Begeistert «von dem lebendigen, herben Hauch der Originale und vor allem von dem starken Willen, der wie ein Wind durch die Ateliers fährt», stellte er eine Fotosendung für München zusammen. «Im Grunde meiner Seele klar bin ich mir überhaupt nicht über diese Berliner, aber ich fühle mich unzweifelhaft vor einem ungeheueren quellen-

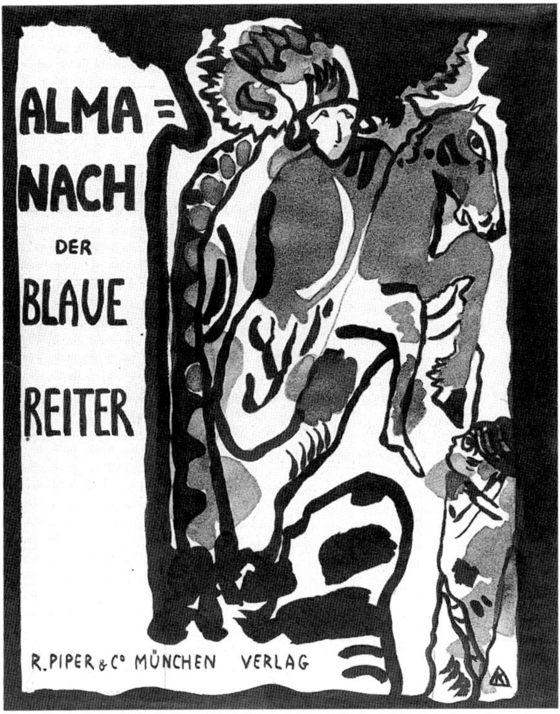

72. Wassily Kandinsky, Entwurf für das Umschlagbild des Almanachs ‹Der Blaue Reiter›, 1911, Städtische Galerie im Lenbachhaus

den Reichtum, der zu unseren Ideen nicht weniger gehört als die Ideen der Stillen im Lande.» Kandinsky waren die Berliner Bilder zu laut und zu vulgär. Er reagierte indigniert, mußte er doch sagen: «Wenn es Sie auch vielleicht ärgert, daß ich [...] uns Münchner vorziehe. D. h. ich schätze unsere vielleicht langsame (aber nur äußerlich langsame) vorsichtige Arbeit mit Ehrfurcht und Bedacht mehr. Von 24 Fotos sind 9 + ½ Akte mit oder ohne Schamhaare, 5 Badende und 2 Circusbilder. Sie wißen [!], daß ich keinem Künstler vorwerfen möchte, daß er gerade das und nichts anderes zum Ausgangspunkt seiner Bilder nimmt. Ich konnte aber hier die Statistik nicht ganz umgehen: sie kam von selbst. Sehen Sie: Sie machen oft Tiere,

Macke – Indianer, Boote, Arp – Riesenköpfe, Kubin – ‹Träumer›, Koehler – Phantasien, Delaunay – Städte, Schönberg – ‹Visionen› u. s. w.»[39]

Wenig später hat auch Franz Marc die künstlerische Abkehr von der Großstadt vollzogen und dem anfangs fast abgöttisch verehrten Delaunay die Gefolgschaft aufgekündigt. Delaunays «Eiffelturm» hatte im Almanach als Pendant zu einem Bild von El Greco noch einen Ehrenplatz, die «Rugby-Mannschaft aus Cardiff» aber war Marc zu viel des modernen Lebens: «Wenn es eines von Ihren letzten Bildern ist, so muß ich gestehen, daß ich eine dem Stil dieses Bildes völlig entgegengesetzte Entwicklung erwartet hatte. Das ist doch reinster Impressionismus, Augenblicksbewegung der Fotografie. [...] Das einzige, was mich frappiert, ist, daß das Bild sehr pariserisch, sehr französisch ist, aber sehr weit von meinen Ideen.»[40]

Die Werke, mit denen Franz Marc im Almanach vertreten war, einige Bilder und mehrere Vignetten, hatten alle mit Tieren zu tun. Kurz zuvor hatte er, 1910, in Aufzeichnungen ‹Über das Tier in der Kunst› niedergeschrieben: «Ich suche mein Empfinden für den organischen Rhythmus aller Dinge zu steigern [...], suche mich pantheistisch einzufühlen in das Zittern und Rinnen des Blutes in der Natur, in den Bäumen, in den Tieren, in der Luft [...].»[41] Aus solchem Streben Malerei zu machen, hätte wohl auch Größere als Franz Marc vor unlösbare Aufgaben gestellt. Das Scheitern seiner Versuche, «das weltanschauende Tier zum Symbol einer Weltanschauung werden zu lassen»,[42] ist ihm auch selbst nicht lange verborgen geblieben.

In bewußten Exerzitien suchte Marc, bis zur Selbstverleugnung nachahmend, in die Formenwelt anderer Künstler einzudringen und dabei die eigenen Möglichkeiten besser kennenzulernen und zu erweitern. 1909 malte er einen «van Gogh», 1910 einen «Dérain», 1911 «Primitive». Zu einem Schlüsselerlebnis wurde im Oktober 1912 eine Ausstellung in Köln, wo er die Futuristen sah und, so sein Bericht an Kandinsky, «von dem größeren Teil der Bilder [...] rückhaltslos begeistert» war. «Hoffentlich werden Sie nicht gleich böse. [...] Die Futuristen sind glänzende Maler; natürlich Impressionisten, strengster Naturalismus; es sind nicht die Ideen der

Blauen Reiter und das, was Sie als Kommendes sehen; aber ich glaube, daß wir uns beide geirrt haben, [...] wenn wir dachten, daß sich der Naturalismus in Picasso in die letzte mögliche Form verflüchtigt hat.» Anders als Kandinsky war Marc im Urteil über andere generös und geizte auch nicht mit Selbstkritik. Der Berliner Herbstsalon von 1913 zeigte ihm, wo er stand: «[...] ich glaube, ein Mensch, der seine Zeit liebt und in ihr nach Geistigkeit sucht, wird nur klopfenden Herzens und voll guter Überraschungen durch diese Ausstellung gehen. Ich war jedenfalls beschämt vor allen diesen Bildern, da ich mir gestehen mußte, daß ich in meinem Sindelsdorf mir vorher nicht vorgestellt hatte, daß so viel Geist am Werke ist; und vor allem: daß die Ziele weit mannigfacher sind, mit vielen Perspektiven, die ich nicht kannte. [...] Für mich persönlich ist das Fazit auch überraschend: ein bedeutendes Überwiegen (auch an Qualität) der abstrakten Formen, die nur als Form sprechen, fast ganz ohne gegenständlichen Beiklang über die gegenständlichen Bildideen; (ich weiß wohl, daß dieser Gegensatz nicht eigentlich besteht, – alle Formen sind Erinnerungen –). Für meinen eigenen Fall fühlte ich, wie unklar ich im Grunde meine Bilder malte; ich ging gewissermaßen von zwei völlig getrennten Seiten aus an meine Bilder und malte solange, bis sie sich scheinbar verbunden hatten, – leider nur scheinbar. Vielleicht gibt es keine restlose, schlakkenlose Verbindung, aber es gibt Künstler, die dem Ziele näher kommen, das Ziel klarer sehen.»[43]

Die größte Herausforderung waren für Marc die Futuristen, an denen ihn vor allem die bildnerischen Techniken in Bann schlugen. Da er sich ihre Verklärung der technischen Welt nicht zu eigen machen und deshalb ihre Themen nicht übernehmen konnte, geriet er bei seinen Lernprozessen oft in Schwierigkeiten. Die futuristischen Kompositionsweisen waren nicht so ohne weiteres von den futuristischen Inhalten zu lösen, und wenn man sie auf Eichhörnchen im Wald, ein Reh im Klostergarten oder einen heftigen Regenguß überträgt, läuft die formale Emphase schnell ins Leere. Selbst die «Tierschicksale» wurden Marc erst im Felde, wohin ihm eine Postkarte nachgeschickt worden war, nachträglich zum prophetischen Bild: «Bei ihrem Anblick war ich ganz betroffen und erregt. Es ist wie die Vorahnung dieses Krieges, schauerlich und ergreifend; ich kann mir kaum vorstellen, daß ich das gemalt habe!»[44]

Unter den Bildern, die der Kriegsfreiwillige zurückließ, als er im August 1914 einrückte, waren auch einige Kompositionen ohne bestimmten Gegenstand gewesen. Zu seinen Plänen gehörte außerdem eine Inszenierung von Shakespeares ‹Sturm› am Künstlertheater, deren Bühnenmusik er sich von Arnold Schönberg, Anton von Webern oder Alban Berg komponieren lassen wollte. Den Verantwortlichen war die Idee jedoch nicht münchnerisch genug: «den Zeitungsnotizen nach scheint unser Theaterprojekt in den üblichen goldenen Mittelweg auszulaufen; die Zeitungen reden um den Begriff ‹Münchener Künstler› herum und operieren damit, als wenn dies der eindeutigste Begriff der Welt wäre (im Grunde ist er ja auch eindeutig) [...].»[45]

Epiloge

1937 waren in der Ausstellung ‹Entartete Kunst›[1] auch Bilder von Franz Marc zu sehen. Proteste von Regimentskameraden, Werke eines im Kriege gefallenen Offiziers nicht zu diffamieren, verhallten ungehört. Dabei hatte selbst Adolf Ziegler, Präsident der Kunstakademie zu München und der Reichskunstkammer, Bedauern geäußert, als in der Neuen Staatsgalerie Marcs «Rote Rehe» abgehängt wurden. Lebte er, so Zieglers verleumderische Vermutung, Marc wäre 1937 der führende deutsche Künstler. An Versuchen, den neuen Machthabern wenigstens die deutschen Expressionisten nahezubringen, hatte es nicht gefehlt. Der ‹Deutsche Künstlerbund› sah sich deshalb im Sommer 1933 zum Protest genötigt gegen Versuche, «formzersetzende Persönlichkeiten wie Nolde, Schmidt-Rottluff, Klee, Mies van der Rohe nun als eigentlich deutsche Kunst in den nationalsozialistischen Staat einzuschwärzen. [...] Es wäre tragisch, wenn gerade die bildende Kunst, die große und edle Passion unseres Führers, das Einfallstor für die Keime der Zersetzung und der Ausgangspunkt auch der politischen Unterhöhlung der geistigen Welt Adolf Hitlers würde. [...] Der Deutsche Künstlerbund 1933 legt feierliche Verwahrung dagegen ein, daß die Leute, die die künstlerischen Schrittmacher der zersetzenden kommunistischen Revolution gewesen sind, [...] nun sich dem deutschen Volk als die Vertreter seiner eigentlichen Kultur präsentieren wollen.»[2]

Der Tempel der Neuen Kunst, das Haus an der Prinzregentenstraße, für das im Oktober 1933 der Grundstein gelegt wurde, war nur eines der Instrumente, München, so die Festschrift zur Eröffnung, «die Stellung der Kunststadt von Weltrang zurückzuerobern und auf immer zu bewahren, die zu Ludwigs I. Zeiten München emportrug, es groß und glanzvoll machte.»[3] Die Eröffnung wurde zum Fest. Wie einst im 19. Jahrhundert gab es einen Kostümzug. Deutsche Maiden begleiteten den Wagen mit dem riesigen Modell des Naumburger Lettners, deutsche Jünglinge gingen als Wikinger, schreitende Frauen erinnerten an das deutsche Heldenlied, und deutsche Männer beschützten das Modell des neuen Hauses. Man zog durch das München der Könige, deren Wirken, so die Botschaft, seine Erfüllung in der Kunsttätigkeit Adolf Hitlers fand. Die ersten Stationen waren die Ludwig- und die Briennerstraße, der Karolinen- und der Königsplatz. Es folgten der Alte Botanische Garten, wo der 1931 abgebrannte Glaspalast gestanden hatte, der Marienplatz, der Max-Joseph-Platz und die Maximilianstraße. In den Hallen des neuen Kunsttempels warteten derweil die Werke der neuen «gesunden» Kunst auf ihr Publikum. Die Festrede des Führers machte jeden Kompromiß mit einer wie immer gemäßigten Moderne fortan zum existenzgefährdenden Risiko: «Bis zum Machtantritt des Nationalsozialismus hat es in Deutschland eine sogenannte ‹moderne› Kunst gegeben, d. h. also, wie es schon im Wesen dieses Wortes liegt, fast jedes Jahr eine andere. Das nationalsozialistische Deutschland aber will wieder eine ‹deutsche Kunst›, und diese soll und wird, wie alle schöpferischen Werke eines Volkes eine ewige sein.»[4] Die Veranstalter der Kampfausstellung in den Arkaden des Hofgartens inszenierten die «Entartete Kunst» als ein Politikum. Die Parolen an den Wänden boten nationalsozialistische Propaganda pur: «Verhöhnung der deutschen Frau, Beschimpfung der Helden des Weltkriegs», «Deutscher Bauer jüdisch gesehen», «Der Neger wird in Deutschland zum Rasseinhalt einer entarteten Kunst» und anderes mehr. Am Tage der Eröffnung nahm Max Beckmann, von dem die Ausstellung gleich im ersten Raum zwei Meisterwerke zeigte, in Berlin den Zug nach Amsterdam. Er ist nie nach Deutschland zurückgekehrt.

Walter Riezler, damals Sekretär des ‹Deutschen Werkbundes›, diagnostizierte 1926, München habe sich «in eine immer gewalttätigere Feindlichkeit gegen all das hineingesteigert, was im übrigen Deutschland, auf der übrigen Welt, sich an lebendigen Kräften heute rührt». Nur «gegen den Geist des Münchnertums» könne «München kulturell gerettet werden».

Die für Berufungen Verantwortlichen sollten deshalb nicht fragen, «ob die Entscheidung im Sinne des Münchnertums ist, d. h. also, vor allem jede Beunruhigung vermeiden und ‹gefährliche› Elemente fernhalten, sondern mit der gleichen Unabhängigkeit verfahren, wie es einst die Könige taten».[5]

Karl Scharnagl hatte ein Jahr zuvor, bei seinem Amtsantritt als Oberbürgermeister, die «Verdrängung neumodischer, undeutscher und demoralisierender Gewohnheiten und Lebensäußerungen durch Pflege bodenständiger, wahrhaft volkstümlicher Überlieferung» zum städtischen Kulturprogramm erhoben. 1947 hatte sich für Scharnagl, wiederum Bürgermeister, wenig geändert: Nicht die Intoleranz der Konservativen sei das eigentliche Übel gewesen, sondern die der Modernisten, und nicht von rechts sei dem Nationalsozialismus der Boden bereitet worden, sondern von links: «Bei aller Anerkennung der künstlerischen Werte und Berechtigung satirischer Schilderungen von ‹Jugend› und ‹Simplicissimus› müssen wir doch heute feststellen und zugeben, daß in dieser freien Gestaltung dieser Literatur so viel Zersetzendes mitgegangen ist, daß wir darin eine der Ursachen des Zusammenbruchs der geistigen und seelischen Haltung unseres Volkes sehen müssen, die dortmals ihre Wunden geschlagen hat und die nach 1933 zur Ausreifung kam.»[6] An der Niederlage des Neuen gab Scharnagl nicht etwa den Verfolgern die Schuld, sondern den Opfern. Robert Vorhoelzer, der 1933 aus der Technischen Universität vertrieben worden war, mußte sich vorhalten lassen, daß seine «zwar sehr interessanten, aber doch sehr eigenartigen Bauschöpfungen in der damaligen Zeit sich nicht durchzusetzen vermocht haben, daß sie kein Ansporn für die Weiterentwicklung waren und daß sie sich vor allem weder in der Zeit ihres Entstehens noch in der Folgezeit einzufügen vermocht hatten in das Gesamtbild, das nun einmal das Gepräge einer Stadt ausmacht.»[7]

Die Postbauten, die Vorhoelzer zusammen mit Walther Schmidt verwirklichen konnte, gehören zu den wenigen bedeutenden Beiträgen Münchens zum Neuen Bauen der zwanziger Jahre. Von besonderer sozialer (aber auch ästhetischer) Qualität waren die Schalterhallen. Es sei nicht gleichgültig, so Walther Schmidt im Rückblick, «welche Absichten aus diesem Raum zu den Besuchern sprechen. Ob zum Beispiel hier Wichtigtuerei, Affektiertheit, die Sucht nach modischen Wirkungen zu Wort kommen oder ob gar eine ‹straffe Haltung› dem Besucher vorexerziert wird. Oder ob ihm der Raum mit Einfachheit und Natürlichkeit begegnet, mit hellen Wänden, unaufdringlichen, soliden, sich zum Gebrauch bietenden Einrichtungen, mit einer Erscheinung, die unausgesprochen, ohne Prätension, aber unüberhörbar die Würde des Menschen wahrt. Mit einer Erscheinung, die nicht leugnet, daß es sich um einen Raum handelt, der sachlichen und nüchternen Vorgängen gewidmet ist, aber dartut, daß diese Vorgänge sich in einer Atmosphäre gegenseitiger Achtung und Wohlwollens aller Beteiligten vollziehen können, in einer Freundlichkeit, von der wir gerne möchten, daß sie das Verhältnis der Menschen untereinander regelte, vor allem auch die Beziehungen zwischen dem einzelnen und der staatlichen Sphäre auf einen guten Fuß brächte.»[8]

Die Post war auch bei den Siedlungen einer der wenigen Bauherren, die sich der neuen Architektur nicht verschlossen. Der wichtigste war die ‹Gemeinnützige Wohnungsfürsorge A. G.›, die 1929/30 unter der architektonischen Leitung von Hans Döllgast eine Großsiedlung errichtete (Abb. 73), deren nach außen abgeschirmte Teile zwischen sich nicht nur ein Postamt, ein Kino, Werkstätten und Wärmestuben aufnahmen, sondern auch einen «Künstlerhof», bei dessen Atelierbauten sie funktionalistische Ästhetik auf liebenswürdige Weise mit Erinnerungen an Mittelmeerisches und den Bedürfnissen nach kleinstädtischer Idylle zu kombinieren trachtete.[9]

Die münchnerischste der Münchner Siedlungen war seit 1924 an der Dauchauer Straße entstanden. Mit Unterstützung der Stadt realisierte der Bauunternehmer Bernhard Borst ein konservatives Gegenmodell zu den sozialistisch inspirierten Großsiedlungen des Neuen Bauens. Borsts Erfahrungen stammten von den gut einhundert Villen, die er vor dem Kriege hatte verkaufen können: «Ich erkannte viele, viele Nachteile der Einfamilienhäuser, wußte aber auch um die Trostlosigkeit der Mietskasernen in der Stadt, und so suchte ich die Wohnfrage mit meiner Borstei zu lösen, das Schöne der Einfamilienhäuser mit dem Praktischen einer Etagenwoh-

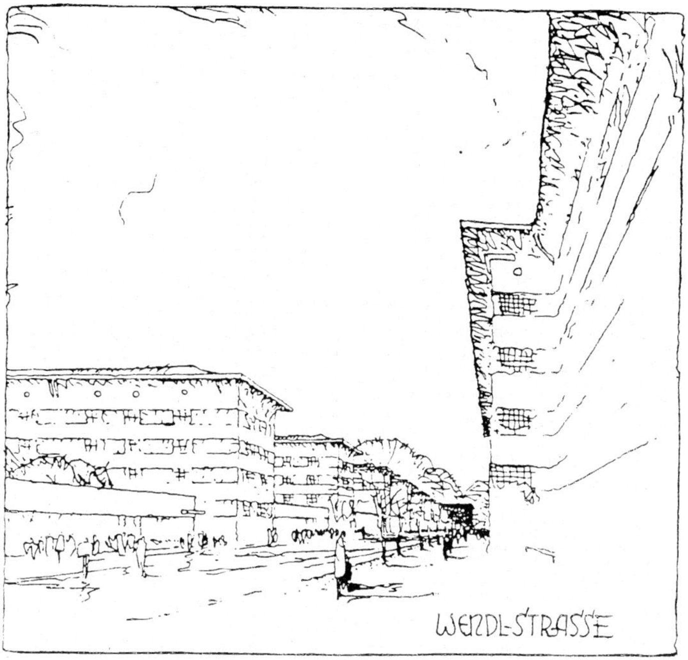

73. Hans Döllgast, Wendl-Dietrich-Straße in der Siedlung Neuhausen, begonnen 1928

nung zu verbinden. Dabei stimmte ich alles auf die Entlastung der Hausfrau und die Gesundheit der Menschen ab.»[10] Die Blöcke sind abwechslungsreich gruppiert, und wie beim Neuen Bauen gibt es Gartenhöfe. Um die sprichwörtlichen Streitereien in Treppenhaus, Waschküche und Speicher von vornherein zu unterbinden, richtete Borst eine Zentralwäscherei und einen Reinigungsdienst ein. Das Ineinander von technokratischem Kalkül und konservativer Ideologie führte außer zu Haus- auch zu Gestaltungsordnungen. Die sorgten für spitze Dächer, demonstrativ solide Details und kräftigen Putz, der konservativen Fachpresse ein Beweis dafür, «wie echt deutscher Baumeistergeist auch in der Zeit der schrankenlosesten Konjunkturbauerei unter dem Zwange der Wohnungsnot, die anderwärts unter der Flagge der ‹Neuen Sachlichkeit› nur die Elendsquartiere der Zukunft hervorbrachte, die unerbittlichen materiellen Gegebenheiten mit den idealen Forderungen zu einer schönen Harmonie [Abb. 74] führen und den mehr als zweifelhaften Segnungen des ‹zeitgemäßen Kollektivdaseins› die ideale deutsche bürgerliche Mietwohnung entgegenstellen konnte.»[11]

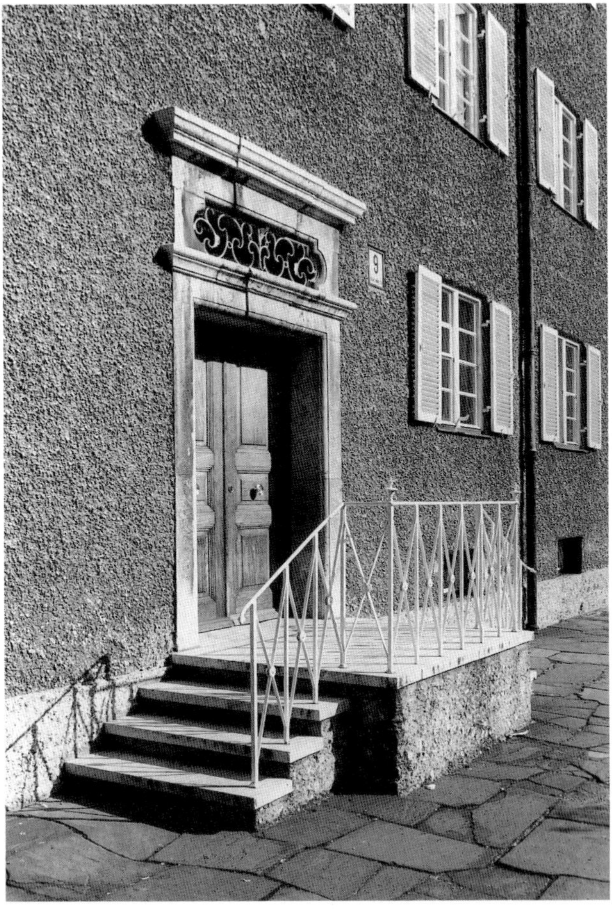

74. Oswald Bieber, Hauseingang in der Siedlung Borstei, begonnen 1924

Andere Architekten versuchten, Zeitgenossenschaft und Traditionsbewußtsein ideologisch weniger offensiv zu verbinden, Hermann Leitenstorfer etwa, dessen Technisches Rathaus, eines der ersten deutschen Hochhäuser, die tatsächlich gebaut wurden, die Türme der Frauenkirche zum Bezugspunkt und Vorbild nahm. Das herausragende Beispiel aber kam von Theodor Fischer. Sein Ledigenheim in der Bergmannstraße entstand gleichzeitig mit dem gigantischen neubarocken Klosterbau, als der sich an der Waldfriedhofstraße das Städtische Altersheim St. Joseph von Stadtbaurat Hans Grässel präsentiert. Fischers Bau, in dem der Oberbürgermeister eine Gefahr für seine «saubere Kunststadt» sah, steht, so der Architekt, «etwas fremd zwischen seinen Nachbarn; ich weiß das und doch halte ich ihn für gut münchnerisch, – wenn ich eben das Münchnerische frisch und gesund auffasse. Verwandtes grüßt aus der Vergangenheit, aus der Zeit, wo Bürgerkraft hohe Kirchen baute, hier und isarabwärts, jene Kraft, die immer wieder durchschimmert durch die welsche, höfische Dekoration der späteren Zeit.»[12]

1950 sollten auch in der «Hauptstadt der Bewegung» die Maßnahmen abgeschlossen sein, die 1937 durch das «Gesetz zur Neugestaltung deutscher Städte» eingeleitet worden waren. Auch in München hätten Achsen und Monumentalbauten der neuen Art die Stadt schon durch schiere Quantität unter ihr Joch gebeugt. Nach Albert Speers Erinnerungen wurde sogar der Führer kreativ: «Eines Morgens überraschte er uns mit einem über Nacht sauber aufgetragenen Entwurf einer ‹Säule der Bewegung› für München, die als ein neues Wahrzeichen die Frauentürme zu einem Zwergendasein verurteilt hätte.»[13] Gegen die sechs km lange und 125 m breite Hauptachse nach Pasing hätte selbst die Ludwigstraße klein gewirkt, und das Siegesmal an der Stelle des Hauptbahnhofes sollte ein Adler bekrönen, dessen Flügel so breit ausgegriffen hätten wie die Frauenkirche. Solche Usurpation hatten die Nationalsozialisten in den ersten Jahren auch in München nicht gewagt. Städtebauliches Legitimationsbedürfnis zog sie vielmehr zu den vorhandenen Anlagen, die sie durch Komplettierung und Nutzung in ihren Dienst nahmen. Das Haus

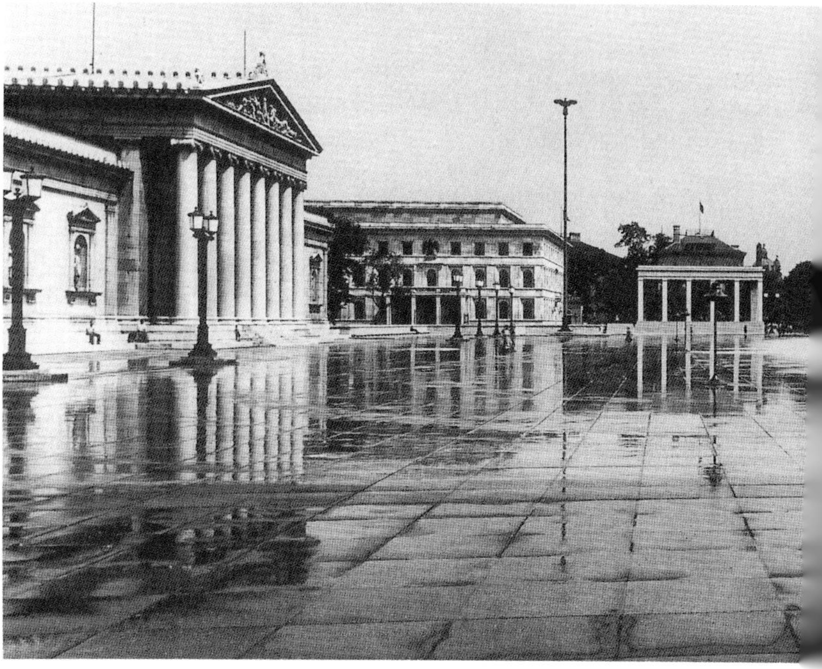

75. Königsplatz während des «Dritten Reichs»

der Kunst und das Luftgaukommando setzten sich an der Prinzregentenstraße fest. An der südlichen Ludwigstraße fielen dem Zentralministerium mehrere Mietshäuser von Klenze zum Opfer, im Norden schob sich das ‹Haus des Deutschen Rechts› als Riegel gegen das Siegestor, während ein Hauptwerk des deutschen Klassizismus, das Herzog-Max-Palais von Klenze, der Erweiterung der Von-der-Tann-Straße zum Opfer fiel. Es wurde durch das Gebäude der Reichsbank ersetzt, das nur bis zum Erdgeschoß gedieh, aber nach dem Kriege vollendet werden konnte.[14] Dem Königsplatz gab die Partei durch die Ehrentempel für die Novembergefallenen, die Führerbauten an der Meiserstraße und einen Plattenbelag aus Granit (Abb. 75) ein nationalsozialistisches Gesicht: «Ähnlich wie es dem ersten Planer dieses Platzes, Leo von Klenze, bereits vor hundert Jahren vorgeschwebt hat, wurde nun die vierte, noch offene Seite des bisher durch Glyptothek, Staatsgalerie und Propyläen geschlossenen Platzes ausgebaut. Zwei mächtige Steinbauten für die oberste Führung der Bewegung schließen zu beiden Seiten der Ehrentempel die ganze Ostseite des Platzes ab. Die Särge mit den Toten des November stehen nebeneinander in den Tempeln vertieft im Grund. Über die weite Öffnung der Decke wölbt sich schützend der Himmel. Alles kleinliche Grünzeug auf dem Platz selbst ist verschwunden und einer großzügigen steinernen Plattenfläche gewichen. Dem neuen Raum ist damit jedes Natürlich-Zufällige genommen und ihm eine strenge steinerne Form gegeben. So ist dieser schöne Platz heute den Bewohnern der Hauptstadt der Bewegung eine festliche Sammelstätte inmitten des historischen München.»[15] Die Ehrentempel wurden 1946 von den Amerikanern gesprengt, nur die überwachsenen Sockel erinnern 1990 – noch – an die nationalsozialistische Okkupation des Platzes und den späteren Versuch, sie wieder ungeschehen zu machen. Die Platten auf dem Platz selbst wurden 1988 entfernt. Das Bedürfnis nach schöner Stadtgestalt und bereinigter Vergangenheit war stärker als das Verantwortungsgefühl dafür, auch unbequeme Perioden der deutschen Vergangenheit in Erinnerung zu halten.

1945, so die ohnmächtige Sprache der Bilanzen, zählte man in München 13 000 zerstörte Häuser und 62 000 vernichtete Wohnungen, nur 1270 Gebäude waren ganz ohne Schaden über den Krieg gekommen.[16] Die Bahnhofsgegend war zu zwei Dritteln zerstört, die Altstadt zu sechzig und Schwabing zu siebzig Prozent. Von diesen Zerstörungen ist heute so gut wie nichts mehr zu sehen. Die Reaktion auf sie aber ist auch nach 45 Jahren noch ein prägendes Element in der Stadt. Dem Aufbäumen gegen ein als ungerecht empfundenes Schicksal verdankt sie den rekonstruierenden Neubau der Residenz, die Wiederherstellung der Kirchen, das Festhalten am alten Stadtgrundriß, und den weggeräumten Trümmern verdankt sie einen Berg im Norden, der zu einem der Kristallisationspunkte des Olympiageländes werden konnte.

Bei den Nachkriegsdebatten um die architektonische Zukunft der Stadt ging es auch in München um die eigene Identität. Modernisten, die am Marienplatz flache Dächer, Glas, Eisen und Zeilenbauten sehen wollten, hatten von vornherein keine Chance, die Mehrheit der Bürger wünschte an Erkern, Giebeln, Dachgauben und malerischen Winkeln sogar ein Vielfaches von dem, was die unzerstörte Stadt besessen hatte. Unter den gemäßigten Konservativen, die die Fachdiskussion dominierten, herrschte hingegen Einverständnis, daß man das Wesen der Stadt bewahren, zugleich aber auch den Forderungen der Zeit gerecht werden müsse. Höchst strittig war, wie dabei vorzugehen sei.[17] Adolf Abel etwa, inzwischen Inhaber des Lehrstuhls von Theodor Fischer, entwarf eine Stadt, in der die Fußgänger durch Öffnung der Blöcke in Höfe und Passagen ein eigenes, unabhängiges Verkehrsnetz bekommen hätten: «Sozusagen eine neue Fußgängerstadt in der alten, ähnlich wie in Venedig.»[18] Realistischer und damit auch erfolgreicher waren die Vorstellungen, die Karl Meitinger veröffentlicht hatte. Wie seine Vorgänger um die Jahrhundertwende wollte er im Stadtkern eine sich alt gebende, außen aber eine moderne Stadt. Die großen ausgekernten Blöcke, die er für die Wohngebiete ins Auge gefaßt hatte, sind nicht zustande gekommen, die Grundideen für die Stadtmitte aber – zum Beispiel die Straßen zu weiten, dann aber wieder mit modernen Altbauten zu säumen – wurden verwirklicht. Die Schlußpassagen seiner 1946 erschienenen Denkschrift über das «neue München» formulieren ein Stadtverständnis, das bis heute prägend ist: «Wir müssen versuchen, möglichst viel von dem Geiste und dem Gefüge der alten Stadt in die neue Zeit hinüberzuretten. Eine Stadt besteht ja nicht nur aus Mauern, Straßen und Plätzen, dazu gehört auch der Mensch, der diesen toten Dingen die Seele einhaucht, dazu gehört der Verkehr und die Wirtschaft, die das fortschreitende Leben bedeuten. Diesem Leben muß das Notwendige zu seiner Entfaltung gegeben werden. [...] Die Bevölkerung muß Interesse gewinnen und freudig mitgehen beim Wiederaufbau der Stadt; denn es ist ihre Stadt, die wieder im alten Glanze erstehen soll. Wenn alle mithelfen, dann muß sie wieder herauswachsen, jene einzigartige Stadt bajuwarischen Frohsinns, mit ihrer Gemütlichkeit, ihren Festen und Gebräuchen und mit ihrer Lebenslust, in der aber doch fleißig und emsig gearbeitet wird.

Neben schönen Bauten, Galerien und Sammlungen gehören deshalb noch andere Dinge dazu, die manchem nebensächlich erscheinen mögen, die aber den Geist und das Leben und Treiben der Stadt erst vervollständigen: das Oktoberfest, die Dulten, der Salvator, die Weißwürste, die Künstlerfeste, der Fasching, die Theater, die Brunnenhofkonzerte, ‹Schwabing›, die Bierkeller im Sommer, der Donisl und viele andere mehr, die das Leben so abwechslungsreich machten und das Fremde und Einheimische so sehr schätzten. Wir müssen uns klar sein, daß nur das Münchnerische als charakteristisches Lebenselement München eines Tages wieder zum Anziehungspunkt für den internationalen Fremdenverkehr machen kann. Darum soll die Stadt auch äußerlich wieder die symbolische Form für das Empfinden und Denken ihrer Bewohner werden.»[19]

Explizit moderne Architektur hatte es unter derartigen Prämissen schwer. Das Versorgungsamt der Gebrüder Hans und Wassili Luckhardt an der Heßstraße blieb mit seiner konsequenten Haltung und seiner spröden Schönheit bis zu seinem Abriß 1989 in München ein Fremdkörper (Abb. 76).[20] Mit ihm verschwand ein Bau, der zu den besten der frühen fünfziger Jahre gehörte, Beispiel einer Architektur zwischen Wiederaufbau und Wirtschaftswunder, die keineswegs eine einfache Fortsetzung des Neuen Bauens der zwanziger Jahre war, sondern Ausdruck des Bestrebens, eine spezifische Form für das Deutschland der Nachkriegszeit zu entwickeln. Man schuf keine gebauten Manifeste, sondern Bauten für den täglichen Gebrauch, ohne große Utopien, aber voll von verhaltenem Optimismus, der Technik zugewandt, ohne sie zu verklären, bestrebt, den sozialen Auftrag nicht in einer fernen Zukunft wahrzunehmen, sondern in der Gegenwart – im ganzen ein Versuch, Demokratie auch architektonisch zu konkretisieren und dadurch zu stärken.

Aus der Menge des Gebauten[21] ragen nur wenige Werke heraus, die überregionale Bedeutung haben. Einige von ihnen sind Kirchen: St. Matthäus von Gustav Gsaenger, St. Johann von Capistran von Sep Ruf und, viel zu wenig bekannt, St. Laurentius von Emil Steffann. Auch bedeutende Siedlungen entstanden, so die Parkstadt Bogenhausen, ein Gemeinschaftswerk mehrerer Architekten, und Emil Freymuths Sie-

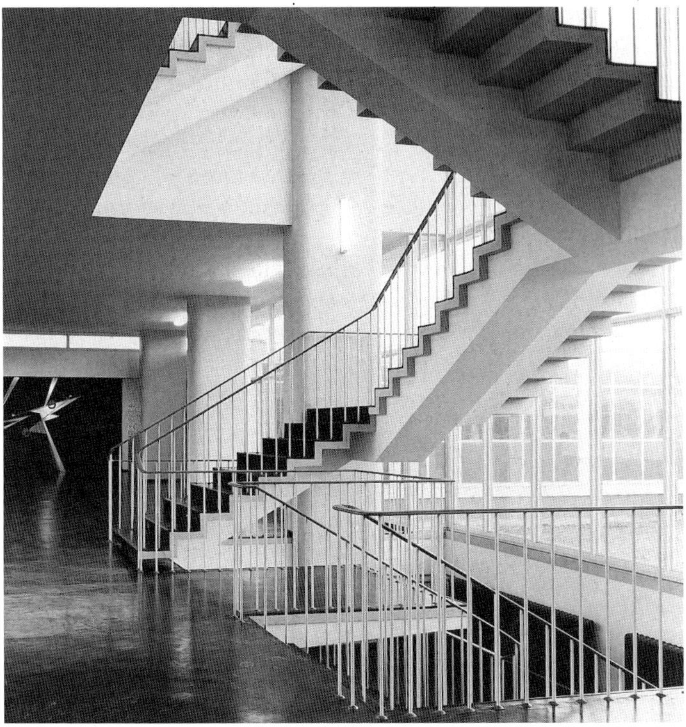

76. Hans und Wassili Luckhardt, Versorgungsamt Bayern, begonnen 1957, abgerissen 1989

mens-Siedlung an der Boschetsrieder Straße. Ein umfangreicheres modernes Œuvre von Rang hat aber nur Sep Ruf verwirklichen können. Von außerhalb Münchens gesehen sind auch seine Bauten wenig radikal, aus der zeitgenössischen Münchner Perspektive jedoch war das anders. Das Wohnhaus an der Theresienstraße, 1951 für den ‹Nürnberger Verein zur Behebung der Wohnungsnot e.V.› errichtet, hatte in den Augen Hans Ecksteins, eines der wenigen kompromißlosen Vorkämpfer des Neuen, «für das so stark von konservativem Lokalgeist beherrschte Planen und Bauen in München größte Bedeutung. Es ist [. . .] in der alten klassizistischen Ludwigvorstadt zwischen Odeonsplatz, Siegestor und Propyläen der erste vollendete Neubau von in Befangenheiten und historischen Reminiszenzen völlig freien Formen. Zum ersten Mal wurde in einem Münchner Stadtviertel mit geschlossener Karreeumbauung ein Wohnblock freigestellt, um durch diese aufgelockerte Anlage gesündere Lebensbedingungen zu schaffen. [...] So darf man wohl mit diesem Wohnhochhaus den Beginn einer zeitgemäßeren städtebaulichen Ordnung in München datieren.»[22]

1952 schrieb die Oberste Baubehörde einen Wettbewerb für das Areal der Herzog-Max-Burg aus, deren Ruine zum Abriß bestimmt war. Kirchenamt, Justizbehörde und Läden sollten einen neuen Platz finden. Die Bebauung dachte der Auslober sich aufgelockert. Sie sollte die alten Baulinien nicht fortführen, wohl aber den weiteren städtebaulichen Bezug mit St. Michael und der Frauenkirche nicht aus den Augen verlieren. Den Turm ließ Ruf, der hier mit Theo Pabst und Adolf Abel zusammenarbeitete, stehen, sonst aber wurde die alte Burg in jeder Hinsicht geöffnet. Das Preisgericht sah eine besondere Qualität «in der gleichmäßig menschenwürdigen Lage aller Büroräume ohne jede Ausnahme, in der Vermittlung zwischen Platz- und Straßenflächen und hochgehenden Baukörpern durch niedrige vorgelegte Ladenzeilen, in der freien Verlagerung des Fußgängerverkehrs zwischen die lose zusammenhängenden aufgelösten Baumassen.»[23] Die Glasfront der neuen Gerichtsbehörden war in der programmatischen Absetzung vom Neubarock des nahe gelegenen Justizpalastes auch Ausdruck der Hoffnung auf eine transparente, zugängliche, demokratische Rechtssprechung.

Aus heutiger Perspektive war Ruf wohl der modernste unter den Münchner Architekten der Nachkriegszeit. Der bedeutendste aber ist vermutlich Hans Döllgast gewesen.[24] Er wirkte in erster Linie als Lehrer. Die wichtigsten, weit über München hinaus vorbildlichen Werke des Architekten sind seine Reparaturen. Sie schlossen die Wunden, die der Krieg den Bauten schlug, aber sie ließen die Narben sichtbar und hielten so die Erinnerung an die Zerstörungen wach. Von St. Bonifaz zum Beispiel standen 1945 nur noch die südlichen Mauern und 22 Säulen. Döllgasts Ziel war, «die noch brauchbaren Baureste mit den sparsamsten Mitteln zu retten und einen neuen, verglichen mit dem alten sehr bescheidenen Raum für die Gemeinde zu gewinnen».[25] Daß Döllgast sein Tun als Entwerfen verstand und nicht als Denkmalpflege, lehrt die Alte Pinakothek, die heute fast so sehr ein Werk von ihm wie ein Werk von Klenze ist. Döllgast hat Klenzes Bau gerettet, aber auch ‹verbessert›. Ein Stein des Anstoßes war der Eingang. Jeder Unbefangene wird ihn in der Mitte suchen, Klenze aber hatte ihn an die Schmalseite zur Barerstraße gelegt. Er schickte die Besucher über eine bescheidene Treppe, offerierte ihnen aber als Ausgleich im ersten Stock eine Galerie zum Promenieren, die nach Süden den Blick auf die Stadt bot und nach Norden Zugang zu den einzelnen Räumen gewährte. Für ihn war das Museum noch eine Einrichtung für Bürger, die oft dorthin kommen, nicht für Touristen, die bei einem einzigen Besuch sämtliche Räume durchlaufen. Man konnte lustwandeln, die Stadt anschauen, Bekannte treffen und dazwischen einzelne Räume oder Bilder aufsuchen. Heute gibt es ein Treppenhaus wie in einem Schloß, die von Klenze betont bürgerlich interpretierte neue Bauaufgabe scheint refeudalisiert. Döllgast hatte anfangs auch eine andere Treppe geplant, von der sogar Teile bereits gebaut waren (Abb. 77),[26] als er sich zu der heutigen Lösung bequemen mußte: Ursprünglich wollte er die Gewölbe Klenzes erhalten und die Treppe, von einem Ruhepodest unterbrochen, in der Breite nicht das ganze Treppenhaus ausfüllen lassen. Sie wäre, unübersehbar, ein Einbau in eine Ruine gewesen und hätte sich so auch mit dem Außenbau vertragen. Dort sind Konzeption und Realisierung auch heute ohne jeden Bruch. Man sieht, daß hier in armer Zeit repariert wurde, mit Backsteinen aus Trümmern und eisernen Abstützungen, wodurch dem Repräsentationsbau Ludwigs I., dessen Abriß eigentlich beschlossene Sache war, das Überleben gesichert werden konnte. Vielleicht noch eindrucksvoller ist Döllgasts architektonische Trauerarbeit beim Südlichen Friedhof, wo Grabmale wie Baulichkeiten zum Teil in ihrer ganzen Zerstörung belassen sind, nur das Allernötigste ausgeflickt wurde, manches auch nur mit einem Notdach versehen ist, und wo so ein Ensemble entstand, dessen Kargheit und Lakonik in einer Intensität von Zerstörung, Erinnerung und – gefährdeter –

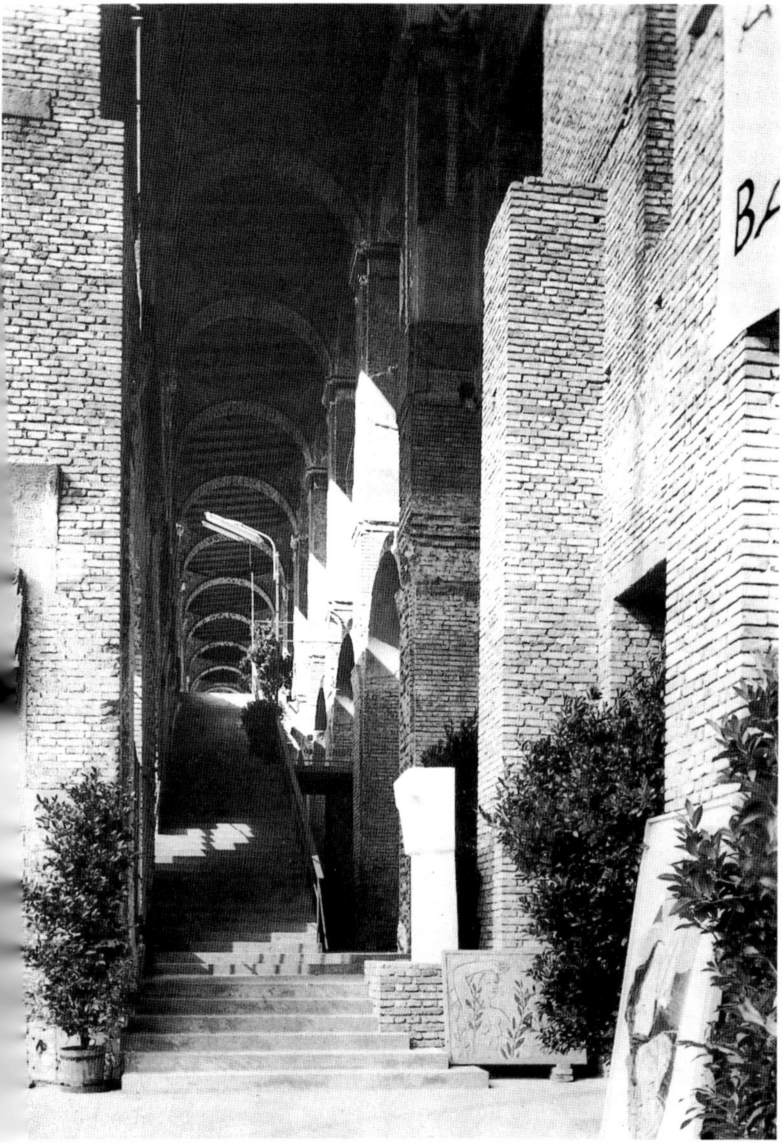

77. Hans Döllgast, Treppenhaus der Alten Pinakothek, 1954, abgerissen 1956

Bewahrung des Übriggebliebenen spricht, wie man sie in Deutschland an keinem anderen Ort mehr finden kann.

Im Alltag des Münchner Baugeschehens haben weder Sep Ruf noch Hans Döllgast eine nennenswerte Rolle gespielt, und auch das Meisterwerk moderner Architektur, das zwischen 1969 und 1972 im Münchner Norden entstand, ist nicht das Werk eines Münchner Architekten. Trotzdem hat das Olympiagelände auch eine Münchner Dimension. Aus der Masse der Wettbewerbsbeiträge hatte sich der Entwurf des Büros Günther Behnisch & Partner herausgehoben, der eine Vision skizzierte, in der sich Soziales, Konstruktives und Landschaftliches in vielleicht unwiederholbarer Weise verbanden. Eines der Ziele war,[27] in der ehemaligen «Hauptstadt der Bewegung» Demokratie zu bauen, «und zwar nicht so, wie sie ist, sondern durchaus auch etwas von der Überzeugung dessen, was sie sein könnte; wir wollen nicht nur das Bestehende reproduzieren, sondern auch gewisse Ideale mit darstellen». Daß dabei auch Opfer gebracht werden mußten, erhellt aus der unversöhnlichen Kritik des Konstrukteurs, ohne dessen Hilfe die Vorstellungen des Architekten Utopie hätten bleiben müssen. Der Wille zur Gestaltung, so Frei Otto,[28] sei stärker gewesen als die Suche nach einer unbekannten, aus den Naturgesetzen entwickelten Form. «Das Münchner Dach ist gar kein richtiges Dach. Einzelne Teile schützen nicht einmal gegen Regen. Es ist ein Zeichen, und es ist noch mehr mit einer Fahne zu vergleichen. Es ist Symbol, es ist Orientierungshilfe. Es prägt die Stadtlandschaft des Münchner Nordens. Es ist außergewöhnlich, es ist attraktiv. Es ist Anziehungspunkt. Es ist Weltwunder.»

Der Architekt der olympischen Landschaft, Günther Grzimek, betonte neben deren Tauglichkeit auch ihren Stadtbezug: «Man befindet sich in einer robusten Architektur aus Grünelementen, Berg und See, Baum und Hain, Wiese und Sumpf, Ufer und Trampelweg, Stein und Kies sind Bauelemente einer Landschaft, die naturhaft und zugleich strapazierfähig ist, wie es ein guter Gebrauchsgegenstand sein soll.» Aber dieser Gegenstand befindet sich nicht irgendwo: «Allein die öffentliche Grünfläche auf dem Oberwiesenfeld (160 ha) ist mit dem Nymphenburger Park oder dem Englischen Garten nach städtischer Verflechtung der Größe vergleichbar. [. . .] Das Oberwiesenfeld bezieht die Stadt visuell betont in seine Landschaft ein. Das heißt andererseits, daß das Gelände sich zur städtischen Umgebung öffnet – ob sie nun aus Industrie, Wohnanlage, Versorgungseinrichtungen oder großen Verkehrssträngen besteht –, so daß die Besucher sich inmitten

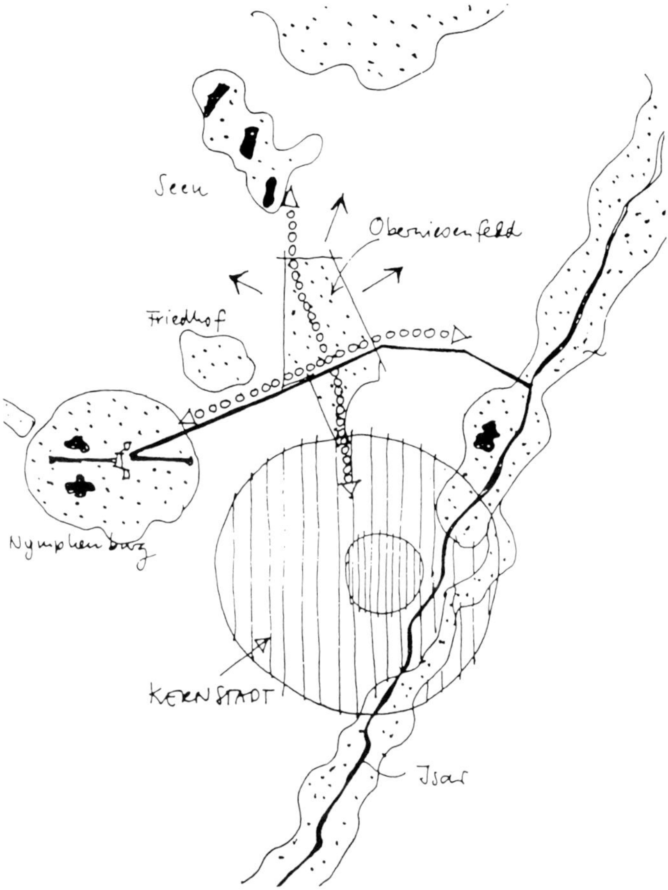

78. Günther Behnisch & Partner, Lageskizze zum Olympiastadion, 1969

eines autonomen Grünkomplexes befinden, aber die Stadt von hier aus erleben, in der Stadt bleiben. Die Gaskessel oder die kreuzungsfreien Anlagen des Mittleren Ringes, der Fernsehturm, die nördlichen Stadtteile Fasanerie und Lerchenauer See, aber auch fast greifbar nahe die Blickverbindung zur City mit den Türmen der Frauenkirche, und wenn es die Gunst des Wetters will, die Alpenkette, schaffen die Identität des Ortes: man weiß, wo man ist.»[29]

Die Architekten wollten noch mehr. «Situationsarchitektur», so Günther Behnisch im Rückblick, «war unser Arbeitstitel, das heißt, wir wollten die bestehenden Strukturen aufnehmen und verknoten.» Architektur sei ihm bei der Münchner Arbeit vorgekommen wie ein antiker Teppich oder ein Gewebe: «Das ist ja eine Stadt, das ist sogar ein dreidimensionales Gewebe, denn es gehört die Dimension der Zeit dazu. Und jetzt müßte man einfach die vorhandenen Fäden aufnehmen, vom Stadtplan, von der Geschichte, von der Gesellschaft, die müßte man in die Hände nehmen, müßte dann in neuen Farben Fäden und Teile hineinbringen und alles zu einer besonders schönen Rosette verknüpfen.»[30] Schon erste Lageskizzen setzten den Bauplan nicht zur Residenz oder zum Marienplatz in Beziehung (Abb. 78) und auch nicht zur Ludwigstraße oder zum Hofbräuhaus, sondern zum Nymphenburger Park und zum Englischen Garten. So wurde das Aufstauen des Nymphenburger Kanals zum Olympiasee ausdrücklich verstanden als «Pendant zum Kleinhesseloher See und zu den Nymphenburger Seen» – ein Beitrag zu der «anderen Tradition»,[31] für die es in München seit der Aufklärung immer wieder Beispiele gab, die aber nie die Oberhand gewinnen konnte.

Anmerkungen

Aus der unübersehbar gewordenen München-Literatur sind für den Kunstinteressierten unter anderem besonders wichtig: *Lieb* (1988) als Standardwerk, als Kunstführer *Dehio* (1990) und *Reclams Kunstführer, Biller/Rasp* wegen der präzisen Detailinformation. Für den städtebaulich Interessierten sind wichtig: *Habel/Himen* und die Übersichten in *München und seine Bauten* sowie *München und seine Bauten seit 1912.* Lesenswerte kurze Darstellungen der Kunstgeschichte Münchens finden sich bei *Braunfels* (1979) und *Bauer* (1985), die erste Kunstgeschichte Münchens ist enthalten in dem besten und schönsten Buch über die Stadt, dem von *Westenrieder* (1782).

«Monachium»

1. Erster Überblick über Stadtdarstellungen in: München im Wandel der Jahrhunderte, reiches Material bei Aufleger
2. München und seine Bauten (1912), 13; München im Wandel der Jahrhunderte, 10
3. Reitzenstein
4. Solleder; Der Mönch im Wappen, 7 ff.; Erdmannsdorfer; Reitzenstein; Steinlein
5. München und seine Bauten (1912), 48 ff.; Erdmannsdorfer, 38 ff.
6. Häuserbuch der Stadt München; Mader
7. Übersicht bei Lieb (1988), 21 ff. und Lieb/Sauermost, 9 ff.
8. Knopp (1970 und 1972); Lieb/Sauermost, 53 ff.; Pfister/Ramisch
9. Karnehm; Pfister/Ramisch
10. Knopp (1972), 393
11. Einen Überblick gibt Lieb (1988).
12. Liedke (1980 und 1982/83); Stange
13. Karnehm, 38
14. Liedke (1982/83), 139
15. Ebd., 1 ff.; Suckale, 8 ff.
16. Wolters, W.
17. Pfister/Ramisch, 231 f.
18. Glaser, Wittelsbach und Bayern I, 2, 529 ff.; Schlegel
19. Halm; Buchner
20. Schattenhofer (1972), 45 ff.; Müller-Meiningen
21. Lieb/Sauermost, 77 ff.; Erichsen
22. Erichsen, 36 f.

Wilhelm V. und Maximilian I.

1. Der Mönch im Wappen, 43, 213
2. Ebd., 225
3. Ebd., 225, 227
4. Zu St. Michael jetzt Wagner/Keller, auch die Beiträge in: Glaser, Wittelsbach und Bayern II, 1, 141 ff. von Hubala, Dischinger und Sauermost
5. Häutle, 107; Dehio (1926), 252
6. Schalkhausser; zu der problematischen Restaurierung vgl. D. und P. Diemer
7. Vgl. Anm. 4
8. Lieb/Sauermost, 136
9. Salm/Goldberg, 202 ff.
10. Riezler, 4, 487 f.
11. Häutle, 85
12. Ebd., 84
13. Brunner (1977), 28
14. Häutle, 71
15. Ebd.
16. Dehio (1926), 228
17. Brunner (1977), 177
18. Volk-Knüttel (1980), 91
19. Ebd., 89
20. Ebd., 108
21. Grundlegend die Arbeiten von Diemer (1980, 1983, 1986, 1987, 1988)
22. Warnke, 237
23. Friedel, 119 f.
24. Diemer (1987), 115
25. Ebd., 144 ff.
26. Glaser, Wittelsbach und Bayern II, 1, 175 ff.; Diemer (1980)
27. Diemer (1987), 122 ff.
28. Häutle, 75; zur Figur auch Larsson in: Buttlar/Biller-Rolly
29. Glaser, Wittelsbach und Bayern II, 1, 289
30. Brunner (1977), 42
31. Feuchtmayer/Schädler/Lieb/Müller, 156 ff.
32. Feuchtmayer/Schädler/Lieb/Müller, 195
33. Diemer (1986), 110 f., 128; Brunner (1977), 43 f.; Feuchtmayer/Schädler/Lieb/Müller, 110 f.

Das München der Kurfürsten

1. Schattenhofer (1984), 155 ff.
2. Ebd., 59
3. Hentzen; Buttlar/Biller-Rolly
4. Lieb/Sauermost, 25
5. Ebd., 115
6. Schattenhofer (1984), 161
7. Erdmannsdorfer, Tafel 27 ff.
8. Dischinger/Koch; Heym (1984)
9. Vits; Hauttmann (1913), mit seinem Materialreichtum die beste Einführung in das Münchner Kunstleben zur Zeit Effners
10. Braunfels (1986)
11. Lieb/Sauermost, 139
12. Hubala; zu Fischer allgemein Feulner (1920) und Lieb (1982)
13. Feulner (1923), 52
14. Dehio (1926), 338

15. Lieb/Sauermost, 157; zur Asam-Architektur Sauermost
16. Der Mönch im Wappen, 289 ff.
17. Stalla
18. Lieb/Sauermost, 171
19. Zur Ausmalung A. und H. Bauer (1985, Zimmermann) 82 ff.; zu den Altären Steiner und Volk (1984); eine Vorstellung von einem Fischerschen Rohbau gibt die in der Ausstattung nur fragmentarisch rekonstruierte Kirche St. Elisabeth in München.
20. Häutle, 128
21. Ebd., 20 ff.
22. Imhoff, 159 ff.
23. Schmid (1980)
24. Imhoff, 54; Paulus, Anm. 248
25. Schmid (1980), 80 ff.
26. Imhoff, 87
27. Hauttmann (1913), 198
28. Ebd., 85
29. Schmid (1980), 101 ff.; allgemein Rose
30. Hauttmann (1913), 65
31. Braunfels (1986), 69 ff.
32. Burckhardt (1913), 38
33. Braunfels (1986), 50
34. Feulner (1923), 37
35. Hauttmann (1913), 166 ff.
36. Hojer in: Glaser (1976), 158 ff.
37. Encyclopédie, VIII, 362
38. Braunfels (1986), 90 ff.; Hojer (1986)
39. Bauer, H. (1985), 116

Im Zeitalter der Aufklärung

1. Weber, 16
2. Schattenhofer (1984), 171
3. Bayerische Rokokoplastik, 253
4. Ebd.
5. Woeckel (1975), 513
6. Volk (1967)
7. Bayerische Rokokoplastik, 253 f.
8. Volk (1981), 14 ff.
9. Ebd., Abb. 8; Woeckel (1975)
10. Steiner; Volk (1984)
11. Feulner (1947), 125
12. Woeckel (1975), 15 ff.
13. Woeckel (1977), 26
14. Hofmann
15. Feulner (1929), 123 ff.
16. Mozart, 23 f.; vgl. Brunner (1979), 30 ff.
17. Brunner (1979), 40
18. Nerdinger (1983), 50 ff.; vgl. auch Steinhauser (1988)
19. Thinesse-Demel, 62 ff.
20. Buttlar/Biller-Rolly, 80 ff.
21. Rittershausen, 195 f.
22. Freyberg, 96
23. Dombart, 87
24. Freyberg, 93 ff.
25. Sckell, L., 76 f.
26. Ebd., 77
27. Freyberg, 99 f.
28. Hallbaum, 224
29. Imhoff, 112, Anm. 4
30. Westenrieder (1781), 13 ff.
31. Lehmbruch
32. Ebd., 41
33. Ebd., 436
34. Nerdinger (1980), 199 ff.
35. Nerdinger (1983), 106 ff.
36. Nerdinger (1980), 206

«Ludwig Augustus»

1. Ebertshäuser, 17
2. Ebd., 21
3. Sepp, 334
4. Ebd., 261 ff.
5. Ebd., 248
6. Ebd., 255
7. Vierneisel/Leins, 235
8. Brunner (1977), 49
9. Otten, 20, 21, 42
10. Eggers, I, 298
11. Eschenburg (1977)
12. Otten, 55, 44
13. Hoh-Slodczyk, 184
14. Detaillierte Angaben bei Wasem
15. Nerdinger (1987), 210
16. Förster (1834), VI f.
17. Wasem, 186 f.
18. Ebd., 150 f.
19. Ebd., 22
20. Ebd., 21
21. Förster (1874), I, 154
22. Eine historische Würdigung bei Büttner
23. Heine, 77 f.
24. Förster (1874), I, 300
25. Büttner, 125 ff.
26. Förster (1874), II, 6
27. Ebd., 6
28. Ebd., 140
29. Ebertshäuser, 80 ff.; zum Kunstverein Langenstein
30. Ebertshäuser, 97 f.
31. Ebd., 87
32. Ebd., 87
33. Ebd., 92
34. Bauer, H. (1985), 127
35. Goethe, 61; Badt, 53 ff.
36. Ebertshäuser, 87 f.
37. Vgl. Eschenburg in: Bierhaus-Rödiger, 69 ff.
38. Ebertshäuser, 74 f.
39. Busch, 7
40. Burckhardt (1984), 104
41. Dagegen protestierte schon Schnorr von Carolsfeld, 189 ff.
42. Naglers Künstlerlexikon, VII, 398 f.
43. Schwind, 253 f.
44. Ebd., 404
45. Wichmann, S. (1986)
46. Nerdinger (1983), 70 ff.
47. Nerdinger (1987), 212 f.
48. Habel (1967), 113
49. Hederer (1964), 221
50. Habel (1967), 98, 113; Nerdinger (1980), 156
51. Vierneisel (1980); Nerdinger (1980), 225 ff.; Frässle
52. Nerdinger (1980), 226
53. Lieb/Sauermost, 199
54. Nerdinger (1980), 139
55. Hederer (1942), 35
56. Hederer (1964), 214; Zimmermann, 77, 73
57. Zimmermann, 92
58. Zimmermann, 92; Hederer (1942), 58 f.
59. Reismüller, 389
60. Buttlar (1984), 97
61. Nerdinger (1987), 106
62. Ebd., 373 ff.
63. Schickel; Nerdinger (1987), 54 ff.
64. Nerdinger (1987), 216 ff.
65. Lieb/Sauermost, 213
66. Gessert, ohne Seite
67. Schickel, 81
68. Ebd., 80
69. Buttlar in: Nerdinger (1987), 105 ff.
70. Semper, 216 f.

Eine «behagliche große Stadt»

1. Fischer, Th. (1925), 172; Breitling; Walter, 1 f.
2. Hojer (1974); Hahn
3. Knopp (1977), 252
4. Schinkel, 191 f.
5. Hahn, 19
6. Ebd., 19 f.
7. Ebd., 29 f.
8. Fischer, W., 47
9. Ebd.
10. Ebd., 49 f.
11. Hütsch, 115 f.
12. Nerdinger (1978), 68, 81
13. Evers, 174 ff.
14. München und seine Bauten (1912), XIII
15. Selig; Fisch
16. Selig, 46 ff.; Habel/Himen, 54 ff., 122 ff.
17. Hemmeter; Habel/Himen, 128 ff.
18. Bauer/Graf (1986), z. B. 93, 98 ff., 108 ff., 125 ff., 133, 146
19. Wölfflin, 89
20. Fisch, 168 ff.
21. Walter, 121 f.
22. Habel in: Bauen in München, 33
23. Vgl. z. B. Bauer/Graf (1985), 50, 60, 63, 68, 70, 82, 96
24. München und seine Bauten, 303
25. Graessel, 1
26. Breuer; Habel/Himen, 32 ff., 72 ff., 136 ff., 162 ff.
27. Götz/Schack-Simitzis, 218
28. Hartmann, 49
29. Schumacher, 145
30. Thiersch, 119, 136
31. Ebd., 139
32. Ebd., 168 f.
33. Nerdinger (1988)
34. München und seine Bauten, 610
35. Nerdinger (1988), 40, 193
36. Selig, 103 f.; vgl. Fisch, 204 ff.
37. Selig, 128 ff.
38. Fischer, Th. (1920), 52
39. Albus in: Bauen in München; Selig, 152 ff.; Fisch, 156 ff.

«München leuchtete»

1. Schuster (1984)
2. Grösslein, 141 ff., 156
3. Ebertshäuser, 141 f., 143
4. Bauer, R., Taf. 115 ff.
5. Rösner, 70 ff; Simson, 92
6. Ebertshäuser, 155
7. Ranke, 145
8. Schirnding, 112
9. Hoh-Slodczyk, 60
10. Ebertshäuser, 158 ff.
11. Fontane, 181
12. Schmoll gen. Eisenwerth
13. Hoh-Slodczyk, 128 ff.
14. Bloom-Hiesinger, 165
15. Ebd., 15
16. Ebd.
17. Ebd.
18. Nerdinger (1982), 13 ff.
19. Bloom-Hiesinger, 17
20. Weiß
21. Ebertshäuser, 175 f.
22. Wichmann, S. (1968), unpaginiert, Zitat aus den Nachlaßschriften Olbrichs
23. Herz/Bruns
24. Wichmann, S. (1968)

25. Prinz/Krauss, 241
26. Klee (1988), 54, 247
27. Ebd., 247
28. Ebd., 265, 320, 500
29. Klee (1976), 97 f., 100
30. Buchheim, 27; Die Kunst für alle 16, 1910/11, 68 f. (anonym)
31. Weiß; Zweite (1982)
32. Macke/Marc, 70
33. Die Gegenbewegung eingeleitet durch Ringbom
34. Lankheit, 148, 181
35. Kandinsky, 22, 36 ff., 40
36. Kandinsky, 115
37. Lankheit, 312
38. Lankheit, 253 ff.
39. Kandinsky/Marc, 109, 112
40. Schuster (1985), 372 f.
41. Marc, 98
42. Langner in: Gollek, 60
43. Kandinsky/Marc, 241 f.
44. Marc (1982), 50
45. Gollek, 40 f.

Epiloge

1. Schuster (1987)
2. Ebd., 64 f.
3. Ebd., 15
4. Ebd., 245
5. Stölzl, 102
6. Nerdinger (1984), 169
7. Ebd., 169
8. Schmidt, 17
9. Stölzl, 408 ff.
10. Ebd., 390 f.
11. Ebd., 390
12. Ebd., 448 ff., Fischer, W., 155
13. Speer, 158; Rasp
14. Schleich, E., 22
15. Wolters, R., 10
16. Nerdinger (1984), 5
17. Nerdinger (1984)
18. Ebd., 86
19. Meitinger, K., 62
20. Stock
21. ‹München und seine Bauten seit 1912› enthält die wichtigsten Beispiele
22. Fischer, W., 86 f.
23. Wichmann, H. (1985), 74
24. Gaenßler/Kurrent/Nerdinger/Peter
25. Nerdinger (1984), 134
26. Altenhöfer
27. Klotz, 17
28. Otto, 98
29. Olympische Bauten
30. Klotz, 41
31. Fischer, W.

Ausgewählte Literatur

Aus Platzgründen konnten die oft gehaltvollen Aufsätze in den zahlreichen Sammelbänden und Ausstellungskatalogen nicht einzeln aufgeführt werden. Um den Zusammenhang der Zitate möglichst leicht zugänglich zu halten, habe ich in der Regel nach der am weitesten verbreiteten Quelle zitiert. Als Abkürzungen wurden verwendet:

OA Oberbayerisches Archiv
Mü Jb. Münchner Jahrbuch der bildenden Kunst
MBM Miscellanea Bavarica Monacensia

Altenhöfer, Erich, Die Alte Pinakothek in den Nachkriegsjahren. Die Rettung vor Abbruch und Verfall – Der Wiederaufbau durch Hans Döllgast 1952–1957, in: *«Ihm, welcher der Andacht Tempel baut ...» – Ludwig I. und die Alte Pinakothek,* Festschrift zum Jubiläumsjahr 1986, München 1986, S. 205 ff.

Aufleger, Otto, *Alt-München in Bild und Wort,* München 1897

Bartsch, Ekkehard, *Die Prinzregentenstraße in München von 1880–1914 zwischen Prinz-Karl-Palais und Friedensengel,* München 1990

Bauen in München 1890–1950 (Arbeitsheft 7 des Bayerischen Landesamtes für Denkmalpflege), München 1980

Bauer, Anna und Hermann, *Klöster in Bayern,* München 1985

Bauer, Anna und Hermann, *Johann Baptist und Dominikus Zimmermann, Entstehung und Vollendung des bayerischen Barock,* Regensburg 1985

Bauer, Hermann, *Kunst in Bayern,* Rosenheim 1985

Bauer, Hermann/Rupprecht, Bernhard (Hrsg.), *Corpus der barocken Deckenmalerei in Deutschland, Oberbayern,* III, 1: Stadt und Landkreis München, Sakralbauten, bearb. von Anna Bauer-Wild, München 1987; III, 2: Stadt und Landkreis München, Profanbauten, bearb. von Anna Bauer-Wild, München 1989

Bauer, Richard, *Prinzregentenzeit, München und die Münchner in Fotografien,* München 1988

Bauer, Richard/Graf, Eva, *Stadtvergleich, Münchener Ansichten, Photographien von einst und jetzt,* München 1985

Bauer, Richard/Graf, Eva, *Stadt im Überblick, München im Luftbild 1890–1935,* München 1986

Bayerische Rokokoplastik, Vom Entwurf zur Ausführung, Katalog der Ausstellung im Bayerischen Nationalmuseum, München 1985

Berg, Karin, *Der «Bennobogen» der Münchner Frauenkirche, Geschichte, Rekonstruktion und Analyse der frühbarocken Binnenchoranlage,* München 1979

Bierhaus-Rödiger, Erika, *Carl Rottmann 1797–1850,* München 1978

Biller, Josef H./Rasp, Hans-Peter, *München. Kunst- und Kulturlexikon,* München [8]1988

Bloom-Hiesinger, Kathryn (Hrsg.), *Die Meister des Münchner Jugendstils,* München 1988

Böttger, Peter, *Die Alte Pinakothek in München. Architektur, Ausstattung und museales Programm,* München 1972

Braunfels, Wolfgang, *Die Kunst im Heiligen Römischen Reich,* I: Die weltlichen Fürstentümer, München 1979

Braunfels, Wolfgang, *François Cuvilliés, Der Baumeister der galanten Architektur des Rokoko,* München 1986

Breitling, Peter, Die großstädtische Entwicklung Münchens, in: Jäger, Helmut (Hrsg.), *Probleme des Städtewesens im industriellen Zeitalter,* Köln 1978

Breuer, Tilmann, Probleme der Feststellung und Festlegung von Ensembles im Großstadtbereich München, *Deutsche Kunst und Denkmalpflege* 35, 1977, 193 ff.

Brix, Michael/Steinhauser, Monika (Hrsg.), *«Geschichte allein ist zeitgemäß», Historismus in Deutschland,* Lahn 1978

Brunner, Herbert, *Die Kunstschätze der Münchner Residenz,* München 1977

Brunner, Herbert, *Altes Residenztheater in München,* München 1979

Buchheim, Lothar Günther, *Der Blaue Reiter,* Feldafing 1959

Büttner, Frank, *Peter Cornelius, Fresken und Freskenprojekte,* I, Wiesbaden 1980

Burckhardt, Jacob, *Briefe an einen Architekten 1870–1889,* 2. Aufl., München 1913

Busch, Renate von, *Studien zu deutschen Antikensammlungen des 16. Jahrhunderts,* Diss. Tübingen 1973

Busch, Werner, *Die notwendige Arabeske, Wirklichkeitsaneignung und Stilisierung in der deutschen Kunst des 19. Jahrhunderts,* Berlin 1985

Buttlar, Adrian von, *Der Landschaftsgarten,* München 1980

Buttlar, Adrian von, Fischer und Klenze, Münchner Klassizismus am Scheideweg, in: Beck, Herbert (Hrsg.) u. a., *Ideal und Wirklichkeit der bildenden Kunst im späten 18. Jahrhundert,* Berlin 1984, 141 ff.

Buttlar, Adrian von/Biller-Rolly, Traudl (Hrsg.), *Der Münchner Hofgarten, Beiträge zur Spurensicherung,* München 1988

Dehio, Georg, *Geschichte der deutschen Kunst,* III, Berlin/Leipzig 1926

Dehio, Georg, *Handbuch der deutschen Kunstdenkmäler,* Bayern IV, Oberbayern, München 1990

Denkmäler am Münchner Hofgarten, Forschungen und Berichte zu Planungsgeschichte und historischem Baubestand (Arbeitsheft 41 des Bayerischen Landesamtes für Denkmalpflege), München 1988

Diemer, Dorothea, Hans Krumper, in: Glaser, Hubert (Hrsg.), *Ausstellungskatalog Wittelsbach und Bayern,* II, 1, München und Zürich 1980, 279 ff.

Diemer, Dorothea, Quellen und Untersuchungen zum Stiftergrab Herzog Wilhelms V. von Bayern und der Renata von Lothringen in der Münchner Michaelskirche, in: Glaser, Hubert (Hrsg.), *Quellen und Studien zur Kunstpolitik der Wittelsbacher vom 16. bis zum 18. Jahrhundert,* München und Zürich 1980, 7 ff.

Diemer, Dorothea, Bronzeplastik um 1600 in München. Neue Quellen und Forschungen I, *Jahrbuch des Zentralinstituts für Kunstgeschichte,* II, 1986, 107 ff.

Diemer, Dorothea, Bronzeplastik in München um 1600. Neue Quellen und Forschungen II, *Jahrbuch des Zentralinstituts für Kunstgeschichte,* III, 1987, 109 ff.

Diemer, Dorothea, Hubert Gerhard und Carlo Pallago als Bronzeplastiker, *Jahrbuch des Zentralinstituts für Kunstgeschichte,* IV, 1988, 19 ff.

Diemer, Dorothea und Peter, «Die Wunden des Krieges sind nicht mehr erkennbar». Zum Wiederaufbau der Münchner Michaelskirche, *Kunstchronik* 36, 1983, 170 ff.

Dischinger, Gabriele, *Zeichnungen zu kirchlichen Bauten bis 1803 im Bayerischen Hauptstaatsarchiv,* Wiesbaden 1988

Dischinger, Gabriele/Bauer, Richard (Hrsg.), *München um 1800. Die Häuser und Gassen der Stadt, gezeichnet und beschrieben von Johann Paul Stimmelmayer,* München 1980

Dischinger, Gabriele/Koch, Laurentius OSB/Münster, Robert, *Zwei Münchner Adelspalais, Palais Portia, Palais Preysing,* München 1984

Döhmer, Klaus, *«In welchem Style sollen wir bauen?», Architekturtheorie zwischen Klassizismus und Jugendstil,* München 1976

Dombart, Theodor, *Der Englische Garten zu München. Geschichte seiner Entstehung und seines Ausbaus zur großstädtischen Parkanlage,* München 1972

Drüeke, Eberhard, *Maximiliansstil. Zum Stilbegriff der Architektur im 19. Jahrhundert,* Mittenwald 1983

Duvigneau, Volker/Suckale-Redlefesen, Gude, *Plakate in München 1840–1940. Eine Dokumentation zu Geschichte und Wesen des Plakats in München aus den Beständen der Plakatsammlung des Münchner Stadtmuseums,* München 1975

Ebertshäuser, Heidi C. (Hrsg.), *Kunsturteile des 19. Jahrhunderts. Zeugnisse, Manifeste, Kritiken zur Münchner Malerei,* München 1983

Eckhardt, Wolfgang, Gottfried Sempers Planungen für ein Richard-Wagner-Festtheater in München, *Jahrbuch des Museums für Kunst und Gewerbe Hamburg,* II, 1983, 41 ff.

Eggers, Karl (Hrsg.), *Briefwechsel zwischen Rauch und Rietschel,* Berlin 1890

Eggert, Klaus, *Die Hauptwerke Friedrich von Gaertners,* München 1963

Einem, Herbert von, *Deutsche Malerei des Klassizismus und der Romantik 1760–1840,* München 1978

Encyclopédie ou Dictionnaire raisonné des sciences, des arts et des métiers, Paris 1751 ff.

Engels, Eduard, *Münchens «Niedergang als Kunststadt»,* München 1902

Erdmannsdorfer, Karl, *Das Bürgerhaus in München,* Tübingen 1972

Erichsen, Johannes (Hrsg.), *Blutenburg, Beiträge zur Geschichte von Schloß und Hofmark Menzing,* München 1983

Eschenburg, Barbara, *Das Denkmal König Maximilians I. Joseph in München 1820–1835,* München 1977

Evers, Hans Gerhard, *Ludwig II. von Bayern, Theaterfürst – König – Bauherr, Gedanken zum Selbstverständnis,* München 1986

Fekete, Julius, *Denkmalpflege und Neugotik im 19. Jahrhundert, dargestellt am Beispiel des Alten Rathauses in München* (MBM 96), München 1981

Feuchtmayer, Kurt/Schädler, Alfred/Lieb, Norbert/Müller, Theodor, *Georg Petel 1601/02–1634,* Berlin 1973

Feulner, Adolf, *Johann Michael Fischer, Ein bürgerlicher Baumeister der Rokokozeit 1691–1766,* Wien o. J. [ca. 1920]

Feulner, Adolf, *Münchner Barockskulptur,* München 1922

Feulner, Adolf, *Bayerisches Rokoko,* München 1923

Feulner, Adolf, *Skulptur und Malerei des 18. Jahrhunderts in Deutschland* (Handbuch der Kunstwissenschaft, 19), Wildpark Potsdam 1929

Feulner, Adolf, *Ignaz Günther, Der große Bildhauer des bayerischen Rokoko,* München 1947

Fisch, Stefan, *Stadtplanung im 19. Jahrhundert. Das Beispiel München bis zur Ära Theodor Fischer,* München 1988

Fischer, Gerd, *Architektur in München seit 1900. Ein Wegweiser,* Braunschweig 1990

Fischer, Theodor, *Sechs Vorträge über Stadtbaukunst,* München und Berlin 1920

Fischer, Theodor, Der Stil im Städtebau, *Bayerland* 36, 1925, 168 ff.
Fischer, Wend (Hrsg.), *Die andere Tradition, Architektur in München von 1800 bis heute,* München 1981
Förster, Ernst, *Leitfaden zur Betrachtung der Wand- und Deckenbilder des neuen Königsbaus in München,* München 1834
Förster, Ernst, *Peter von Cornelius, Ein Gedenkbuch aus seinem Leben und Wirken,* Berlin 1874
Fontane, Theodor, *Briefe II, Briefe an die Tochter und an die Schwester,* hrsg. von Kurt Schreinert und Charlotte Jolles, Berlin 1969
Frässle, Klaus, *Carl Haller von Hallerstein 1774–1817,* Diss. Freiburg 1971
Freyberg, Pankraz von (Hrsg.), *200 Jahre Englischer Garten München 1789–1989,* München 1989
Friedel, Helmut, *Bronzebildmonumente in Augsburg 1589–1606, Bild und Urbanität,* Augsburg 1974
Gaenßler, Michael/Kurrent, Friedrich/Nerdinger, Winfried/Peter, Franz (Hrsg.), *Hans Döllgast 1891–1974,* München 1987
Gessert, M. A., *Die fünf neuen Kirchen Münchens,* München 1847
Glaser, Hubert (Hrsg.), *Kurfürst Max Emanuel, Bayern und Europa um 1700,* München 1976
Glaser, Hubert (Hrsg.), *Ausstellungskatalog Wittelsbach und Bayern,* 3 Bde., München und Zürich 1980
Glaser, Hubert (Hrsg.), *Quellen und Studien zur Kunstpolitik der Wittelsbacher vom 16. bis zum 18. Jahrhundert,* München und Zürich 1980
Goethe, Johann Wolfgang, *Werke,* hrsg. im Auftrage der Großherzogin Sophie von Sachsen, IV. Abt., XLV, Weimar 1908
Götz, Norbert/Schack-Simitzis, Clementine (Hrsg.), *Die Prinzregentenzeit,* Kat. d. Ausst. im Stadtmuseum München, München 1988
Goldberg, Gisela, Zur Ausprägung der Dürer-Renaissance in München, *Mü Jb.* 31, 1980, 129 ff.
Gollek, Rosel (Hrsg.), *Franz Marc 1880–1916,* München 1980
Gollek, Rosel/Ranke, Winfried (Hrsg.), *Franz von Lenbach 1836–1904,* München 1986
Grässel, Hans, *Die Erhaltung des Charakters der Stadt München,* München 1917
Grobe, Peter, *Die Entfestigung Münchens* (MBM 27), München 1970
Grösslein, Andrea, *Die Internationalen Kunstausstellungen der Münchner Künstlergenossenschaft im Glaspalast in München von 1869 bis 1888* (MBM 137), München 1987
Günther, Sonja, *Interieurs um 1900,* München 1971
Habel, Heinrich, *Das Odeon in München und die Frühzeit des öffentlichen Konzertsaalbaus,* Berlin 1967

Habel, Heinrich, Der Münchner Kirchenbau im 19. und frühen 20. Jahrhundert, in: *Deutscher Kunstverlag 1921–1971,* Berlin u. a. 1971, 7 ff.

Habel, Heinrich/Merten, Klaus/Petzet, Michael, *Münchner Fassaden, Bürgerhäuser des Historismus und des Jugendstils,* München 1974

Habel, Heinrich/Himen, Helga, *Landeshauptstadt München* (Denkmäler in Bayern, I, 1), München 1985

Häutle, Christoph, Die Reisen des Philipp Hainhofer nach Eichstädt, München und Regensburg in den Jahren 1611, 1612 und 1613, *Zeitschrift des Historischen Vereins für Schwaben und Neuburg* 8, 1881, 1 ff.

Hahn, August, *Der Maximilianstil in München,* 2. Aufl., München 1982

Hallbaum, Franz, *Der Landschaftsgarten. Sein Entstehen und seine Einführung in Deutschland durch Friedrich Ludwig von Sckell,* München 1927

Halm, Philipp Maria, *Erasmus Grasser,* Augsburg 1928

Harries, Kartsen, *The Bavarian Rococo Church Between Faith and Aestheticism,* New Haven 1983

Hartmann, Barbara, *Das Müllersche Volksbad in München,* München 1987

Häuserbuch der Stadt München, hrsg. vom Stadtarchiv München, München 1958 ff.

Hauttmann, Max, *Der kurbayerische Hofbaumeister Joseph Effner. Ein Beitrag zur Geschichte der höfischen Kunstpflege, der Architektur und der Ornamentik am Anfang des 18. Jahrhunderts,* Straßburg 1913

Hauttmann, Max, *Geschichte der kirchlichen Baukunst in Bayern, Schwaben und Franken 1550–1780,* München und Berlin 1921

Hederer, Oswald, *Die Ludwigstraße in München,* München 1942

Hederer, Oswald, *Leo von Klenze, Persönlichkeit und Werk,* München 1964

Hederer, Oswald, *Friedrich von Gaertner 1792–1847, Leben, Werk, Schüler,* München 1976

Heilmeyer, Alexander, *Die Plastik des neunzehnten Jahrhunderts in München,* München 1931

Heine, Heinrich, *Historisch-kritische Gesamtausgabe der Werke,* VII, 1, Hamburg 1986

Hemmeter, Karlheinz, Mittelstandsidylle im Grünen, *Unser Bayern* 3, 1984, 17 ff.

Hentzen, Kurt, *Der Hofgarten zu München, Entwicklungsgeschichte einer historischen Gartenanlage,* München und Berlin 1959

Herz, Rudolf/Bruns, Brigitte (Hrsg.), *Hof-Atelier Elvira 1887–1928, Ästheten, Emanzen, Aristokraten,* München 1985

Heym, Sabine, *Henrico Zuccalli um 1642–1724, Der kurbayerische Hofbaumeister,* München und Zürich 1984

Hofmann, Friedrich H., *Geschichte der bayerischen Porzellanmanufaktur Nymphenburg,* München 1923

Hoh-Slodczyk, Christine, *Das Haus des Künstlers im 19. Jahrhundert,* München 1985

Hojer, Gerhard, München, Maximilianstil und Maximilianstraße, in: Grote, Ludwig (Hrsg.), *Die deutsche Stadt im 19. Jahrhundert, Stadtplanung und Baugestaltung im industriellen Zeitalter,* München 1974, 33 ff.

Hojer, Gerhard, *Die Amalienburg, Rokokojuwel im Nymphenburger Schloßpark,* München u. a. 1986

Hojer, Gerhard (Hrsg.), *König Ludwig II.,* Katalog Museum Herrenchiemsee, München 1986

Hubala, Erich, Guarineskes an der Fassade der Münchner Dreifaltigkeitskirche, *Das Münster* 25, 1972, 165 ff.

Hufnagel, Florian, *Gottlieb von Neureuther (1811–1887), Leben und Werk* (MBM 91), München 1979

Hütsch, Volker, *Der Münchner Glaspalast 1854–1931,* 2. Aufl., Berlin 1985

Hünecke, Andreas, *Der Blaue Reiter, Dokumente einer geistigen Bewegung,* Leipzig 1986

Imhoff, Gabriele, *Der Schleißheimer Schloßgarten des Kurfürsten Max Emmanuel von Bayern. Zur Entwicklung der barocken Gartenkunst am Münchner Hof* (MBM 82), München 1979

Kandinsky, Wassily, *Über das Geistige in der Kunst,* 9. Aufl., Bern 1970

Kandinsky, Wassily/Marc, Franz, Briefwechsel, hrsg. von Klaus Lankheit, München 1983

Karlinger, Hans, *München und die deutsche Kunst des XIX. Jahrhunderts,* München 1933

Karnehm, Christel, *Die Münchner Frauenkirche, Erstausstattung und barocke Umgestaltung* (MBM 113), München 1984

Klee, Paul, *Schriften, Rezensionen und Aufsätze,* hrsg. von Christian Geelhaar, Köln 1976

Klee, Paul, *Tagebücher 1898–1918,* Textkritische Neuedition, hrsg. von Wolfgang Kersten, Bern 1988

Klein, Dieter, *Martin Dülfer, Wegbereiter der deutschen Jugendstilarchitektur* (Arbeitsheft 8 des Bayerischen Landesamtes für Denkmalpflege), München 1981

Klotz, Heinrich, *Architektur in der Bundesrepublik,* Frankfurt/M. 1977

Knopp, Norbert, *Die Frauenkirche zu München und St. Peter,* Stuttgart 1970

Knopp, Norbert, Die Restaurierung der Münchner Frauenkirche im 19. Jahrhundert, in: *Festschrift für Luitpold Dussler,* München 1972, 393 ff.

Knopp, Norbert, Schinkels Idee einer Stilsynthese, in: Hager, Werner/Knopp, Norbert (Hrsg.), *Beiträge zum Problem des Stilpluralismus,* München 1977, 245 ff.

Kotzur, Hans-Jürgen, *Forschungen zum Leben und Werk des Architekten August von Voit,* Diss. Heidelberg 1977

Lankheit, Klaus (Hrsg.), *Der Blaue Reiter. Herausgegeben von Wassily Kandinsky und Franz Marc,* Dokumentarische Neuausgabe, München 1965

Lehmbruch, Hans, *Ein neues München, Stadtplanung und Stadtentwicklung um 1800, Forschungen und Dokumente,* Buchendorf 1987

Lessing, Waldemar, *Johann Georg von Dillis als Künstler und Museumsmann,* München 1951

Lieb, Norbert, *Münchner Barockbaumeister,* München 1942

Lieb, Norbert, *München, Lebensbild einer Stadtkultur,* München 1952

Lieb, Norbert, *Johann Michael Fischer, Baumeister und Raumschöpfer im späten Barock Süddeutschlands,* Regensburg 1982

Lieb, Norbert, *Barockkirchen zwischen Donau und Alpen,* 5. Aufl., München 1984

Lieb, Norbert, *München, Die Geschichte seiner Kunst,* 4. Aufl., München 1988

Lieb, Norbert/Sauermost, Heinzjürgen, *Münchens Kirchen,* München 1973

Liedke, Volker, Die Münchner Tafelmalerei und Schnitzkunst von den Anfängen bis zum Pestjahr 1430, Teil 1, *Ars bavarica* 17/18, 1980, 1 ff.

Liedke, Volker, Die Münchner Tafelmalerei und Schnitzkunst der Spätgotik, Teil 2, Vom Pestjahr 1430 bis zum Tode Ulrich Neuhausers 1472, *Ars bavarica* 29/30, 1982/83, 1 ff.

Lipowsky, Felix Joseph, *Baierisches Künstlerlexikon,* München 1810

Lippert, Karl-Ludwig, *Giovanni Antonio Viscardi 1645–1713,* München 1969

Ludwig, Horst, *Münchner Malerei im 19. Jahrhundert,* München 1978

Ludwig, Horst, *Kunst, Geld und Politik um 1900 in München, Formen und Ziele der Kunstfinanzierung und Kunstpolitik während der Prinzregentenära (1886–1912),* Berlin 1986

Lübbeke, Wolfram, Das Bayerische Nationalmuseum an der Prinzregentenstraße, in: Grote, Ludwig (Hrsg.), *Die deutsche Stadt im 19. Jahrhundert,* München 1974, 223 ff.

Macke, August/Marc, Franz, Briefwechsel, hrsg. von Wolfgang Macke, Köln 1964

Mader, Gert Thomas, Spätmittelalterliche Bürgerhausarchitektur in München, Zwischenergebnisse einer laufenden Bauuntersuchung, in: Berdal, Konrad (Hrsg.), *Hausbau im Mittelalter* III (Sonderband des Jahrbuchs für Hausforschung), 1988, 539 ff.

Maillinger, Joseph, *Bilderchronik der Königlichen Haupt- und Residenzstadt München,* München 1876 ff.

Marc, Franz, *Briefe, Aufzeichnungen und Aphorismen,* Berlin 1920

Marc, Franz, *Schriften,* hrsg. von Klaus Lankheit, Köln 1978

Marc, Franz, *Briefe aus dem Felde,* neu hrsg. von Klaus Lankheit u. a., München 1982

Marschall, Horst K., *Friedrich von Thiersch, ein Münchner Architekt des Späthistorismus,* München 1982

Mayr, Julius, *Wilhelm Leibl, sein Leben und sein Schaffen,* Berlin 1906

Megele, Max, *Baugeschichtlicher Atlas der Landeshauptstadt München,* München 1951 ff.

Meitinger, Karl, *Das neue München, Vorschläge zum Wiederaufbau,* München o. J. [1947]

Meitinger, Otto, Die baugeschichtliche Entwicklung der Neuveste. Ein Beitrag zur Geschichte der Münchner Residenz, *OA* 42, 1970, 9 ff.

Mittlmeier, Werner, *Die Neue Pinakothek in München 1843–1854, Planung, Baugeschichte und Fresken,* München 1977

Mittig, Hans Ernst/Plagemann, Volker (Hrsg.), *Denkmäler im 19. Jahrhundert, Deutung und Kritik,* München 1971

Der Mönch im Wappen, Aus Geschichte und Gegenwart des katholischen München, München 1960

Mozart, Wolfgang Amadeus, *Briefe und Aufzeichnungen,* Gesamtausgabe, hrsg. von Wilhelm Bauer u. Otto E. Deutsch, II, Kassel 1962

Müller-Meiningen, Johanna, *Die Moriskentänzer und andere Arbeiten des Erasmus Grasser für das Alte Rathaus in München,* München 1984

München und seine Bauten, hrsg. vom Bayerischen Architekten- und Ingenieurverein, München 1912

München und seine Bauten seit 1912, hrsg. vom Bayerischen Architekten- und Ingenieurverein, München 1984

München im Buch, Auswahlkatalog der Stadtbibliothek München, Monacensia-Abteilung, München 1958

München im Wandel der Jahrhunderte, Bilder aus der Sammlung Proebst, hrsg. vom Kreis der Freunde Alt-Münchens, München 1957

Münchens Bürgerliche Baukunst der Gegenwart 1898–1909, Neuausgabe, München 1985

Münchner Maler im 19. Jahrhundert (Bruckmanns Lexikon der Münchner Kunst), 4 Bde., München 1981–1983

Nagler, Georg Kaspar, *Neues allgemeines* Künstlerlexikon, München 1835 ff.
Nerdinger, Winfried, *Friedrich von Thiersch, ein Münchner Architekt des Späthistorismus, 1852–1921,* München 1977
Nerdinger, Winfried (Hrsg.), *Gottfried von Neureuther, Architekt der Neorenaissance in Bayern 1811–1887,* München 1978
Nerdinger, Winfried (Hrsg.), *Klassizismus in Bayern, Schwaben und Franken, Architekturzeichnungen 1775–1825,* München 1980
Nerdinger, Winfried, *Richard Riemerschmid, Vom Jugendstil zum Deutschen Werkbund,* München 1982
Nerdinger, Winfried (Hrsg.), *Carl von Fischer 1782–1820,* München 1983
Nerdinger, Winfried (Hrsg.), *Aufbauzeit, Planen und Bauen in München 1945–1950,* München 1984
Nerdinger, Winfried (Hrsg.), *Romantik und Restauration, Architektur in Bayern zur Zeit Ludwigs I. 1825–1848,* München 1987
Nerdinger, Winfried, *Theodor Fischer, Architekt und Städtebauer 1872–1938,* Berlin 1988
Obrist, Hermann, *Wegbereiter der Moderne,* Katalog der Ausstellung, München 1968
Oestreich, Dieter, *Die Entstehung und Entwicklung des Stadtgrundrisses von München,* München 1950
Oldenbourg, Rudolf, *Die Münchner Malerei im neunzehnten Jahrhundert,* I, München 1922
Olympische Bauten München 1972, Sonderhefte der ‹architekturwettbewerbe› 1969, 1970, 1972
Otten, Frank, *Ludwig Michael Schwanthaler 1802–1848. Ein Bildhauer unter Ludwig I.,* München 1970
Otto, Frei, *Schriften und Reden 1951–1983,* hrsg. von Bertholdt Burkhardt, Braunschweig und Wiesbaden 1984
Paulus, Richard A., *Der Baumeister Henrico Zuccalli am Kurbayerischen Hofe zu München,* Straßburg 1912
Pecht, Friedrich, *Geschichte der Münchener Kunst im neunzehnten Jahrhundert,* München 1887/88
Petzet, Michael (Hrsg.), *König Ludwig II. und die Kunst,* München 1968
Petzet, Michael, Das ehemalige Marstall- und Kunstkammergebäude in München und sein Ausbau zur königlichen Münze, *Jahrbuch der bayerischen Denkmalpflege* 40, 1986, 15 ff.
Pfister, Peter/Ramisch, Hans, *Die Frauenkirche in München, Geschichte, Baugeschichte, Ausstattung,* München 1983
Prinz, Friedrich/Krauss, Marita (Hrsg.), *München, Museumsstadt mit Hinterhöfen, Die Prinzregentenzeit* 1886–1912, München 1988

Ranke, Winfried, *Franz von Lenbach. Der Münchner Malerfürst,* Köln 1986

Rasp, Hans-Peter, *Eine Stadt für tausend Jahre, München, Bauten und Projekte für die Hauptstadt der Bewegung,* München 1981

Reclams Kunstführer, Bayern Süd, 9. Aufl. Stuttgart 1983

Reismüller, Georg, Zur Vorgeschichte der Bayerischen Staatsbibliothek, *Bayernland* 43, 1932, 387 ff.

Reitzenstein, Alexander von, *Die alte baierische Stadt in den Modellen des Drechslermeisters Jacob Sandtner, gefertigt in den Jahren 1568–74 im Auftrag Herzog Albrechts V. von Bayern,* München 1967

Riezler, Sigmund, *Geschichte Baierns,* Gotha 1878 ff.

Ringbom, Sixten, *The Sounding Cosmos. A Study in the Spiritualism of Kandinsky and the Genesis of Abstract Painting,* Abo 1970

Rittershausen, *Die vornehmsten Merkwürdigkeiten der Residenzstadt München für Liebhaber der Bildenden Künste,* München 1787

Roesner, Christiane, Untersuchungen zu den Bauernbildern Wilhelm Leibls (Magisterarbeit Universität München 1978)

Rösner, Corinna, *Andreas Faistenberger (1646–1735), Leben, Werk und Stellung eines Münchner Hofbildhauers um 1700* (MBM 143), München 1988

Rose, Hans, *Spätbarock, Studien zur Geschichte des Profanbaus 1660–1760,* München 1922

Ruhmer, Eberhard, *Der Leibl-Kreis und die Reine Malerei,* Rosenheim 1984

Rupprecht, Bernhard, *Die Brüder Asam, Sinn und Sinnlichkeit im bayerischen Barock,* Regensburg 1980

Salm, Christian A./Goldberg, Gisela, *Alte Pinakothek München,* II: *Altdeutsche Malerei,* Kataloge, München 1963

Sauermost, Heinz-Jürgen, *Die Asams als Architekten,* München und Zürich 1986

Schalkhausser, Erwin, *Die Münchner Schule in der Stuckdekoration im 17. Jahrhundert,* Diss. München 1954

Schattenhofer, Michael, München als kurfürstliche Residenzstadt, *Zeitschrift für Bayerische Landesgeschichte,* 1967, 203 ff.

Schattenhofer, Michael, *Die Mariensäule in München,* Zürich 1971

Schattenhofer, Michael, *Das Alte Rathaus in München. Seine bauliche Entwicklung und seine stadtgeschichtliche Bedeutung,* München 1972

Schattenhofer, Michael, Beiträge zur Geschichte der Stadt München *OA 109,* München 1984

Schedler, Uta, *Roman Anton Boos (1733–1810), Bildhauer zwischen Rokoko und Klassizismus,* Zürich 1985

Schickel, Gabriele, *Neugotischer Kirchenbau in München,* München 1987

Schinkel, Karl Friedrich, *Briefe, Tagebücher, Gedanken,* hrsg. von H. Mackowsky, Berlin 1922

Schirnding, Albert von, *Reise Textbuch München,* München 1988

Schlegel, Arthur, Das Grabmal Ludwigs des Bayern in der Münchner Frauenkirche und Porträts der bayerischen Herzöge der Renaissance, *OA* 93, 1971, 207 ff.

Schleich, Erwin, *Die zweite Zerstörung Münchens,* Stuttgart 1978

Schleich, M. E., *Pimplhuber in der Industrieausstellung,* München 1854

Schmid, Elmar D., *Schloß Schleißheim. Die barocke Residenz mit Altem Schloß und Schloß Lustheim,* München 1980

Schmid, Elmar A., Der Wintergarten König Ludwigs II. in der Münchner Residenz, in: Hojer, Gerhard (Hrsg.), *König Ludwig II.,* Katalog Museum Herrenchiemsee, München 1986, 63 ff.

Schmidt, Walther, *Amtsbauten aus Betriebsvorgängen gestaltet am Beispiel der bayerischen Postbauten,* Ravensburg 1949

Schmoll gen. Eisenwerth, J. A. (Hrsg.), *Franz von Stuck, Persönlichkeit und Werk,* München 1977

Schnorr von Carolsfeld, Julius, *Künstlerische Wege und Ziele,* Leipzig 1909

Schumacher, Fritz, *Stufen des Lebens, Erinnerungen eines Baumeisters,* Stuttgart und Berlin 1935

Schuster, Klaus-Peter (Hrsg.), *«München leuchtete», Carl Caspar und die Erneuerung der christlichen Kunst in München um 1900,* München 1984

Schuster, Klaus-Peter (Hrsg.), *Delaunay in Deutschland,* Köln 1985

Schuster, Klaus-Peter (Hrsg.), *Die «Kunststadt» München 1937, Nationalsozialismus und «Entartete Kunst»,* München 1987

Schwind, Moritz von, *Briefe,* hrsg. von Otto Stoessl, Leipzig 1929

Sckell, Carl August, *Das Königliche Lustschloß Nymphenburg und seine Gartenanlagen,* München 1837

Sckell, Friedrich Ludwig von, *Beiträge zur Bildenden Gartenkunst für angehende Gartenkünstler und Gartenliebhaber,* München 1819

Seelig, Lorenz, Die Münchner Kunstkammer – Geschichte, Anlage, Ausstattung, *Jahrbuch der bayerischen Denkmalpflege* 40, 1986, 101 ff.

Selig, Heinz, *Stadtgestalt und Stadtbaukunst in München 1860–1910,* München 1983

Semper, Gottfried, Vorläufige Bemerkungen über bemalte Architektur und Plastik bei den Alten, in: Ders., *Kleine Schriften,* hrsg. von Manfred und Hans Semper, Berlin und Stuttgart 1884, 215 ff.

Sepp, Joh. N., *Ludwig Augustus und das Zeitalter der Wiedergeburt der Künste,* Schaffhausen 1869

Simson, Otto von, *Der Blick nach innen. Vier Beiträge zur deutschen Malerei des neunzehnten Jahrhunderts,* Berlin 1986
Solleder, Fridolin, *München im Mittelalter,* München 1938
Speer, Albert, *Erinnerungen,* Berlin 1969
Spindler, Max, *König Ludwig I. als Bauherr,* München 1958
Springorum-Kleiner, Ilse, *Karl von Fischer 1782–1820* (MBM 105), München 1982
Stalla, Robert, *Die kurkölnische Bruderschafts-, Ritterordens- und Hofkirche St. Michael in Berg am Laim,* Weißenhorn 1989
Stange, Alfred, *Deutsche Malerei der Gotik, X: Salzburg, Bayern und Tirol,* München 1960
Steiner, Peter, *Johann Baptist Straub,* München und Zürich 1974
Steinhauser, Monika, Rezension der Ausstellung «Leibl und sein Kreis», in: *Pantheon* 32, 1974, 416 ff.
Steinhauser, Monika, Sprechende Architektur – Das französische und das deutsche Theater als Institution und «monument publique» (1760–1840) in: Kocka, Jürgen (Hrsg.), *Bürgertum im 19. Jahrhundert, Deutschland im europäischen Vergleich,* III, München 1988, 287 ff.
Steinlein, Gustav, *Die Baukunst Alt-Münchens,* München 1910
Stölzl, Christoph (Hrsg.), *Die zwanziger Jahre in München,* München 1979
Stock, Wolfgang Jean, Ein Markstein der Münchner Moderne, «Landesversorgungsamt Bayern» der Brüder Luckhardt zwischen Sanierung und Abriß, *Bauwelt* 80, 1989, 884 ff.
Suckale, Robert, Das Znaimer Retabel. Zur künstlerischen Herkunft des Bildschnitzers, *Österreichische Zeitschrift für Kunst und Denkmalpflege* 42, 1987, 2 ff.
Theodor Fischer zum 50. Todestag, hrsg. von der Landeshauptstadt München, München 1988
Thiersch, Hermann, *Der Architekt Friedrich von Thiersch 1852–1923,* München 1925
Thinesse-Demel, Jutta, *Münchner Architektur zwischen Rokoko und Klassizismus* (MBM 90), München 1980
Uhde-Bernays, Hermann, *Die Münchner Malerei im 19. Jahrhundert,* II, München 1927
Vierneisel, Klaus (Hrsg.), *Der Königsplatz 1812–1988,* München 1988
Vierneisel, Klaus/Leinz, Gottlieb (Hrsg.), *Glyptothek München 1830–1980,* München 1980
Vits, Gisela, *Joseph Effners Palais Preysing. Ein Beitrag zur Münchner Profanarchitektur des Spätbarock,* Bern und Frankfurt/M. 1973
Volk, Peter, Zur Geschichte der Nymphenburger Gartenplastik 1716–1770, *Mü Jb.* 18, 1967, 211 ff.

Volk, Peter, Zur Entstehung der Statuenfolge antiker Götter im Nymphenburger Schloßgarten, *Ars bavarica* 10, 1978, 63 ff.

Volk, Peter, *Münchener Rokokoplastik,* München 1980

Volk, Peter, *Rokokoplastik in Altbayern, Bayerisch-Schwaben und im Allgäu,* München 1981

Volk, Peter, *Johann Baptist Straub 1704–1784,* München 1984

Volk-Knüttel, Brigitte, *Wandteppiche für den Münchner Hof nach Entwürfen von Peter Candid,* München 1976

Volk-Knüttel, Brigitte, Maximilian von Bayern als Sammler und Auftraggeber. Seine Korrespondenz mit Philipp Hainhofer, in: Glaser, Hubert (Hrsg.), *Quellen und Studien zur Kunstpolitik der Wittelsbacher vom 16. bis zum 18. Jahrhundert,* München und Zürich 1980

Wagner, Karl SJ/Keller, Albert SJ (Hrsg.), *St. Michael in München, Festschrift zum 400. Jahrestag der Grundsteinlegung und zum Abschluß des Wiederaufbaus,* München und Zürich 1983

Walter, Uli, *Der Umbau der Münchener Altstadt (1871–1914),* München 1987

Wanetschek, Margret, *Die Grünanlagen in der Stadtplanung Münchens von 1790–1860* (MBM 35), München 1971

Warnke, Martin, *Hofkünstler, Zur Vorgeschichte des modernen Künstlers,* Köln 1985

Wasem, Eva-Maria, *Die Münchener Residenz unter Ludwig I., Bildprogramme und Bildausstattungen in den Neubauten* (MBM 101), München 1981

Weber, Karl, *Neue Gesetze und Verordnungen, Sammlung für das Königreich Bayern,* I, Nördlingen 1878

Weiss, Peg, *Kandinsky in Munich. The Formative Jugendstil Years.* Princeton 1979

Weisshaar-Kiem, Heide, *Lobschriften und Beschreibungen ehemaliger Reichs- und Residenzstädte bis 1800,* München 1982

Weschenfelder, Klaus, *Die Borstei in München. Ein konservatives Siedlungsmodell der Zwanziger Jahre* (MBM 99), München 1980

Weski, Ellen/Frosien-Leinz, Heike, *Das Antiquarium der Münchner Residenz, Katalog der Skulpturen,* München 1987

Westenrieder, Lorenz, *Beschreibung der Haupt- und Residenzstadt München im gegenwärtigen Zustand,* München 1782 [München 1984]

Wichmann, Hans, *Bibliographie d. Kunst i. Bayern,* Wiesbaden 1961 ff.

Wichmann, Hans (Hrsg.), *In memoriam Sep Ruf,* Stuttgart 1985

Wichmann, Siegfried (Hrsg.), *Hermann Obrist, Wegbereiter der Moderne,* München 1968

Wichmann, Siegfried, *Wilhelm von Kobell, Monographie und kritisches Verzeichnis der Werke,* München 1970

Wichmann, Siegfried, *Carl Spitzweg und die französischen Zeichner Daumier, Grandville, Gavarni, Doré,* München 1986

Wiedenhofer, Joseph, *Die bauliche Entwicklung Münchens vom Mittelalter bis in die neueste Zeit im Lichte der Wandlungen des Baurechts,* München 1916

Woeckel, Gerhard P., *Ignaz Günther. Die Handzeichnungen des kurfürstlich-bayerischen Hofbildhauers Franz Ignaz Günther (1725 bis 1775),* Weißenhorn 1975

Woeckel, Gerhard P., *Franz Ignaz Günther. Der große Bildhauer des bayerischen Rokoko,* Regensburg 1977

Woelfflin, Heinrich, Adolf von Hildebrand zu seinem siebzigsten Geburtstag, in: ders., *Kleine Schriften 1886–1933,* hrsg. von Josef Gantner, Basel 1946, 89 ff.

Wolters, Rudolf, *Neue deutsche Baukunst,* Berlin 1941

Wolters, Wolfgang, Ein Freskenzyklus aus der Nachfolge des Altichiero in St. Salvator in Donaustauf, *Arte Veneta* 36, 1982, 9 ff.

Zacharias, Thomas (Hrsg.), *Tradition und Widerspruch, 175 Jahre Kunstakademie München,* München 1985

Zimmermann, Florian, *Wohnbau in München 1800–1850* (MBM 129), München 1984

Zweite, Armin (Hrsg.), *Paul Klee. Das Frühwerk,* München 1979

Zweite, Armin (Hrsg.), *Münchner Landschaftsmalerei 1800–1850,* München 1979

Zweite, Armin (Hrsg.), *Kandinsky und München, Begegnungen und Wandlungen 1896–1914,* München 1982

Register

Namenregister

Orts- und Sachregister München

Abbildungsnachweis

Berlin, Akademie der Künste 76
Bern, Felix Klee 68 (© VG Bild-Kunst, Bonn 1990)
Bietigheim, Curt Gramer 22
Freising, Diözesanmuseum 5
Hamburg, Hamburger Kunsthalle (Elke Walford) 63; Verlag R. Müller (Thomas Karsten) Umschlag
Marburg, Foto Marburg 27, 57, 67
München, Ernst Altenhöfer 76; Architekturmuseum der Technischen Universität 39, 43, 47, 60, 66, 73; Archiv des Verfassers 11; Bayerische Staatsbibliothek 40; Bayerische Staatsgemäldesammlungen 4, 52; Bayerisches Hauptstaatsarchiv 21, 42; Bayerisches Nationalmuseum 2, 31, 37; Michael Brix 55; Hirmer Verlag 33–35; Landesamt für Denkmalpflege 6, 8, 23, 30, 46; Neue Sammlung 54; Neumeister 64; Porzellanmanufaktur Nymphenburg 36; Staatliche Graphische Sammlung 12, 24, 32, 51, 53; Stadtarchiv 58, 75; Städtische Galerie im Lenbachhaus 50, 69–72 (Abb. 69, 71, 72 © VG Bild-Kunst, Bonn, 1990); Stadtmuseum 1, 7, 9, 18, 27, 28; Verwaltung der staatlichen Schlösser, Gärten und Seen 13–16, 25, 26, 38, 41, 45, 48, 56; Gerhard Weiß 19, 29, 59, 62, 65, 74
Siegsdorf/Obb., Presse Bild Poss 10, 49
Stuttgart, Helga Schmidt-Glassner 3, 20
Würzburg, Martin von Wagner-Museum der Universität 44

Bücher und Zeitschriften

architektur wettbewerbe 1969 78; Thiersch, H., Friedrich von Thiersch, München 1925 61; Erdmannsdorfer, K., Das Bürgerhaus in München, München 1972 19; Encyclopédie ... des sciences, des arts et des métiers, Paris 1751 ff., Bd. VIII 29